MUJER EN GUERRA
Más masters da la vida

MARUJA TORRES

EL PAIS
AGUILAR

© 1999, Maruja Torres

© De esta edición:
1999, Grupo Santillana de Ediciones, S. A.
Ediciones El País, S. A.
Torrelaguna, 60. 28043 Madrid
Teléfono 91 744 90 60
Telefax 91 744 90 93

• Aguilar, Altea, Taurus, Alfaguara, S. A.
Beazley 3860. 1437 Buenos Aires
• Aguilar, Altea, Taurus, Alfaguara, S. A. de C. V.
Avda. Universidad, 767, Col. del Valle,
México, D.F. C. P. 03100
• Ediciones Santillana, S. A.
Calle 80 Nº 10-23
Bogotá, Colombia

Proyecto gráfico y diseño de cubierta: Óscar Mariné / OMB
Foto de cubierta: Javier Salas

ISBN: 84-03-59850-5
Depósito legal: M-9.921-1999
Impreso en España por Unigraf, Móstoles (Madrid) - Printed in Spain

Índice

*En recuerdo de los periodistas
Marcela Otero e Ismael López Muñoz.
Y para sus hijos respectivos,
Rodrigo y Guillermo,
por la vida.*

"Escribir ayuda a comprender"

(Doris Lessing a la autora, en entrevista para
El País publicada el 19 de abril de 1983)

Un comodín en Beirut

Rodolpho Paulikevitch, jefe de prensa del general Michel Aoun, se lió a patadas contra la puerta de mi habitación del hotel Alexandre, con la aparente intención de derribarla. En el mismo italiano gutural que había utilizado, minutos antes, mientras conducía de regreso a la ciudad, para canturrear *guarda che luna, guarda che mare*, Rudy proclamaba ahora su insospechada pretensión de acabar la noche en mi cama. También dejó de llamarme *Marucca*, y se dirigía a mí usando el menos agradable pero igualmente incorrecto apelativo de *puttana*.

Tal mudanza de talante, después de haber compartido una agradable y forzosamente fugaz escapada del infierno de Beirut, no me alteró en absoluto. No sólo porque los estallidos de nervios, por una nimia causa u otra, eran una particularidad libanesa corriente en aquel tiempo, sino debido a que, inmediatamente después de que Rudy empezara a castigar mi puerta, los sirios decidieron romper la tregua iniciada pocas horas antes y reanudar los bombardeos. Lo recuerdo muy bien porque fue el principio de una de las muchas noches siniestras que viví en 1989, un año en que mi destino de periodista-comodín tropezó en varias ocasiones con la Historia.

Y allí estaba. En la última guerra de Beirut. Con Rudy en calidad de solista, y con el ejército sirio actuando de mariachi, como colofón de una jornada que había empezado con la des-

13

pedida del féretro que contenía los restos de Pedro de Arístegui, embajador de España en el Líbano, muerto durante uno de los peores cruces de artillería de la semana. Allí estaba. Una vez más, en el lugar y momento oportunos. Sin que nadie me lo exigiera, sólo por mi propia tozudez. Por haber dado la murga en la Redacción de *El País* hasta conseguir que un jefe pronunciara la frase mágica ("Que Maruja se largue otra vez al Líbano, luego publicamos un reportaje *de color*[1] con lo que está pasando", o algo por el estilo). Y porque los caminos que el Señor reserva al periodista-comodín son inesperados. Del mismo modo que había abierto el año asistiendo en Buenos Aires al asalto al cuartel de La Tablada (aunque llegué a Argentina para hacer un reportaje *de color* sobre los cinco años transcurridos en democracia), y que lo terminaría cubriendo la invasión norteamericana de Panamá (a donde, en principio, sólo iba a ir de paso, en mi recorrido por el subcontinente americаno para escribir *color* sobre los jesuitas), mi nuevo viaje al Líbano se produjo cuando "lo que está pasando" alcanzó su punto álgido, manifestándose no como una atrocidad más, entre las muchas que venían repitiéndose en el país de los cedros a lo largo de catorce años de conflicto, sino precisamente aquélla cuya extrema intemperancia obligaría a la comunidad nacional a buscar la solución al problema, haciendo que las partes fir-

---

1. Un reportaje *de color* no es, forzosamente, aquel que se publica en el suplemento semanal a todo color de un periódico, aunque a menudo es éste su destino pues el *color*, que requiere buena pluma y capacidad de observación y recreación en los detalles, precisa de un amplio espacio que las secciones diarias de los periódicos no pueden proporcionar. Cualquiera que sea el lugar en donde se publique, un trabajo de este tipo tiene que ser también meticuloso y bien documentado, un ejercicio de investigación tanto como de estilo. Nadie, ni los jefes ni los periodistas desprecian el *color*. Salvo en algunos casos de profesionales que confunden la sequedad en la relación de datos y el lenguaje plano con el rigor. Sus pretensiones no deben impresionarnos. Por poner sólo un par de ejemplos, recordemos la inescrupulosidad con que numerosas agencias internacionales, supuestamente rigurosas, faltaron a la verdad al informar de la invasión estadounidense de Panamá y el desarrollo de la operación Tormenta del Desierto.

maran la paz o, mejor dicho, la *ausencia de guerra* de que aún se disfruta cuando escribo este libro (a excepción del sur, en donde Israel sigue ocupando una franja del territorio libanés, defendido por los guerrilleros proiraníes de Hezbolá).

Debo apresurarme a añadir que, a menudo, resulté un grano en el trasero para aquellos superiores de los dos sexos que tuvieron que lidiar conmigo durante los años en que decidí trasladar mi guerra particular a las guerras mismas y otras situaciones tensas que el mundo vivía. Yo misma ignoraba qué estaba buscando o de qué estaba huyendo: sólo sabía que tenía que partir, partir constantemente, de un lugar a otro, para contarlo (y, ahora lo sé, para evitar *contarme*). Ellos desconocían que mi urgencia no era afán de protagonismo, ni interés por inmiscuirme en parcelas informativas que ya estaban adjudicadas. Y, si bien no pensaban en mí para realizar las funciones a que yo aspiraba, les reconozco la suficiente cintura como para adaptarme a sus planes: al principio, para que les dejara en paz y fuera más feliz; luego, aceptando que aquél podía ser también mi cometido, entre muchos otros para los que me juzgaban más útil. En cualquier caso, su voluntad y la mía acabaron por coincidir a mitad de camino, y el resultado fue aceptable para ambas partes.

No llevaba ni un día en Beirut, aquel abril de 1989, cuando un obús sirio de 240 milímetros destrozó el salón-comedor de la Embajada, situada en el barrio residencial de Hadath, en la línea de fuego, cerca del palacio de Baabda en donde el general Aoun tenía su búnker. Como consecuencia del impacto, murieron también el suegro de Arístegui, su cuñada y uno de aquellos muchachos de la cristiandad, rubios, altos y cuadrados, con el pelo cortado a cepillo y fama de pertenecer a la extrema derecha falangista, que ejercían de guardaespaldas personales de Pedro con el dedo enroscado en el gatillo del Kaláshnikov. La mujer del embajador, Yumana, que resultó herida de gravedad, permanecía en un hospital del este cristiano de la ciudad, el sector donde ahora nos en-

15

contrábamos. Yo planeaba visitarla al día siguiente, y por eso no había regresado a mi base en el oeste musulmán junto con los otros periodistas extranjeros destacados en Beirut, que aquel día cruzaron por unas horas la *línea verde* para cubrir el apresurado homenaje rendido a Arístegui en el jardín de la legación.

En cuanto al *color* que supuestamente debía alimentar mi reportaje, hay que decir que la paleta cromática libanesa ofrecía aquellos días una selección limitada, compuesta de rojos y amarillos. Rojos de odio, de sangre; amarillos de los escombros que destellaban bajo el sol. La gente —menos aquellos a quienes la muerte cubría también de amarillos y rojos: los contábamos después de cada bombardeo— era una mancha oscura amasada por la suciedad y el miedo. Sin agua corriente y sin tiempo para asearnos, el aspecto de los vivos equivalía a un microcosmos, y lo que a cada uno le había sucedido en las últimas jornadas se reflejaba tanto en su semblante como en su camisa.

El blanco era el color de la noche. La luna desnudaba crudamente la ciudad sepulcral, su palidez de agónica magnolia, aquella fiebre lívida de edificios tronchados que no había dejado de sobrecogerme desde que puse los pies por primera vez en Beirut, en el verano de 1987. Sin embargo, nunca como durante las amargas jornadas de la guerra de Aoun, aquel 1989, en la calma letal que, de madrugada, seguía a un bombardeo para preceder a otro, sentí viva la muerte de Beirut de un modo tan rotundo y desesperanzador. Era una ciudad y era una tumba, y la ciudad era su propia tumba, y no hay poema escrito, o al menos yo no lo conozco, capaz de reflejar su silencioso aullido de impotencia.

Durante los últimos días cayeron bombas sobre Beirut a razón de cuarenta por minuto. Por eso, Rudy y yo habíamos aprovechado lo que parecía una tregua para salir de la ciudad martirizada en dirección al norte, buscando un restaurante en la carretera que va a Byblos (Jbaïl) y que corre paralela a un Mediterráneo que aquella tarde me pareció terso y brillante como la superficie de un hígado de cerdo: maligno, recuerdo que pensé, este mar que contiene el secreto del odio y el dolor de tantos pueblos que nos han precedido. No le importamos nada.

Como he dicho, Rodolpho Paulikevitch, el hombre a quien la cercanía de la medianoche había transformado en aporreador de puertas, era el agregado de prensa del general Michel Aoun. Desde aquella especie de búnker situado en lo alto de una colina, a espaldas de nuestra Embajada, el general cristiano maronita proseguía una lucha insensata cuyas consecuencias diezmaban a la población civil. Semanas antes, Aoun se había autoproclamado primer ministro del Líbano (desdeñando el hecho de que ya existía uno, aunque de confesión musulmana), empeñándose en una cruzada para expulsar del territorio libanés a las fuerzas sirias que controlaban (y siguen haciéndolo) el país, con objeto de restituir a la minoritaria y en otro tiempo hegemónica población cristiana la *grandeur*, el honor y otras bagatelas que los hombres esgrimen con regularidad como excusa para masacrarse.

Rudy aparentaba unos cuarenta años, aunque podía tener menos: después de un tratamiento intensivo de bombardeos, cualquier adolescente podría pasar por la reina madre de Inglaterra. Era rubio, de ojos claros y prominentes, y se comportaba con cierta decencia con los periodistas. Al menos, no intentaba colarnos más milongas que las estrictamente necesarias para conservar su empleo. Y lo necesitaba. En el restaurante, frente a una bandeja de *sultán Ibrahim* (exquisitos salmonetes, obtenidos a pocos metros de nosotros, en la costa, mediante el tradicional sistema beirutí de pesca *a la dinamita*) y una botella de vino (antes habíamos regado el *mezze*, los entremeses orientales, con un par de frascas de arak diluido en muy poca agua), Rudy me contó su historia.

Libanés de nacimiento, gastó gran parte de su vida en el extranjero, tratando de hacer fortuna, y se encontraba en Italia cuando recibió la noticia de que su padre había muerto,

17

dejándole en herencia una propiedad situada en el mejor barrio de Beirut. Convencido de que, por fin, sus oportunidades iban a mejorar, Rudy volvió a casa. Era a mitad de los setenta, los *événements* (delicado eufemismo utilizado por los nativos, incluso en los tiempos actuales, para designar la atroz guerra civil) acababan de empezar, y el hombre, que era joven y no del todo escéptico, pensó que no iban a durar demasiado. Por eso le sorprendió que el barco que le transportaba al Líbano fuera casi vacío; más se alarmó al ver, en el puerto, a una multitud que pugnaba por tomarlo para abandonar el país. Y se quedó atónito cuando descubrió que su herencia se hallaba en el peor de los lugares posibles. Es decir, en el otrora cosmopolita y elegante centro de la ciudad, desde cuyo corazón, la Place des Martyrs, Beirut había irradiado al mundo la leyenda de su tolerancia. Era la zona más golpeada por los combates, más sañudamente destruida por los puritanos shiíes llegados del sur del país con su hambre de justicia, su sed de venganza y su propósito de borrar las huellas del Satán occidental. "La *línea verde* atravesaba mi casa", concluyó Rudy. "Ni siquiera pude visitarla".

Maldita *línea verde*. Desde el principio del conflicto, la *línea verde* quedó asentada, cortando físicamente en dos el Beirut de la tolerancia entre credos distintos que predicaban los folletos turísticos. Maldita pero real *línea verde*, que nunca pude pisar (nadie podía hacerlo: era nido de francotiradores y escenario de rabiosos enfrentamientos), que latía en la ciudad como un corazón lleno de odio. Cuando franqueaba el paso del museo, temblando de miedo, corriendo de un sector a otro por lo que quedaba de la avenida Abdallah Yafi, sometiéndome a controles de una milicia u otra (igual que los beirutíes que iban a su trabajo o a realizar compras imprescindibles, o a ver amigos y parientes: gente también escindida), examinaba de reojo el friso de edificios arruinados desde cuyos boquetes en penumbra podían brotar las balas de los milicianos.

Esa noche de abril en que los sirios reiniciaron el concierto de artillería instantes después de que Rudy perdiera los nervios, el agregado de Prensa de Aoun, un derrotado nato, vio esfumarse también cualquier peregrina posibilidad de echar un polvo conmigo. Desapareció, si es que existió alguna vez (el pánico desata extrañas lujurias), barrida por el estruendo de la primera bomba caída en un objetivo cercano y por el sudor frío que me envolvió como una manta en las tinieblas de mi habitación. Palpé el interior de mi bolsa para hacerme con la linterna, y vacié mi mente de lo accesorio para concentrarme en el ceremonial aprendido de periodistas más experimentados.

Decisiones rápidas y gestos concisos: sujetar la linterna, tantear en la oscuridad para coger del cajón las pilas de recambio, comprobar que todo lo necesario se encuentra en la bolsa (dinero, pasaporte, salvoconductos militares). Hurgar en tu memoria visual para dar con el lugar que puede ofrecerte mayor protección (seguro que ya lo has elegido sin saberlo, siempre lo haces cuando te mueves por Beirut; cuando llegas a un nuevo hotel, miras a hurtadillas mientras te registras, congelas en tu mente la imagen del rincón que te parece menos precario). Correr a refugiarte en él sin perder un solo segundo. Decisiones y gestos que son lo único que consigue hacer que dobles la manta helada que te cubre y que podría inmovilizarte, y que la hagas a un lado. "Tengo miedo pero no le tengo miedo al miedo que tengo", te dices. Sí, miedo mío, lo sé, estás aquí, ahora no puedo prestarte atención, perdóname. Hablaremos en otro momento.

Bajé las escaleras tan deprisa como pude, sin dejar de esbozar una sonrisa cuando el haz de mi linterna me hizo ver, delante de mí, los pies de Rudy, que se llevaban velozmente a su (poco antes) apasionado propietario, abandonado por completo (dadas las circunstancias, quiero creer) su interés por mis encantos. Perdí su rastro antes de llegar al vestíbulo, que estaba desierto. Nadie en recepción, excepto la silueta de los sacos terreros apilados a la entrada, en lo que antes habían sido ventanales y puertas y que ahora, sin vidrios, se recortaban como el principio de un túnel que daba a la nada exterior iluminada por la luna. Sabía a dónde quería ir: a los servicios. Calculaba que, metida en uno de aquellos cuartos, pondría entre los pepinazos y yo unas cuantas paredes. Lo que no era gran cosa; sobre todo, si las bombas atravesaban el techo.

Al pasar junto al guardarropa, también vacío, me pareció oír un gemido. Me detuve. Más que un gemido, era una especie de arrullo. Me incliné sobre el tablero y mi linterna alumbró la presencia de tres pares de ojos aterrorizados. Era la encargada del guardarropa. Estaba tendida en el suelo, con dos criaturas fuertemente abrazadas a su cuerpo. Les canturreaba algo, en árabe; posiblemente, una nana, aunque también podía ser una oración, o ambas cosas. Vacilé. Después de varios días de bombardeos, había aprendido también que, en los momentos en que creemos tener la muerte cerca, decidimos cuáles son nuestras certezas prioritarias. La mía era, es, que no quiero morir sola. Abandoné la idea de refugiarme en el servicio y le pedí permiso a la mujer para quedarme con ella. En medio del estruendo de la batalla y sin interrumpir su propia salmodia, asintió con la cabeza. Las baldosas estaban frías, pero la calidez de aquella familia me traspasó cuando me abracé a ellos y apoyé la cabeza en un bendito amasijo de fraternidad anónima. Sin girarse, la mujer alargó el brazo y tiró de una prenda que colgaba del perchero de detrás, extendiéndola sobre mí. Apagué la linterna y, por primera vez en mucho tiempo, volví a ser la niña que escuchaba, sobrecogida, los relatos de los mayores sobre la guerra civil. Y entendí, lo entendí con los huesos y con la sangre, qué se siente cuando las grandes palabras, las declaraciones pomposas y las decisiones erróneas de quienes nos manejan conducen a la aniquilación de cuanto hemos construido y amado. Por unas horas supe qué había sentido mi madre cuando, en pleno bombardeo de Barcelona por los franquistas, tuvo que saltar de un tranvía lleno de muertos y echar a correr por la Ronda, con una esquirla de metralla en la espalda y "los pelos de punta, nena, los pelos de punta".

No era una niña. Tenía cuarenta y cinco años, y más de la mitad los había vivido como periodista. En los últimos años había visto mucho, de la Suráfrica del *apartheid* a los campos de concentración para palestinos que los israelíes mantenían en los territorios ocupados. Conocía el Chile de Pinochet y la República Dominicana de Balaguer. Había estado en la India de las fanáticas confrontaciones religiosas y en el Palermo de la mafia. Además, aquélla era mi séptima visita al Líbano, en menos de dos años. Quiero decir que estaba *curtida*.

Y, pese a todo, aquella noche, abrazada a una mujer que no por desconocida dejaba de representar para mí a *todas las mujeres*, una especie de Piedad a la que nos aferrábamos con la misma fe sus hijos y yo, volvía a ser la cría del barrio chino a quien asustaba una disposición del mundo que no podía asimilar. Volvía a ser la niña que había crecido sin dejar de correr: para salir del barrio, de las imposiciones familiares, del destino resignado que se me ofrecía, del matrimonio, de la conformidad. Y era también aquella que se había convertido en mujer sin dejar de querer comprender, al tiempo que huía.

Las bombas que esa noche nos ensordecieron hablaban del fracaso de la gente como yo, y por eso me abrazaba a la gran derrotada, la mujer que da vida pero es incapaz de detener el exterminio del fruto de su vientre; y que es también la gran triunfadora, porque ninguna guerra podrá evitar que ella siga pariendo y criando, cumpliendo con el ciego mandato biológico de la supervivencia de la especie. En los momentos duros se reduce uno a lo esencial, y yo en Beirut retornaba al vientre de mi madre.

Una cosa sabía. Que, así como el periodismo había dado sentido a mi huida y a mi búsqueda, lo que yo era, mi lugar de procedencia y mi lucha para salir de él dotaron a mi periodismo de lo primero que debe poseer todo escritor, lo sea para perdurar en libros o para ser consumido en diarios: un punto de vista. Que es, al mismo tiempo, una actitud moral y una forma narrativa.

Abrazada a la señora del guardarropa del hotel Alexandre, en el barrio de Aschrafie, en el este cristiano de Beirut, la niña del barrio chino latía en mí, como siempre, para decirme que este jodido mundo es una mierda pero que, a lo mejor, sirve de algo poder contarlo desde el lugar de las víctimas.

Beirut es una enfermedad crónica, y el deseo de regresar es, para mí, una recaída primaveral. Lo sé muy bien porque, aunque he conocido la capital del Líbano en todas sus estaciones, más adelante sólo en primavera me ha abierto el pecho la nostalgia, con sus dedos de espigas. No es que, en otros momentos, la añoranza no se presentara. Podía ocurrir cualquier mañana del invierno madrileño, al embutirme en el viejo Barbour, que huele a betún y a campos de refugiados palestinos, para sacar a pasear al perro. O al escuchar en la radio una canción pasada de moda (una lambada, o un cha-cha-chá), a cuyo ritmo bailé frenéticamente en otro momento en el *pub* Charlie Brown, del hotel Le Cavalier, ante la sonrisa de Ahmed, el *barman*, que una vez me leyó el futuro (y acertó) en el poso de una taza de café, en su casa de Sabra. La añoranza se presenta invariablemente cada vez que contemplo un vuelo de palomas y evoco el pastoreo, mediante cintas de colores, con que muchos beirutíes hacen danzar a sus tórtolas en el cielo, convirtiéndolas en grupos de pequeñas nubes teñidas de índigo que componen figuras abstractas en el resplandor mineral del atardecer.

De modo que, en la primavera de 1998, cuando me dispongo a empezar este libro, después de ordenar apuntes y seleccionar material, he comprendido que no podré escribir ni una línea decente si no empiezo por admitir que sigo enferma de Beirut y que, de una vez por todas, debo recetarme a mí misma la única medicina adecuada, aquella que durante casi diez años me he negado a prescribirme por miedo a que la realidad arruinara mis recuerdos. En una palabra, regresar. Volver a la ciudad amada, en donde conviví con la belleza y el terror, y en donde comprendí con cuánta frecuencia ambas emociones son inseparables.

Regresar para saber quién fui, que es tanto como decir para saber quién soy.

No resulta sencillo encararse con el tiempo y lugar en que se alcanzó la plenitud. Es difícil evitar el sabor a ceniza. Pero soy mujer de reacciones positivas, y me hice una promesa al final de mi relación con Beirut, durante el último viaje que realicé, posterior a mi noche en el guardarropa, a finales de 1989, con un Aoun ya vencido y todos los gerifaltes de la casi siempre ineficaz Liga Árabe convocados en reunión para obtener la firma de una paz duradera que garantizara la reconstrucción, que era el gran negocio que ya tentaba a quienes se habían enriquecido con la guerra. Aquel día, por primera vez en mucho tiempo, las escuelas abrieron sus puertas, y yo acudí, como muchos beirutíes, para contemplar el prodigioso espectáculo de unos párvulos uniformados entrando en las aulas. Sus risas, sus juegos en el patio: los adultos permanecimos allí, mirándoles. Llorando de rencor y de esperanza. Y yo me prometí que, por insípido que, en el futuro, resultara el país de la paz, nunca echaría en falta el país de la guerra. Ni allí, ni en ninguna parte.

Por eso, al volver y ver a los adolescentes que patinan en la Corniche, con un teléfono móvil pegado a la oreja y todos los avíos del perfecto consumidor juvenil occidental encima, contengo mis ganas de maldecir y me obligo a pensar que eran los mismos inocentes a quienes años atrás deseé que nunca más las bombas les arrancaran de la normalidad. Aunque, en mi interior, una voz incrédula (la periodista que ha visto demasiado entibia el ánimo de la mujer de reacciones positivas) apostilla que tal vez me encuentro ante futuros adultos capaces de enzarzarse en nuevas guerras tan absurdas como las combinadas por sus mayores.

Vuelvo a Beirut cargada de preguntas sobre el país y acerca de mí misma. Tomás Alcoverro, corresponsal de *La Vanguardia* desde hace décadas y beirutí al menos en la mejor mitad de su corazón, arroja luz sobre las primeras. En cuanto a las segundas, me queda esperar que la ciudad, con su multiplicidad de mensajes, me proporcione la sabiduría necesaria para encontrar sus respuestas.

—Sami ha muerto de cáncer, estaba muriéndose cuando me llamaste anunciando que vendrías. No te lo quise contar, no quise amargarte —me informa, lacónico, cuando dejamos el renovado aeropuerto detrás de nosotros, enfilando la, en otro tiempo, muy peligrosa carretera que conduce a la ciudad—. Ésta es la mala noticia, pero tengo otra buena, especial para ti. Han vuelto a poner en pie tu noria.

Sami, muerto. Sami, mi chófer inseparable, mi amigo de los días negros. Recibo la noticia en silencio. No voy a hacer preguntas que a Tomás le parecerán morbosas. Es supersticioso, detesta recrearse en la tristeza. En ciertos aspectos, Alcoverro es un excéntrico (alguien que se compró un piso en Beirut mientras la ciudad reventaba en pedazos), y por eso nos llevamos muy bien (soy de los pocos que entendieron que Tomás quisiera tener raíces y compartir el destino de un lugar al que sentía pertenecer). Cambia de tema, y se explaya acerca de las novedades del camino, las flamantes mezquitas que crecen en los barrios shiíes de esta zona. En el anochecer, centellean las cintas de luces que numerosos vecinos han colgado de los balcones para informar que este año han cumplido con su deber religioso de peregrinar a La Meca. En la parte posterior del coche, observándonos con su habitual expresión de gata sagaz, está sentada mi amiga Pilar Aymerich, que ha viajado conmigo trayendo sus cámaras de profesional, dispuesta a captar las fotos de Beirut que en el pasado no tuve tiempo ni ganas de obtener. Recuperar las imágenes: otro motivo para regresar.

Ha dicho Tomás, y me alegro de ello, que mi noria está de nuevo en pie. Un mes atrás, cuando volaba a Los Ángeles para escribir sobre la entrega de los Oscar, cayó en mis manos un *U. S. Today* que incluía la noticia (en un modesto recuadro: y es extraño que la publicaran; quizá fue obra de un antiguo corresponsal que la quiso tanto como yo; ahora resignado, como yo, a la lejanía) de que la vieja Ferri había sido derrotada por las embestidas del viento de arena roja, procedente del desierto, que durante varios días azotó Beirut.

Tomás es un conductor tan lento (el único conductor lento de Oriente Próximo, me juego el cuello) que raya en la genialidad. En 1989 estrenó su anterior coche y, para celebrarlo, propuso acompañarnos a Juan Carlos Gumucio[2] y a mí al Backstreet, a tomar una copa. Luego nos dio una vuelta por lo que quedaba circulable del panorama urbano, con controles militares cada veinte metros: al avistar cada control había que aminorar, encender la luz del interior del coche, bajar el volumen de la radio que llevábamos siempre conectada. Por su naturaleza despistada, a Alcoverro le costaba ejecutar todas estas faenas con precisión, y eso impacientaba a los soldados, mientras que a mí me entraba una risa histérica nada conveniente. Por fin, de vuelta a casa, se le caló el coche a la puerta del Commodore, el hotel que había sido el preferido de los corresponsales extranjeros hasta que sucumbió en una de las batallas; en 1989, lo que quedaba de él era utilizado co-

---

2. Juan Carlos Gumucio, boliviano, era entonces delegado de la cadena de televisión norteamericana CBS para Oriente Medio, con sede en Beirut; antes, trabajó para la agencia de noticias Associated Press, en la misma zona. Posteriormente, fue corresponsal de *The Times* de Londres en Beirut; cuando *El País* le contrató, permaneció en Beirut cuanto pudo, pero la actualidad se había desplazado a Jerusalén, en donde ejerció de corresponsal hasta que el periódico le destinó a Londres.

mo cuartel por las fuerzas sirias. Los *panteras rosas* (llamados así por la tonalidad predominante en sus uniformes de camuflaje) que guardaban la entrada metieron sus metralletas por las ventanillas delanteras, situando el cañón a pocos centímetros de nuestros gaznates. Transcurrieron unos tensos minutos hasta que aquellas mentes no demasiado privilegiadas aceptaron el hecho de que se encontraban ante un voluntarioso conductor, y no en presencia de un astuto saboteador extranjero dispuesto a desafiar a los efectivos de Hafez al-Assad en la capital libanesa.

Tomás perdió aquel coche de un bombazo, por dejarlo aparcado delante del Parlamento, el día que hicieron volar por los aires al presidente René Muawad (duró un mes en el cargo), a finales de 1989, cuando yo ya vivía otras guerras e ignoraba que tardaría casi diez años en volver. Hoy, Alcoverro es el único corresponsal de habla española que se ha quedado en Beirut. Ni siquiera otro loco, Gumucio, cuyo físico le permitía mimetizarse con el más hosco secuaz de Hezbolá y recorrer en moto los barrios más peligrosos, quiso quedarse cuando la ciudad dejó de ser aquella ruidosa matrona que te ofrecía noticias sólo con pisar la calle, declaraciones exclusivas si caminabas unos metros más allá, y sustanciosos informes confidenciales si te reunías con alguien en el vestíbulo de un hotel a tomar una copa; una ciudad en la que, a menudo, tú mismo eras noticia, y te bastaba contar lo que te había sucedido para cubrir tu crónica diaria. Hoy en día, los periódicos prefieren tener a sus informadores en El Cairo, y aún más en la agobiante Jerusalén, desde que Arafat y Rabin iniciaron el proceso de paz entre israelíes y palestinos que, posteriormente, Netanyahu se dedicó a obstaculizar, todo ello con el consiguiente trajín para los corresponsales.

Por eso, los taxistas de guerra que, al contrario que mi Sami, han sobrevivido a sí mismos, languidecen a la puerta de los hoteles, faltos de periodistas, en espera del milagro que se les ha prometido, el Beirut de *nunca jamás*. Pero el sueño de que, con la paz retornarían los viejos, buenos e inconscientes días, ha demostrado ser un espejismo. Y, además, lo nunca visto: se pagan impuestos. Un dependiente de la Librairie Antoine, en la calle Hamra, me pregunta si en España ocurre lo mismo. Le digo que sí, que hay que arrimar el hombro. Le endilgo un lamentable discurso acerca de la necesidad de contribuir entre todos al bienestar del país. "Pero, aquí, los poderosos no pagan", puntualiza Alcoverro, cuando se lo cuento. Los ricos de siempre tienen la paz por el mango, como tuvieron la guerra.

La noche de mi llegada cenamos frente a la playa, en la Spaghetteria, a pocos metros del monumento a Nasser que muestra la figura del padre del panarabismo, impresa mediante un gigantesco tampón en un muro, en esa actitud de "líder a pie, caminando desafiante hacia el futuro" que tanto gusta a los libaneses, y a los árabes en general. Somos los únicos clientes del, en tiempos no demasiado lejanos, muy concurrido restaurante italiano. Ni el pescado está fresco ni el local posee la precaria vivacidad de aquellos mediodías en que Gumucio y yo compartíamos mesa y mantel mientras nos divertíamos observando las idas y venidas de los oficiales sirios que se solazaban en el Bain Militaire, humillados por tener que cruzar la Corniche en bañador cada vez que a un superior se le antojaba llamarles por teléfono.

El *maître* no me reconoce. Tampoco lo ha hecho el recepcionista del hotel Le Cavalier, ni el mozo que ha cargado mi equipaje hasta la habitación, la misma que ocupé en todos mis viajes, y que he pedido expresamente, sin que ni siquiera este detalle haya servido para sacudir su memoria. Soy un fantasma de su pasado, una visitante no deseada, alguien que puede desbaratarles las ilusiones del presente. He visto esta reacción en otros lugares. He visto cómo los pueblos, al llegar el tiempo benévolo por el que tanto lucharon durante un aciago periodo histórico, sencillamente saltan por encima, se columpian, arrancan esas páginas impregnadas de dolor, rechazan la evocación, niegan los hechos. Por propia voluntad se ciegan, con el inconsciente y poderoso deseo de no sufrir también al recordar lo que penaron. Pero el encantamiento no funciona y, lo he visto también, esta pérdida de identidad les desequilibra. Les hace más histéricos que activos, más banales que felices. Como si, al negarse a rememorar sus padecimientos, estuvieran rechazando lo más noble que tuvieron en el pasado. Pienso en Chile mientras escribo esto, y ahora no quiero pensar en Chile.

Soy un imprevisto *manchurrón* en el cuento libanés que hoy se están narrando, y me miran sin verme. He aquí el más sorprendente de mis descubrimientos: que, en Beirut, sólo existí en profundidad para mí misma (Alcoverro fue el testigo de una realidad fragmentaria; Gumucio, con quien compartí muchos momentos, tampoco fue mi espejo; quien tuve más cerca, Sami, está muerto).

He vuelto para saber quién fui, y no queda nadie dispuesto a facilitarme el menor indicio.

Lo que convierte a Beirut en un bien único para mí es que nunca encontré, en ninguna otra parte, una más genuina alegoría del fin de un mundo, ni un avance más cabal de la violencia con que la realidad puede destruir los paraísos más despreocupados. Lo que ardió en Beirut durante casi quince años de guerra civil[3] fue nuestro sistema occidental de valores, la débil pero deslumbrante pátina de la civilización entendida a nuestra manera. Y lo que prendió el fuego fue ni más ni menos que: *a)* la amargura de la sociedad libanesa de confesión musulmana, mayoritaria, sometida al obsoleto *sta-*

---

3. Aquellos lectores que quieran profundizar en el conflicto libanés pueden acudir a especialistas con amplia experiencia en la zona, como Robert Fisk, autor de *Pity the Nation, Lebanon at War*, editado por André Deutsch, y Thomas Friedman, *From Beirut to Jerusalem*, de Fontana/Collins.

tu quo que favorecía la hegemonía parlamentaria de la minoritaria población cristiana; *b)* dentro de la comunidad musulmana, el galopante crecimiento demográfico de los shiíes del
sur del Líbano, campesinos en gran parte; *c)* el complejo entramado de familias, feudos y señores que desde los albores
de su historia han extendido sus manos sobre el país, los gobiernos y el mismo Estado, y *d)* la presencia de guerrilleros
de la Organización para la Liberación de Palestina (OLP) en
los campos de refugiados palestinos, cuya lucha contra Israel
fue la excusa que desencadenó la guerra.

Sobre bases tan poco fiables descansaba la estabilidad de
una ciudad que a partir de los años cincuenta fue considerada,
por su cosmopolitismo, el *Montecarlo de Oriente Próximo*, y
que también pasaba por ser la *Suiza de Oriente*, a causa de las
facilidades financieras que ofrecía a los inversores, particularmente a los emiratos del Golfo[4]. Al margen de la probada habilidad libanesa para los negocios, su elegante mundanidad y
dominio de varios idiomas, lo que convirtió a Beirut en puerto y puerta que comunicaba a Oriente y Occidente fue, bási-
camente, la anulación de El Cairo por las potencias occidentales, como consecuencia de la subida al poder del panarabista
y socializante Nasser, en 1952. Una excelente línea aérea, la
Middle East Airlines, un casino espectacular y leyes de secreto
bancario similares a las suizas hicieron el resto.

De aquellos días de vino y rosas no quedaba absolutamente nada cuando llegué por primera vez a Beirut, en el verano de 1987, enviada por *El País* para preparar el típico reportaje sobre cómo se veranea en un país en guerra: fotos
playeras con edificios lastimosos al fondo, la habitual parado-
ja de la vida triunfando por encima de la muerte, tan cara a
las deshabitadas redacciones estivales. Aparecí al final de *la*

---

4. Sobre los años dorados del Líbano existe un delicioso volumen: *The St. George
Hotel Bar, International Intrigue in Old Beirut: An Insider's Account*, de Saïd
K. Aburish, editado por Bloomsbury.

guerra de los campos, que había durado meses y en cuyo transcurso los refugiados palestinos se defendieron sin éxito del asedio de los milicianos shiíes de Amal: murieron a millares. Por su parte, otros shiíes, los proiraníes de Hezbolá, continuaban secuestrando extranjeros, y en la delegación de Associated Press (AP) había un cartel que recordaba los días que Terry Anderson, el más antiguo de los rehenes, llevaba en poder de sus captores. Finalmente, la táctica del coche-bomba, que tantas víctimas se había cobrado unos años antes, no estaba del todo en desuso y, de vez en cuando, el consabido *boom-boom* nos hacía saltar a nuestros automóviles y correr hacia el lugar en donde la chatarra humeaba junto con restos de cuerpos humanos.

Algunos corresponsales foráneos, sobre todo los de cabellos rubios y ojos claros, habían tenido que irse a vivir al este cristiano, más seguro, aunque infinitamente más soso que el oeste musulmán, donde yo había optado por quedarme. Aquí, pese a la amenaza de los automóviles que, sin matrícula y con cristales ahumados, circulaban a la caza de presas humanas, y pese a la imposibilidad de caminar libremente por los barrios shiíes del sur de la ciudad, Beirut era Beirut y no una insípida parte del extrarradio poblada por, como alguien ha dicho, "una burguesía que pretende ser una aristocracia". En el reparto urbano impuesto a la fuerza por la *línea verde*, los cristianos habían salido perdiendo. Dormían tranquilos, eso sí (hasta que el general Aoun decidió devolverles el honor, en 1989: en mala hora).

Quizá porque lo primero que conocí fue el sector este, y una fiesta afrancesada a la que acudí, invitada por Maher, mi ocasional fotógrafo (del tipo memo local, equiparable al prototipo memo internacional: el que reza todas las noches a la agencia Magnum y se despierta besando el retrato de Robert Capa), no me enamoré de Beirut en seguida… sino un par de días más tarde. Bastó con que me invitaran a otra fiesta. En el sector musulmán. La humilde inauguración del apartamento de un empleado local de AP, a la que asistí gracias a Gumucio. Allí, sentada en el pretil de la azotea, con las piernas colgando en el vacío y un vaso de licor en la mano, inhalé la ciudad hasta la sangre y me intoxiqué para siempre.

Me apresuré a ejecutar la parte menos apetecible de mi encargo, aquella por la que precisamente había sido enviada. Reportar únicamente la actividad playera y social de una ciudad hecha pedazos no me mataba de ilusión, pero era un camino como cualquier otro para empezar a comprender el complicado tejido de intereses en juego, así como el extraordinario carácter de sus habitantes, que les había permitido seguir creyendo en el futuro, en medio del desastre. Gente como Micaela, entonces novia y hoy esposa de Javier Valenzuela, corresponsal de *El País:* pertenecía a una generación para la que vivir en guerra constituía una rutina. Había ido al colegio desafiando a diario la muerte al cruzar la *línea verde*, y por el camino no perdió ni la pasión ni la esperanza. Ni el desaforado amor por Beirut, que Javier compartía. Mica vive actualmente en Washington, con su marido. Cuando supo de mi intención de regresar a su querida ciudad (ella no ha podido: Javier no desea ver el cambio) me telefoneó, exhortándome, con su encantador acento francés: *"No seas muy cruegl, Magujja, si observas que vuelven a ser frígvolos. Han sufgido mucho, los pobgecitos libaneses…"*.

Entré en contacto con Juan Carlos Gumucio gracias a que me dio sus señas uno de mis amigos más queridos en esta profesión, Enrique Ibáñez, antiguo corresponsal de Efe en Beirut, a quien había conocido años atrás en Nueva Delhi, en los días que siguieron al asesinato de Indira Gandhi. Supongo que Gumucio no hizo que me dieran con la puerta en las narices debido a que mi avalador era, es, aparte de amigo de ambos, un gran periodista y una gran persona. Y una tarde, sospecho que a la inoportuna hora del cierre, comparecí en su oficina de la CBS, en el edificio cercano al Commodore donde se concentraba la mayor parte de agencias de prensa y delegaciones de televisión norteamericanas en Beirut oeste.

—Siéntate, mujer —dijo Juan Carlos, y con relativa paciencia se dispuso a ilustrarme con su conferencia estándar *Qué es este follón, por qué empezó todo y cómo están las cosas*, exclusivamente diseñada para el consumo de enviados especiales necios.

Al finalizar, viéndome tan desorientada como dócil, añadió que estaba muy ocupado y que en el ínterin podía dejarme ver unos cuantos vídeos con reportajes suyos. Me condujo a un cuarto y enchufó el televisor. No sé cuánto tiempo permanecí allí, viendo sufrimiento y barbarie, y más sufrimiento y más barbarie, y vuelta a empezar. Había anochecido cuando Gumucio (que era peligroso si le caías bien, pero que si le caías mal era sencillamente letal) regresó y me encontró llorando. Me condujo a su despacho y extrajo una botella de whisky de uno de los cajones de su mesa. Bebimos, y luego dijo:

—Te invito a una fiesta, mujer.

Hablamos sin parar, aquella noche, con los pies colgando en el vacío bajo la luna, y luego me convenció para que abandonara el Summerland, el hotel para inenarrables pijos musulmanes (y también aquél a cuyas puertas los secuestradores siempre abandonaban a los rehenes, cuando accedían a liberarlos), y me trasladara al mucho más genuino y céntrico Le Cavalier, un hotel de propiedad drusa situado en el barrio comercial de Hamra, a pocos metros de su despacho. Así lo hice.

—No me gusta tu chófer, mujer —me dijo al día siguiente.

Se trataba de Hassan, que presumía de kurdo y era completamente estulto.

—Me lo he follado —confesé.

—¡Mujer! ¿Cómo se te ocurre follarte a un musulmán?

—La euforia de los primeros días —me disculpé—. No volveré a hacerlo.

De eso estaba segura: resulta una lamentable pérdida de tiempo (bueno, de tiempo no: acaban pronto) follarse a un musulmán que no sea admirador acérrimo de Omar Khayyám, es decir, un considerado amante de las mujeres y el vino. De lo contrario, es peor que joder con uno del Opus en los años sesenta.

—La cagaste, mujer. En este momento, todos los chóferes de Beirut deben saber ya que en Le Cavalier hay una española que fornica gratis —Juan Carlos parecía muy entretenido con la idea de verme perecer bajo un aluvión de conductores en celo.

Y claro que lo sabían. Pocas noches después, cuando me disponía a tomar el ascensor para retirarme, el tal Hassan se presentó en el vestíbulo, con unos cuantos colegas. Supongo que quería enseñarles el género. Fue entonces cuando Sami apareció en mi horizonte. Cincuentón, delgadísimo, moreno, pobre pero elegante. Sir Sami, solía llamarle en invierno, cuando a su impecablemente remendada chaqueta de *tweed* con coderas de cuero añadía el complemento de una gorra inglesa a cuadros y una pipa; y él se echaba a reír quedamente: "Marruja, Marruja". Aquella vez, Sami se adelantó, presentándose ante mí como el chófer titular del hotel, y me dijo que dejara a aquellos moscones de su cuenta. *"I'll speak for you"*, aseguró.

Creo que nunca he querido más a alguien con quien intercambiara menos palabras. Yo no hablo árabe, y el inglés de Sami era muy primario y, a ratos, confuso. Decía: *"Israel gone and boom-boom, Marruja"*, lo cual significaba exactamente lo contrario, que aviones israelíes habían abandonado la zona de ocupación para adentrarse en territorio libanés y bombardear las poblaciones del sur, a unos cuarenta o cincuenta kilómetros de la capital. Por consiguiente, resultaba un alivio oírle anunciarme que *"Israel come and OK, Marruja"*. O sea, que habían regresado a sus bases. Pero lo mejor de Sami fue, siempre, el entusiasmo con que, cuando nos encontrábamos ante cualquier dificultad, cosa que sucedía a menudo (la ciudad estaba erizada de controles, alambradas, barreras, sacos terreros, soldados y milicianos agresivos, oficiales puntillosos y otros energúmenos con la sensibilidad a flor de piel), se volvía hacia mí y, con un firme gesto de su mano, me tranquilizaba, usando su frase favorita: *"Don't worry, Marruja. I'll speak for you"*. Y realmente lo hacía. El elegante chófer se convertía en un negociador tan marrullero al menos como su interlocutor del momento. Cuando, por fin, podíamos seguir, después de haber resuelto la situación, Sami se golpeaba la sien con un dedo: *"Very clever man"*, comentaba, para indicar lo tonto que le parecía el otro.

Todo enviado especial mínimamente sensato sabe que el éxito de su misión dependerá, en gran parte, de estos dos factores: caerles bien a los miembros de la fauna periodística fija en el lugar, y hacerse con un chófer audaz, bien relacionado, de mente despierta, lo más políglota posible y dispuesto a correr los mismos riesgos que el propio periodista por un precio alto y merecido. La aceptación de la banda de corresponsales, irremediablemente recelosa hacia el recién llegado, puede salvarte la piel. Una inteligente elección de chófer, también. En general, el éxito en lo segundo está supeditado a que te haya salido bien lo primero.

Los jóvenes que suelen dirigirse a mí durante los coloquios que siguen a mis charlas sobre periodismo acostumbran a plantearme preguntas acerca de mi labor como enviada especial. Por desgracia, se muestran mucho más interesados en conocer los aspectos *glamourosos* (viajes a países exóticos, excitantes situaciones de peligro, posibilidad de cubrirse con uniforme de exploradores audaces, en fin: la típica aureola *heroica* que envuelve al sujeto, a menudo propiciada por él mismo, con la ayuda de una foto en la que se le ve con su chaleco de campaña) que en instigarme a desentrañar los mecanismos que un enviado especial tiene que pulsar para conseguir buenos resultados. Cierto que, de vez en cuando, plantean alguna buena pregunta. Por ejemplo, ¿hay que documentarse exhaustivamente antes de salir hacia el destino? ¿No garantizaría una mayor objetividad el hecho de llegar con una mirada ingenua, desprovista de prejuicios?

Lo uno no contradice lo otro. El enviado especial es un paracaidista que se ve arrojado hoy sobre un territorio convulso, mañana sobre otro. Los corresponsales fijos suelen envidiar nuestra movilidad, mientras que nosotros les odiamos por poseer una agenda importante. Tomemos sólo el año 1989. A grandes rasgos, reseño que viajé a: Argentina, Paraguay (dos veces), el Líbano (tres veces), Brasil, Chile y Panamá; más un viaje a Polonia cuando el hundimiento del régimen comunista, y varios a la Alemania que acababa de demoler el muro. Es completamente imposible pedirle a nadie que posea una buena agenda de cada uno de estos países y sus claves secretas, si lo único que hace es desembarcar en ellos, de vez en cuando: sólo con el tiempo acabas por conseguirla. Y entonces es cuando deciden no volverte a mandar.

Soñé largamente con ser corresponsal (dos años, mínimo, en el mismo sitio, por el amor de Dios) en América Latina. Era una idea que hacía partirse de la risa a mis jefes, porque ellos sabían muy bien que soy mucho más útil permaneciendo en la Redacción o, al menos, cerca: un comodín de lujo, que por mi formación de todo terreno lo mismo les soluciona la boda de una infanta que el estreno de una ópera, la muerte de un actor que la crónica social de un verano. A lo máximo que accedían, y estoy orgullosa de mi empeño por lograrlo, era a enviarme temporalmente a algún lugar de mi interés que coincidiera con el del periódico.

Con los años, he tenido que convenir en que mis jefes estaban cargados de razón. No me habría gustado convertirme en uno de esos corresponsales que, de tan bien que conocen el país desde el que informan, han dejado de contarlo. Creo que el desafío de tener que interpretar una realidad tras otra, y todas distintas, mantiene el periodismo del enviado especial musculoso y sin grasa; y también sin los pedantes secretismos y sobrentendidos que suelen impregnar las crónicas de ciertos profundos conocedores. Sin contar con que las idas y venidas del enviado especial lo mantienen más cerca de su propio país, de su propia realidad. En definitiva, de la gente para la que se escribe. Porque una cosa es vivir el desarraigo como lujo, y otra muy distinta es sufrirlo como destino. Del primero siempre te puedes rescatar; en el segundo, es fácil que naufragues.

El equipaje del enviado especial (periodísticamente hablando, y también en el sentido literal) tiene que ser ligero, y de primera clase. Para empezar, antes de partir, conviene realizar una inmersión en el tema tan profunda como se pueda (y se suele disponer de muy poco tiempo, sobre todo en casos de repentinos estallidos de conflictos), a base de leer las carpetas que el servicio de documentación que el propio medio posee, y tantos libros especializados como se pueda conseguir (en nuestro país se publican muy pocos, tanto de cosecha propia como en traducciones). Esta lectura debe realizarse sin abandonar la capacidad de interpretación que es la esencia misma del periodismo: no basta con escribir los hechos, hay que interpretarlos y contextualizarlos. No basta con leer la documentación: hay que saber de qué fuentes procede, y en virtud de ello calibrar lo que cuentan y la forma en que lo hacen. No es lo mismo un informe sobre la política económica de Carlos Menem realizado por el Fondo Monetario Internacional que por la Asociación de Jubilados sin Pensiones. Y no hay que aceptar ninguna de las versiones como una verdad revelada. No debe haber verdades reveladas en periodismo, sino mucho dedo escéptico siempre dispuesto a meterse en todo tipo de llagas.

Hace unos años fui enviada a Melilla. Parece poca cosa, pero puedo asegurar que resulta apasionante. Los españoles conocemos menos aquella realidad que la de Beirut. Por ignorar, ni siquiera sabemos que, geográficamente, Melilla no se encuentra pegada a Ceuta. Bien, me metí en el servicio de documentación de *El País* y me empapé a fondo. Había algo que no cuadraba: todos los recortes y noticias publicadas se parecían sospechosamente, a pesar de estar firmadas por diferentes y competentes profesionales, y de cubrir épocas distintas. Al final averigüé la razón (es decir, interpreté lo que leía): a lo largo de los años, todos los enviados especiales, sin excepción, habían consultado a *las mismas fuentes*[5]. En casos así se impone empezar de nuevo, sin más ayuda que el propio olfato. Compensa: tu visión se enriquece de forma insospechada.

Además de documentarme tanto como es posible, nunca salgo hacia un país que desconozco sin haber recibido antes, también, unas cuantas lecciones por parte de periodistas que se han pateado la zona y poseen, además de experiencia, una opinión que respeto, coincida o no ideológicamente con mi forma de pensar.

Una vez establecido que la documentación previa es imprescindible, hay que dejar sentado que no sirve para nada. Miento: proporciona cierta seguridad, sobre todo si hemos confeccionado un dossier de viaje con suficientes documentos como para permitirnos acudir al dato concreto cuando lo necesitamos (no es fácil, sobre todo en mitad de un conflicto violento, encontrar estadísticas; también es cierto que siempre hay que corroborar las que se tienen con aquellas, más al día, de que disponen los corresponsales en la zona), o a la biografía de un personaje cuando nos propongamos entrevistarle. El resto hay que aprenderlo sobre el terreno.

En cuanto a los corresponsales (generalmente, hombres) que dominan la región y que de forma inevitable creerán, al menos al principio, que eres un privilegiado que acude a picotear en el terreno en donde ellos se mojan peligrosamente a diario, sólo hay dos formas de hacerse con su benevolencia,

---

5. Amigos que trabajan en investigación, historia, medicina o crítica literaria me dicen que el vicio de recurrir siempre a las mismas fuentes también se produce en sus campos. Los periodistas somos como todo el mundo, mal que nos pese.

sobre todo si eres mujer y, además de sus prejuicios profesionales, tienes que derribar sus escrúpulos sexistas: beber tanto y hasta tan tarde como ellos, y jugarte el tipo tanto o más que ellos. Por desgracia, estamos ante un asunto de *cojones*. Y a los hombres, que son bastante primarios, les resulta más fácil respetarte si te ven engullir media botella de whisky después de haber atravesado la *línea verde* al filo del toque de queda. Una vez establecido que perteneces a la *tribu* y que el resto de los colegas no dificultarán el camino del enviado especial más que cuando se cruce con el suyo, las cosas empiezan a resultar bastante agradables.

Una tercera ayuda, y muy útil, que añadir a las mencionadas (corresponsales extranjeros y chófer) son los periodistas nativos. Ellos son los que más saben, aunque no siempre, o mejor dicho, casi nunca, puedan escribirlo. He conocido a muchos, en muchos países. Salvo en el caso de los oficialistas, de quienes hay que huir pues a menudo son más informadores de la autoridad que servidores de la información, acostumbran a ser extraordinarios y frustrados profesionales, mal pagados, perseguidos y muy valientes. Es sumamente importante no ejercer de colonialista con ellos, pagarles con equidad sus servicios y mostrarles la gratitud que merecen por su colaboración. Entre otras cosas, porque ellos se quedan y se arriesgan de verdad. Cuando llegué a Beirut, la mayor parte de las agencias de prensa y televisiones extranjeras habían retirado a sus efectivos, por miedo a los secuestros, dejando las delegaciones al mando de periodistas autóctonos. Trabajaron con tesón, responsabilidad y espíritu de sacrificio. No siempre se les agradeció, que yo sepa.

Acodada a la barandilla del balcón de mi habitación en Le Cavalier, contemplo el edificio en reconstrucción de enfrente, casi finalizado: un banco. En el verano de 1987 me acodé igual que ahora, para leer el lenguaje de los boquetes que ocupaban el lugar de las ventanas. Una corriente de vitalidad hormigueaba al otro lado de la calle, en el interior del inmueble; no era la agitación propia de una entidad bancaria, de un bloque de oficinas, sino la de los refugiados con sus dramáticos secretos y cuerdas con la colada extendida en la oscuridad y fogones de cámping y llantos de niños; con su ejército de madres incansables que, a primera hora, cargadas con bidones y con toda clase de recipientes, efectuaban una batida de la ciudad en busca de los caños de agua todavía no inutilizados. En la mole estéril e impasible del templo del dinero, entre las grietas causadas por la guerra, asomaban entonces, como gotas de savia, las cabezas cubiertas de aquellas mujeres obstinadas en alimentar a sus larvas, estrategas de la supervivencia de lo que llamamos Tercer Mundo, dando forma ante mí, sin pretenderlo, a la perfecta parábola de nuestra no muy lejana destrucción, de la aniquilación de nuestro sistema de lucro y lujo a manos de una masa de desposeídos que se han cansado de esperar.

No estáis ya aquí, os han echado los antiguos amos. Pero en algún lugar de Beirut seguís hormigueando sin desfallecer.

Tomás, con la emocionada reserva con que un coleccionista exhibe, pieza a pieza, tesoros que sólo el otro (entre todos los otros) será capaz de apreciar, nos acompaña a visitar las ruinas del centro de Beirut. Cuidadosamente busco palabras que acerquen al lector a este paisaje condenado, consciente de que no soy capaz de describirlo. Y me pregunto (otro interrogante más que añadir a los que traje en la maleta) si en otro tiempo fui lo bastante diestra, no para narrar lo que vi (lo hice, estoy segura: eso es ser periodista) sino para, al mismo tiempo, comunicar lo que *sentía* (eso sería ser buena escritora).

Paisaje condenado, de una forma u otra: por la reconstrucción, o por el abandono. En torno a la Place de l'Étoile, en la *city* beirutí, se mantienen (han sido las primeras en verse remozadas) las edificaciones bancarias que surgieron después de la I Guerra Mundial. Prosigue la labor de reconstrucción de bancos y oficinas lujosas, y los bloques, erizados de estructuras tubulares por las que brincan como monos los peones sirios (en condiciones de inseguridad que convierten a un albañil español en una especie de privilegiado), están cubiertos por lienzos de mosquitera verde que caen como sudarios desde las azoteas hasta el suelo. Pilar Aymerich se apresura a fotografiarlos, impresionada por este signo de luto externo, el único que hemos encontrado, de duelo de la ciudad por sí misma. O tal vez se trate de un mínimo gesto de vergüenza del presente por la sangre derramada, sobre la que hoy surgen absurdos planes de bienestar, asentados en suelos de mármol, apartamentos de un millón de dólares y esperanzas de inversiones extranjeras.

Nunca vi la Place des Martyrs más que en viejas postales como las que ahora vende, ampliadas y a diez libras libanesas la pieza, un hombre mayor, esbelto y pobremente vestido, llamado Abed. Con exquisita delicadeza, como un mago que extrajera pañuelos de colores del fondo de su chistera, exhibe, una tras otra, imágenes del pasado de Beirut, hoy en venta. Fotos coloreadas de Beirut *la nuit* con sus primeros anuncios de neón resplandeciendo entre las palmeras. Amarillentas fotos de lo que no existe ya: terrazas de cafés pobladas de personas sonrientes, grupos de hombres que charlan al pie del monumento a los *mártires*. Y elegantes automóviles de los sesenta, magníficos autobuses último modelo, señales de tráfico, todo lo que desapareció de Beirut junto con la moderación, la gentileza y otras utopías.

Más lejos, en dirección opuesta al mar, hacia la calle de Damasco, no aparecen indicios de reconstrucción. Los edificios que aquí fueron arrasados no interesan a las autoridades, ningún millonario del petróleo querrá vivir aquí, en la Chiyah atestada de perdedores (¿las familias que ocupaban el banco, frente a Le Cavalier?), de emigrantes que han huido del sur pisoteado por Israel, y de obreros sirios que se refugian en estos agujeros cuando, por la noche, vuelven de limpiar las calles de cascotes, y de trepar por las fachadas de los bloques en rehabilitación.

Nunca vi, nunca veré la Place des Martyrs.

Otoño de 1989, creo. Un coche-bomba estalló cerca. Sami, mascullando una imprecación, me hizo señas desde la calle, y se dirigió a su coche, abandonando de nuevo esa tertulia infinita que habitualmente hilvanaba con los otros chóferes a la puerta del hotel, mientras me esperaba; era una charla que reanudaban a cualquier hora del día o de la tarde, entre risas o ceños de preocupación, según. Nunca supe de qué hablaban: ¿de nosotros, los extranjeros, de la guerra, de sus familias? Salté del sillón del vestíbulo en donde me había detenido a organizar mis cuadernos y el contenido de mi bolsa. Lo recogí todo de cualquier manera, colgándome en bandolera la bolsa abierta, y salí corriendo tras Sami, que ya estaba al volante de su fiero, resistente y desvencijado Mercedes, con el motor en marcha y la radio puesta. "Ha sido en Raouche", informó. Así nos enterábamos de los bombazos: primero el estruendo, luego la localización aproximada, por la radio. Con suerte, tropezábamos con una histérica ambulancia y la seguíamos hasta el lugar de los hechos.

No fue uno de los peores atentados con coche-bomba, aquella vez. Sólo tres o cuatro muertos, una familia que acababa de aparcar su automóvil cerca de la carga mortal. ¿Cómo lo conté? ¿Dos líneas, en una crónica más preocupada por las últimas declaraciones de cualquiera de los líderes? Había una naranja a medio pelar entre los humeantes hierros y los restos humanos. Una naranja a medio pelar, cerca de un zapatito infantil ensangrentado. ¿Lo conté?

Diecinueve de julio de 1989, víspera de san Elías, puerto de Jounieh. Un puñado de españolas casadas con libaneses del sector cristiano, con sus hijos, aguardaban el *ferry* que les repatriaría, vía Chipre. Los sirios habían empezado a bombardear, pero ellas no se asustaron: creían que era una prolongación de la orgía de fuegos artificiales que poco antes rasgó el cielo en el sector cristiano, preparando el día del santo. Al percatarse de lo que realmente estaba ocurriendo corrieron a refugiarse, frenéticas, empujando a sus crías hacia el pequeño edificio que se utilizaba como estación marítima. Alejada unos metros, permanecí inmóvil, flanqueada por Tomás Alcoverro y Juan Carlos Gumucio, que observaban la operación y aprovechaban para despedirme. También yo tenía billete para el *ferry*, encargada por mi periódico de escribir la crónica de la repatriación.

Los tres periodistas estábamos cansados de escondernos. Gumucio me miró. Conocía mi prudente costumbre de llevar siempre conmigo un antídoto contra los sustos. Saqué del bolso una botella de medio litro de Johnny Walker. Nos la bebimos a morro, manteniendo la calma hasta el momento de embarcar. Por fin, les abracé y me abrí paso entre la multitud para subir al barco. Mi corazón estaba lleno de compasión, por los amigos que se quedaban y por la gente que se veía obligada a huir de cuanto amaba.

Los sirios se calmaron, y el *ferry* se puso en marcha. A poco de salir, empezó la proyección de una película: *Cojo, el perro asesino*. La gente ruge, entregada a los afanes del can descuartizador. De espaldas a la pantalla, les observo. Paren el barco, el mundo. Como suele decirse, quiero bajarme. ¿Lo conté?

El Consulado de España en Chipre recibió a las expatriadas con sus hijos. Descansarían en un hotel hasta que el avión para conducirles a Madrid estuviera dispuesto. Corrieron a sus habitaciones, y poco después regresaron con los conjuntos de playa que acababan de sacar de las maletas, y se dedicaron a chapotear en la piscina. La cónsul, Isabel Cifuentes, una mujerona aguerrida que hoy vive en Madrid, jubilada, me miró: "Pobres", dijo. Yo fruncí el ceño y no se me desarrugó en las horas que siguieron. "¿Qué sentíais durante los bombardeos?", osó preguntarles la cónsul. "*Oh! On dit que on clacque la porte, la bas!*", dijo una, que era oriunda de Castilla. Las otras, de Logroño o así, preguntaron: "*Est ce qu'il y a de la omelette au jambon? Mais, le jambon c'est de Parma? Á Beirut on a du vrais jambon de Parma!*". Contuve mi deseo de estrangularlas. En realidad, era un grupito de mujeres de la colonia española que aprovechaban la oportunidad de pasar unas vacaciones en España, pagadas por el erario público. No había el menor heroísmo en ellas. Ni la menor sensibilidad.

Esto no lo escribí. Telefoneé al periódico y dije que estaba cansada. "Me he jugado la vida varias veces y no me apetece acompañarlas hasta Madrid. Si me obligas a ir, escribiré lo que pienso de ellas", amenacé, jocosamente, a mi redactor jefe. Con muy buen sentido, me dio permiso para descansar en Chipre durante el fin de semana. Días después, la tribu expatriada llegó a Madrid en un avión iraquí, vía Lisboa; tras múltiples retrasos y esperas en aeropuertos, su aspecto era, por fin, deplorable, parecían auténticas refugiadas y no paraban de llorar; de nervios, de hambre, de impaciencia, de histeria. Quedaron muy dramáticas en las fotografías, y yo, de haber contado la verdad, habría pasado por una miserable.

Y es que, a menudo, una foto miente más que mil palabras.

Sector oeste, cualquier mediodía de aquella primavera de la cruzada de Aoun. Mis maletas seguían en Le Cavalier, pero vivía en el despacho de Gumucio (hoy en día es una oficina de Master Card), en el edificio Jean Saad de la calle Baalbeck, el mismo en donde Alcoverro tenía y tiene su precioso piso decorado con antigüedades orientales y muebles de exquisito gusto. En los malos ratos, Gumucio (que tuvo que abandonar, por demasiado peligrosa, su vivienda de Manara, situada en la primera línea de fuego, en la Corniche, debajo de una considerable pieza de artillería siria) y yo nos hacíamos compañía. Y me dejaba utilizar su viejo télex, como siempre hizo. De noche, cuando arreciaban las bombas (las que caían a este lado eran de procedencia cristiana, igualmente implacables), cogíamos una manta y caminábamos rápidamente (tratando de no perder la dignidad ante los soldados sirios que custodiaban el Commodore) hacia la oficina de AP, que tenía sacos terreros en la puerta. Era un gesto simbólico que nos reconfortaba, el de buscar refugio por frágil que fuera.

Mediodía, pues. Busqué a Sami en el hotel y nos dispusimos a realizar unas cuantas compras. Agua, sobre todo. Llenamos el portaequipajes, y entonces empezó el concierto artillero. Tembloroso, Sami condujo de regreso a Le Cavalier, dudando entre permanecer a mi lado o correr con su familia (vivían junto al hotel). Pero yo le pagaba y su lealtad hacia el cliente era incuestionable. Dejamos el coche en la puerta y entramos en el vestíbulo. Aparentemente concentrado en un libro de cuentas, el recepcionista mostraba una digna lividez. Tomados de la mano, Sami y yo subimos los peldaños que conducen al restaurante. Nos sentamos. Compareció uno de los camareros. Pedí dos vasos y una botella de Johnny Walker. Los cubitos de hielo tintinearon contra el cristal, al ritmo de los chupinazos, cuando se acercó con el encargo bailando en la bandeja. "Es Ramadán", protestó Sami, débilmente. Luego se encogió de hombros: "Ya lo he roto: estoy fumando". Bebimos con la avidez de quien se traga una medicina de efectos fulminantes (y así es: pero no es cierto que el alcohol elimine el pánico; por el contrario, el terror lo quema todo: licor, calorías, hambre; todo, menos el pensamiento desnudo y afilado, todo menos la percepción de los sentidos; el estado de alerta del condenado a muerte).

Hasta que disminuyó el estruendo de los impactos, nos quedamos allí, con el camarero cerca (impecable: agradecido porque le obligábamos a ejercer su oficio más allá del miedo), la botella y las fotos de sus hijos que Sami sacó de la cartera y dispuso cuidadosamente sobre la mesa. Recuerdo a la pequeña, su predilecta, y al muchacho que había enviado a Niza, a aprender mecánica, y de quien tan orgulloso se sentía.

Ni el camarero ni el recepcionista de Le Cavalier reconocen ahora, en la turista en que me he convertido para ellos, a aquella enviada especial con quien compartieron algunos de los peores días de Beirut. Y en el otro hotel, el Alexandre, en el este cristiano de la ciudad reunificada (la *línea verde* ya sólo atraviesa la mente de cada uno de sus habitantes), ha sido eliminado el guardarropa, y nadie sabe qué fue de la mujer que estaba a su cargo en la primavera de 1989. Ni cómo se llamaba.

Sólo las piedras recuerdan. Y hablan.

Poseo dos guías Stephan de Beirut. Adquirí la primera al principio de mi relación con la ciudad, y nunca pude reconocer su complejo entramado en la devastación real. Si acaso, sólo su silueta, esa enorme cabeza de salamandra que nunca sé si emerge del Mediterráneo, o pugna por hundirse en él, por desaparecer. Cuando llego en avión creo que me recibe; cuando parto, la veo agazaparse a mi espalda, como si la aliviara poder sustraerse a los rituales de existencia a que la he sometido para sumergirse de nuevo en el sueño o pesadilla, según las épocas, que le ha tocado vivir.

Las calles de Beirut, las que yo conocí, nunca estuvieron en mi primera guía, trazada en tiempos de paz y lujo. Tampoco se encuentran en la segunda, que es más un conjunto de aseveraciones pomposas de realización futura que el reflejo de lo que percibo a mi alrededor, ese mixto de construcción y destrucción que se reúne en un punto muerto, como una interrogante.

Atenta, sin embargo, a cualquier indicio, camino por calles cuya existencia ni siquiera intuí en otros tiempos. No tengo nada en común con el monumento a la paz que han erigido frente al Ministerio de Defensa, esa torre de diez pisos rellenos de carros armados y piezas de artillería; pero merodeo como una visitante enamorada por entre las viejas villas novecentistas que duermen su siesta de higueras y geranios, ruinosas y soberbias, en las calles del barrio de Jumblat que descienden en suave pendiente hacia la Corniche, muy cerca de la Universidad Americana. Y paseo por los jardines de la propia Universidad, sin reconocerlos: desprovistos de sacos terreros, de escombros, poseen un sereno dramatismo. Es el rostro apesadumbrado del testigo.

Espera, volvamos a empezar. ¿Quiere decir que la Universidad Americana se encontraba sólo a cinco o seis bloques de mi hotel? Efectivamente: camino, cuento las calles. Aquellos interminables recorridos en el Mercedes de Sami, entre cascotes, controles, aquellas carreras y bruscos frenazos, ¿eran para poder llegar sanos y salvos a la cita con la esposa de un rehén norteamericano de Hezbolá, en el aula de una universidad que estaba casi pegada a mi hotel? Poco a poco, la verdadera ciudad que no conocí se va desplegando, porque por primera vez la recorro a pie, deteniéndome sin miedo ante tal fachada o en tal esquina. Las tiendas, minúsculos almacenes de comestibles en donde se abigarran cuantas mercancías caben en la mente de un libanés (es decir: un mundo), pueden desorientarme, porque todas lucen los nuevos toldos de publicidad de cigarrillos Viceroy (baratos, los preferidos por los refugiados palestinos: prendían uno con la colilla del anterior; el miedo y la desesperación son grandes aliados del tabaquismo), con su brillante fondo rojo. Parecen iguales, las tiendas, de modo que, si quiero volver a escuchar la voz cantarina de la mujer que, al venderme un exquisito vino del valle de la Bekaa, ha lanzado una triunfante exclamación ("¿Española? ¡Caracas!"), no tendré otro remedio que fijarme en otras señas de identidad: los retratos colgados, los tapices que reproducen La Meca o el resplandeciente domo de Al Aqsa; o bien la curiosa disposición de una botella de Cardhu junto a un hermoso ramillete de pimientos perlado de agua fresca.

En la calle Hamra: siento deseos de besar el suelo. Besar las paredes, besar a los transeúntes. Esto último sería un error. En una ocasión, yendo con Gumucio a recoger unas cosas de su vivienda particular, en Manara, cometí el desliz de saludar con dos besos a uno de los oficiales sirios instalados en el piso bajo: me dio tiempo a plantarle uno solo, en la mejilla izquierda. El respingo que pegó el hombre al retirarse como si yo fuera portadora de un virus fatal coincidió con el tirón que me propinó Juan Carlos, al tiempo que pedía disculpas en mi nombre. No se puede follar a los musulmanes, no se les puede besar, farfullé, a la salida, indignada.

Pilar y yo nos sentamos en la terraza del Modca, en la esquina de Hamra con Abdul Aziz, y pedimos cervezas heladas, únicas mujeres entre hombres que sorben café y comen pistachos. He pedido altramuces y soy tan feliz en este mediodía beirutí del que nunca disfruté, en este café que siempre hallé cerrado, en esta calle por la que apenas paseé, cuyas tiendas no vi permanecer abiertas una jornada completa. Pasa un ciego, haciendo sonar unas monedas en una lata, y me precipito a darle una buena limosna. Al sentarme, le comento a Pilar:

—¡Ser ciego en Beirut! No se me ocurre una pena más grande.

Y es verdad. Aunque quienes hemos vivido aquí en un momento u otro de la guerra hemos sido cegados de alguna forma, obligados a ver sólo el interior de la sima profunda en que se convirtió esta ciudad. Porque lo que veíamos era el paisaje del odio, del dolor, de la venganza; era la parábola. Lo que estoy haciendo ahora, es apedazar los diferentes Beirut que he vivido para obtener la panorámica completa que me revele el lugar que ocupé y que reproduzca la errante movilidad de mis pasos anteriores por esta ciudad: atravesando capas de historia, como si me hundiera hasta sus cimientos, en unas ocasiones; planeando apenas por encima de su tragedia, en otras; las más, confundida y, pese a todo, sintiéndome más de dentro que de fuera, más ciudadana que visitante.

Releo algo que he escrito páginas atrás: "Lo que convierte a Beirut en un bien único para mí es que nunca encontré, en ninguna otra parte, una más genuina alegoría del fin de un mundo…". Tengo que añadir: Beirut es la parábola de mi vida, piezas sueltas que, de algún modo, empiezan a encajar a medida que envejezco y reflexiono y regreso.

Este libro es un intento de completar el puzzle. Como si estuviera, una vez más, subida a mi noria. Como si Sami, mi amigo druso, pudiera ayudarme todavía, o ayudarme aún más, puesto que está muerto, y los muertos siempre dejan un mensaje.

Esta chica escribe como Dios
y trabaja como un burro

Aquel año ardía Vietnam (y también los monjes bonzos, que habían empezado a autoinmolarse en las calles, en protesta por el régimen de Saigón que apoyaba el ejército de Estados Unidos), y la prensa norteamericana se disponía a desafiar al poder, cambiando las reglas de connivencia que hasta entonces habían prevalecido entre el Pentágono y los informadores, pero todo eso quedaba muy alejado del horizonte de los españoles, periodistas o no. El año 1964 fue, para nosotros, el año en que conmemoramos (los unos con mayor entusiasmo que los otros) las bodas de plata del dictador con su cargo. Y los medios de comunicación, no más libres ni menos alienados que la gran mayoría de los ciudadanos, reflejaban entusiásticamente cuanta celebración se les ponía por delante, y eso incluía inauguraciones de nuevos monumentos al *caudillo*, incesantes trotecillos bajo palio del interfecto, ofrendas de fogatas consagradas al *glorioso alzamiento nacional*, desfiles y agasajos. Voluntariosos rapsodas recitaban, en la radio, un lamentable poema patriótico, del que nunca olvidaré, por más que lo intente, este verso:

¡25 años de paz!
¡España! ¡Quién lo dijera!
Vienes de menos a más.

49

Y, sin embargo, aquí estás.
¡Tan bonita, tan entera!

Fue el año en que resulté elegida por el destino para empezar a ejercer como periodista. El factor desencadenante del que sería un cambio radical para mí, tanto en lo inmediato y superficial como en lo profundo y duradero, fue una carta que dirigí al diario *La Prensa*, al consultorio sociológico de la escritora Carmen Kurtz, firmada con las siglas M. M. y escrita sin más pretensión que la de opinar sobre un tema que me concernía: las relaciones (un verdadero asco) entre chicos y chicas en la sociedad española del momento. La carta era larga, pero salió publicada íntegramente en la última página del periódico correspondiente al 3 de abril, con una posdata de Kurtz en la que me rogaba que me pusiera en contacto con ella o enviara mis señas a la Redacción.

Ese mismo día, en la primera página de *La Prensa* se daba la noticia de la inauguración de una estatua ecuestre de Franco en la plaza del Ayuntamiento de Valencia; como aportación internacional, se informaba de que millones de brasileños se habían echado a la calle para "dar gracias a Dios por librarles del comunismo". En un recuadro destacaba otro magno acontecimiento: "Profesora de francés da a luz trillizas en Zamora. *Mon Dieu!*". La página era una síntesis del batiburrillo doctrinal imperante: el *centinela de Occidente*, convertido en presagio de eternidad gracias a la perdurabilidad de la piedra y el empaque de su equina peana, velaba con un ojo para protegernos de los peligros de la voracidad comunista a que estaban expuestos los mortales que padecían la desdicha de haber nacido en *el extranjero;* y con el otro, se regocijaba ante cualquier signo de salud de nuestro índice de natalidad, pilar de la familia, sostén del Ayuntamiento y piedra angular del sindicato, los *tres cerditos* del cuento de participación en el funcionamiento de la patria que se nos contaba.

No puede decirse, pues, que el panorama resultara demasiado alentador para alguien que se iniciaba en la práctica del periodismo, pero yo no pretendía hacerme un nombre en una ocupación para la que ni siquiera sabía si estaba dotada. Sólo aspiraba a sobrevivir con cierta gracia, a rescatar el ímpetu de mi adolescencia para devolvérselo a mi juventud, ahora en punto muerto. Creo que lo único que entonces pensé (acababa de cumplir ventiún años; en muchos aspectos, equivalían a los dieciséis de una niña lista de ahora; en otros, a los sesenta y cinco de una anciana desengañada de hoy) fue que, por fin, algo verdaderamente apasionante, algo que sacudía la intolerable rutina, empezaba a sucederme.

Atrás quedaban mis sucesivos y desmañados intentos para: *a)* integrarme mediante la alienación (religión o/y amor: salidas de las que hablaré más adelante), y *b)* emprender algo *artístico*, como fueron mis frustrados proyectos de aprender dibujo en clases nocturnas para convertirme en diseñadora de figurines (yo, que en vez de manos tengo fregonas y que me vestía en la sección de saldos de Sepu), o mis vanos esfuerzos para introducirme como chica para todo en una productora cinematográfica, en donde confiaba que algún día me dejaran ejercer de *script*, empleo que solían ocupar mujeres, según había visto en los escasos rodajes callejeros a los que asistí en el barrio. Durante años viví desdoblada entre la roma realidad y la persecución de un sueño que ni siquiera yo conocía muy bien aunque, desde que tuve la suerte y la dicha de conocer a Ramón/Terenci Moix, sabía que tenía que ver con lo creativo.

Ramón Moix y yo, como él ya ha contado en sus magníficas memorias, nos conocimos cuando teníamos unos quince años, un domingo por la mañana, en la puerta de la Galería Condal que daba al paseo de Gracia. Era una cita a ciegas propiciada por nuestra común amiga Amparo Miera, que trabajaba con él en la editorial Mateu; lo que ella pretendía no era que nos enamoráramos, porque no tenía un pelo de tonta, sino que nos entendiéramos. Porque nuestras almas de adolescentes inquietos supuraban por las mismas heridas.

Le vi llegar, creo que embutido en un abrigo gris (aunque todo parecía gris, en aquel tiempo), y sé que se tocaba con un sombrerito tirolés con pluma porque el adminículo salió volando a causa de una ráfaga de viento y Ramón corrió en su busca, mientras yo corría en busca de Ramón, paseo abajo. Luego fuimos al Savoy, a ver *Las noches blancas*, de Luchino Visconti, que fue nuestra primera tristeza y belleza cinematográfica compartida, y, por último me llevó a buscar tesoros en las librerías de viejo del mercado dominical de San Antonio, en las Rondas, un territorio que él controlaba mejor que yo porque estaba más cercano a su casa, situada un paupérrimo escalón social más arriba que la mía. Cada vez que, desde entonces, acudí a visitarle, a él o a su hermana Ana María (que se convertiría en una amiga también muy querida y necesaria) al cruzar el umbral de su piso sentía que abría la puerta de un mundo. No sólo por el hecho de que la calle Poniente, entonces rebautizada Joaquín Costa, con su ambiente menestral y atareado, me parecía más *seria* que las del barrio chino (que hoy ostenta su nombre primitivo: el Raval), sino también debido a que Ramón siempre se las arregló para hacerse con amistades exóticas y literariamente interesantes. Por aquel piso vi pasar, en etapas sucesivas y a veces a todos mezclados, a Vicente Molina Foix y a Pere Gimferrer; a José Luis Guarner y a Néstor Almendros. Entre muchos otros. Debo reconocer que ligar, lo que se dice ligar, yo ligaba poco en compañía de Ramón: pero se me ensanchaba el alma.

Nuestra relación puede resumirse así: una conversación interminable, plena de complicidades, que se ha mantenido activa con el paso de los años y que hoy continúa en vigor. Su generosidad conmigo ha sido siempre infinita. Espectador algo perplejo de mis andanzas periodísticas primero; testigo comprensivo de mis angustias para afrontar la aventura literaria, después; compañero alentador de mi paso de la adolescencia a la juventud y de ésta a la madurez. Ramón/Terenci y yo envejecemos sin perder lo que nos une, riéndonos con las mismas ganas con que lo hicimos cuando comprobamos que, contra todo pronóstico, estábamos dotados para la risa.

En los meses previos a aquella primavera de 1964 en que la suerte pasó por encima de mi cabeza y tuve el tino de saltar para agarrarla, le echaba rabiosamente de menos. Porque, para entonces, Ramón ya no estaba cerca, era un pájaro libre que iba de una ciudad del mundo a otra acumulando personas y experiencias, en su ruta hacia la cita que tenía pendiente con Terenci Moix, escritor. En cambio, yo seguía varada y llena de angustia, ignorando lo cerca que me encontraba de mi propio destino. Por el momento, seguía ejerciendo de bulto competente en una oficina, una más desde que entré en la primera, a los catorce años; a mi alrededor había otros bultos tan competentes como yo o más, mujeres que, además, estaban mucho mejor dotadas para disfrutar de la normalidad de su existencia, preparadas por su confianza en que, tarde o temprano, encontrarían a un oportuno pretendiente que, previo matrimonio, las rescataría de tan soso acomodo. En lo que a mí respecta, aunque tenía una relación sentimental satisfactoria, albergaba otras esperanzas respecto a mi porvenir.

Cuando miro atrás, concretamente a aquel tiempo de regodeo en el tedio que precedió a mi entrada en *La Prensa*, me veo torpe y neurótica, presa de súbitos entusiasmos y desalientos no menos repentinos, aunque más duraderos. Ansiosa la mayoría de las veces, romántica, absurda, a medio hacer, emocionalmente inestable y psicológicamente dispersa. Había mucha energía en mí, y cada día tenía la impresión de que parte de esa fuerza sin aplicar se iba por el desagüe de la ducha. No era la frustración de quien quiere escribir y no lo consigue, o de quien quiere publicar lo que escribe y tampoco puede: aunque Terenci posee cartas que dirigí a Ramón en su momento (con una prosa rimbombante, seudometafísica, solemne, de la que me burlaría si no me enterneciera lo mucho que me costó adquirirla), en las que ésta mi vocación parece fuera de dudas, creo que sabía que no tenía nada que contar, nada que escribir. Nada excepto la nada. Que era en donde vivía.

Lo que de verdad deseaba, acaso sin percibirlo y engalanándolo con pretensiones literarias, con una pasión desaforada, con una insistencia que me dolía, era dejar de aburrirme. Y qué hastío sin límites podía experimentar una chavala de clase muy baja a quien sólo se le permitía albergar aspiraciones a ascender a una clase muy media, en aquel país mohoso de los últimos años 50 y primeros 60. Descartada la posibilidad de hacerme puta o la de casarme antes de tiempo, con la pertinente barriga de por medio (ambas salidas, muy frecuentes en mi medio, me habrían inmovilizado en la clase muy baja como si me hubieran enterrado en cemento: a otras amigas de infancia les sucedió), sin título universitario ni idiomas (sólo las niñas bien, o casi, hablaban inglés entonces, y acababan de azafatas en Iberia) y necesitada de un empleo para ayudar en casa, mi destino natural fue aprender taquimecanografía y nociones de contabilidad en una academia nocturna, para acabar confinada en una oficina.

Conseguí mi primera ocupación en los almacenes Capitolio (popularmente conocidos como *Els Alemanys*, porque eran de capital nazi, o eso se decía) de la calle Pelayo (estaban al lado de *La Vanguardia*, y siempre me fascinó, cuando iba o venía, contemplar el escaparate con fotonoticias: me preguntaba qué clase de seres felices —periodistas: pero ni entonces soñaba con emularles— habría al otro lado de la vitrina, de la majestuosa puerta de madera noble), después de que me rechazaran en Casa Vilardell, que es donde mi tío Amadeo, que era representante de tejidos, hubiera preferido que me admitieran. Los Capitolio eran a los grandes almacenes de verdad (aún no se había instalado El Corte Inglés, y desconocíamos a dónde iban a llegar las monstruosas superficies comerciales) lo mismo que la España de la época a los países que nos rodeaban. Siendo el espejo Galerías Preciados (en Barcelona, Jorba Preciados), lo más fino del momento, Capitolio, a su lado, servía para lo que servía: para quienes sólo podían aspirar a lo barato, malo, rancio y feo.

Fui tomada a prueba, y me condujeron a una gran nave destinada a administración, en donde había de acumular amplios conocimientos sobre cómo sacar punta a los lápices del resto de las empleadas (todas eran mis jefas), acarrear el botijo cuando me lo pedían y distribuir en montoncitos las sacas que un mozo subía a diario, repletas de albaranes de venta que yo debía disponer uno sobre otro, en riguroso orden numérico. A los seis meses ya estaba fija y, al año, harta, aunque con las 535 pesetas mensuales que recibía me había convertido en la cabeza de mi familia y podía, incluso, invitar de vez en cuando al cuerpo, es decir, mi madre, al gallinero de un cine de estreno. Con mi primer sueldo la llevé al Montecarlo, a ver *El último cuplé*, que a aquellas alturas éramos las únicas vecinas del barrio que no habíamos pasado por taquilla para aprender los trucos sensuales de Sarita Montiel, la estrella de moda que desafiaba, a su manera (moviendo la lengua mientras cantaba y teniendo *un pasado*), las convenciones de la hembra católica imperante.

Mi madre, aunque atraída por el modelo Sarita, se había convertido definitivamente en el tipo de mujer capaz de recomendarme (pese a que a ella le había salido todo al revés) que mantuviera el mismo hombre y el mismo empleo hasta la muerte. Por eso nunca le comuniqué mis cambios de lo uno ni de lo otro. Décadas después, al regresar de un país latinoamericano en donde no había visto más que desgracias, cometí la imprudencia de abrazarme a ella, llorando, en busca de consuelo.

—Haz como yo, hija. No pienses.

La miré, atónita, y añadió:

—Eso te pasa por haber dejado al Antonio y los almacenes Capitolio.

Era mucha madre, mi madre. De paso: el tal Antonio fue el único hombre por quien bordé iniciales en una mantelería, cuando tenía diecisiete años y una fiebre sexual que me llevó a creer que sus ojos grises eran como los de Paul Newman. Pese a que con él alcancé el orgasmo instantáneo y sin manos (me disolvía sólo con olerle), desperté de mi fantasía cuando me comunicó que su madre y sus hermanas estarían encantadas de que viviéramos con ellas cuando nos casáramos.

Para entonces, ya había descubierto algo fundamental: que una mujer sólo tiene posibilidad de decidir su propio destino (y aún así con muchas dificultades, con mucha lucha) si no depende económicamente de nadie. Lo que en aquellos años ganábamos las muchachas como yo no nos proporcionaba ni la décima parte de lo necesario para hacernos con una autonomía decente, pero era un comienzo. A mí me suministraba la fuerza y la dignidad precisas para encarar a mi progenitora y resistir sus intentos de mantenerme sometida a los dictados morales del qué dirán, curiosa doctrina muy de la época que no implicaba auténtica preocupación por su parte, sino el simple deseo de que los vecinos no me creyeran una descarriada por llegar tarde por las noches y tener amigos poco convencionales.

Por consiguiente, en una enérgica lectura de mi nueva situación de asalariada, me consideré legitimada para empezar a hacer lo que me diera la gana, y no lo que complaciera a mi madre. Aunque, astutamente, no opté por el enfrentamiento, sino por fortalecer la doble vida que, en materia de amigos y ligues, había empezado a llevar a sus espaldas. Adquirí la costumbre de cambiar a menudo de destino sin decírselo, y sólo años más tarde, cuando se anunció que los Capitolio iban a la quiebra, me vi en la obligación de tranquilizarla diciéndole que estaba empleada en otra parte. Por el camino, fui, entre otras cosas, mecanógrafa de un abogado que parecía salido del *Cuento de Navidad* de Dickens; administrativa-dependienta de una joyería y relojería de ventas a plazos en el Portal de l'Ángel, y chica para todo en una tienda de venta de máquinas de cortar jamón situada en la calle Entenza, delante de la cárcel Modelo. En este destino, en el cuchitril-oficina situado en el altillo donde me confinaron, fue en donde sufrí mi primer acoso sexual de clase C[6], cuando el dueño, un viudo pesado que pretendía disponer de querida y obrera por el mismo sueldo, alargó una mano para entregarme el prometido aumento de diez duros, mientras alargaba la otra para cobrárselo en especies. Tuve el tiempo justo de darme la vuelta y volar escaleras abajo, agarrar el plumero y ponerme a quitar el polvo de las máquinas del almacén, pegada al cristal que me separaba de la calle y de un enjambre de familiares de presos que, como todos los días, esperaban la hora de visita apoyados en nuestra fachada, y cuya proximidad desanimó al energúmeno.

Cansada de tanta agitación, busqué un nuevo empleo y lo encontré en la delegación barcelonesa de una firma constructora madrileña. Aquello era otra cosa. Pronto me hicieron secretaria del delegado, y debo decir que, durante el par de años que duró el invento, fui bastante feliz porque era una labor menos rutinaria y más personalizada: copiaba certificaciones, atendía a las visitas, servía café, y hasta visitaba las obras. Me gustaban los capataces, y mucho menos los arquitectos, ya entonces de natural muy estirado. La característica más deslumbrante de mis nuevos amos (a mí se me antojó un exotismo madrileño) era que no ignoraban

---

6. Para mayor claridad, un acoso clase C es aquel que, resultando molesto, puedes bandear con relativa facilidad; uno de clase B correspondería a arrebato momentáneo sin consecuencias funestas (v.g.: la vez en que, habiéndome echado a llorar de pena por la partida de un jefe, él me abrazó para consolarme, y pronto advertí tal entusiasmo en sus efusiones que seguí llorando, pero ahora porque parecía querer quedarse). En cuanto al acoso de clase A, es artero y malandrín, y doy algún ejemplo más adelante.

que su propio prestigio pasaba por bombear el ego de sus secretarias.

—Es usted imprescindible, Mary.

A mí se me podía llamar de cualquier manera (y así ocurrió en las diversas oficinas, en donde fui María, Mary o Maruja, según los gustos del patrón de turno), con tal de que prescindieran del Dolores complementario con el que me bautizaron, y que odio, como odio todos los patronímicos penitenciales con que hemos sido obsequiadas las mujeres del ámbito latino desde que Nerón perdió por goleada frente a Pedro el de la Piedra.

Halagada, creí a pies juntillas en mi nueva condición de Mary la única, sin darme cuenta de que la sola realización personal que obtendría a cambio de mis desvelos consistiría en que, algún día, me dejaran mandar sobre otras infelices en quienes podría desahogar mi frustración cuando, de forma irremediable, ésta se presentara. Fue un momento de enorme peligro, porque la miel era muy dulce y ha atrapado a muchas moscas. He conocido a bastantes secretarias, y aunque la mayoría se desenvuelven bien al margen de sus obligaciones, las hay que han envejecido y se han agriado a la sombra de jefes insaciables que saben sacar partido de esa *cualidad innata*, inoculada sin piedad en la mujer a lo largo de generaciones, que responde al repugnante nombre de abnegación. Sé de qué estoy hablando, porque he sentido muchas veces la llamada de esa bestia interior que te quiere indispensable y solícita para el hombre (pareja, superior jerárquico, hijo: o las tres cosas a la vez). Y el hombre, que aprendió a ser exigente en los pechos de su madre, siempre pedirá más, salvo que seamos capaces de romper el malentendido.

Si al factor abnegado tipo *no puede arreglárselas sin mí* le añadimos el engañoso complemento moderno *me mato durante todo el día por él, luego me realizo,* comprenderemos cuán fácil resulta para una mujer competente, que carece de una parcela específica para desarrollarse como ser humano, caer en el *hechizo del jefe* y encontrarse cualquier día sin una existencia propia, sin aire para respirar ni otro consuelo que el de utilizar su mezquino poder martirizando a los más débiles. Así habría sido yo, tan inteligente y dispuesta, si la suerte (siempre echando una mano) no hubiera intervenido a mi favor, ahora bajo el aspecto de, cielos, un hombre. Un aparejador (ignoro cómo se les llama ahora: ¿ingeniero técnico, arquitecto técnico?), de quien me enamoré como una perra, y por cuya causa tuve que abandonar el empleo y mi prometedora carrera hacia el precipicio, para alejarme de tan temible tentación, pues él sólo quería de mí sexo, sexo y más sexo, mientras que yo (una perfecta imbécil) me encontraba en la fase trascendente en que una mujer sueña con entregarse únicamente al primer desaprensivo que se lo proponga, fingiendo amor platónico.

Abandoné el reino de la secretaria al estilo de Madrid para ingresar como experta taquimeca en una nueva oficina. Sería la última, pero yo no lo sabía, y cuando entré en la sede de la delegación local de una firma francesa de carretillas elevadoras, y vi aquella enorme sala llena de mujeres (piensen en la oficina de *El apartamento*, de Billy Wilder, pero en versión artesanal), comprendí la magnitud de mi derrota. Allí, como en la constructora pero en otro estilo, podía incluso irme bien, ascender de categoría, llegar a subjefa o jefa de algún departamento menor. Entre tanto, tenía que complacer a mi jefa directa, Nieves, un encanto de mujer, y a los cuatro grandes jefes que reinaban sobre todas nosotras. Bueno, en realidad, dos de ellos (uno gordo y peludo, dueño de cierta brutalidad simpática e indiferente a la vez; el otro, feo y melifluo, militar en retiro, misógino y con el culo en forma de pera) disfrutaban sólo de poder temporal. Se suponía que, en un lejano futuro, el negocio pasaría a manos del tercer jefe, un joven alopécico y distante que era sobrino directo del cuarto y único jefe importante: doña Mercedes. Es decir, una mujer.

Abandonad toda ilusión, hermanas. Difícilmente podría asegurar, ni siquiera insinuar que aquella frágil e inteligente anciana, que ocupaba el acristalado despacho del fondo y a la que no se le escapaba detalle de cuanto ocurría en la oficina, fuera una feminista, o una rebelde. Más bien se trataba de un ejemplar bastante común entre la burguesía industrial catalana de entonces: la heredera *solterona* que se ve obligada a confiar en parientes indirectos y altos empleados para sacar adelante el negocio familiar. Convencional, como de misa (puede que sea injusta: así se me representa), pero muy clara en la relación profesional: yo te pago tanto y tú me trabajas cuanto, y si lo haces bien te pagaré más. Doña Mercedes era una mujer de tintineo perpetuo, porque llevaba prendidas al cinto, en un enorme y pesado manojo, las llaves que abrían los secretos de la empresa y quién sabe si los de su intimidad. Su *clin-clin* resultaba especialmente reconfortante cuando, cada fin de mes, se dirigía a la gran caja fuerte que tenía entronizada en nuestra oficina y, arrodillada, extraía el dinero y los listados de la nómina. Luego se encerraba en su despacho, y durante horas la veíamos manejar billetes y monedas que introducía en sobres pardos que, antes de acabar la jornada, alguien repartía a las trabajadoras.

Los sueldos de entonces tampoco daban para independizarse, pero un ligero aumento por aquí y otro por allá contribuían a levantarme el ánimo, cada vez más alicaído por el hecho de tener que tomar al dictado para luego escribir a máquina (y entonces no eran eléctricas), durante nueve o diez horas, el aluvión de cartas que a diario nos echaban encima los tres jinetes masculinos de mi Apocalipsis. El peor, creo que para todas, era el militar en retiro, porque tenía una forma cargante de combinar el desprecio castrense que sentía hacia nosotras, simples mujeres que nunca llegaríamos a soldados (creía él), con una típica grosería cuartelera que le hacía sustituir la frase "Nuestra nueva fábrica se encuentra en construcción" por "Nuestra nueva fábrica se encuentra en *erec-*

ción", mientras, por encima de sus gafas de montura al aire, dirigía a la esclava de turno miradas aviesas. Le encantaba convocar a varias taquígrafas a la vez, y mandarnos formar ante su puerta, para llamarnos a medida que nos iba agotando a cartas, una tras otra. Tengo para mí que su fantasía era reproducir con nosotras los viejos buenos tiempos de los fusilamientos en masa.

Tuve excelentes amigas, en aquella oficina. Además de Nieves estaba Margarita, la navarra católica y sentimental que me llevaba los domingos al Casino Militar de la plaza de Cataluña, hoy puro Corte Inglés, para entablar amistad con caballeros cadetes y gente así. Magda, con quien iba al campo a leer poesía bajo un pino, y que me pasaba sus discos de Jacques Brel. Marisa, tan guapa y solicitada, que salió bruscamente del cuento de hadas al quedarse viuda poco después de casarse. Y, por encima de todo, Enriqueta, que era de Mallorca y a cuya generosidad y la de su familia debo el placer de haber conocido una isla todavía intocada por la especulación y los delirios cortesanos.

El país de entonces era sórdido como mi propia juventud desperdiciada. Ramón, ya lo he dicho, no paraba de viajar, y aunque a su regreso me hacía compartir con él gran parte de sus tesoros (entonces tenía un pequeño apartamento cercano a Mayor de Gracia, en donde me hacía escuchar discos de Juliette Greco), cuando volvía a ausentarse le echaba aún más en falta. Le envidiaba. Él había cruzado las adustas fronteras de nuestro mundo para respirar otros aires. Yo no podía seguir su ejemplo. No sólo porque, al no ser mayor de edad (categoría que, entonces, las mujeres alcanzábamos a los venticinco años, y los hombres a los ventitrés), no podía obtener el pasaporte salvo que me casara (horror) o cumpliera el Servicio Social (espanto). Si no podía viajar era, sobre todo, porque mi madre dependía emocional y económicamente de mí.

Continué, pues, con la rutina, un día tras otro. Aquello me estaba comiendo viva, y lo peor era que había empezado a devorarme el cerebro. Ni siquiera me quedaba el consuelo de pensar que, de seguir en aquel empleo, llegaría un momento en que podría emanciparme yéndome a vivir a un piso de alquiler, no ya para mí sola, sino compartiéndolo con otras chicas. No ganaba lo suficiente para juntar los tres meses de entrada o el traspaso. Nadie ganaba lo suficiente en aquella España que recuerdo en toda su crudeza, con su división insalvable entre pobres y ricos (tan severamente marcadas las diferencias en el aspecto, en el atuendo, como los jóvenes de hoy no lo pueden ni imaginar: era un mundo sin tarjetas de crédito), un abismo que nadie podía sortear por vías normales. Es mentira que, entonces, todos tuvieran un puesto y que el régimen asegurara los derechos de los trabajadores: es una mentira retrospectiva que nos han contado los herederos de aquel tiempo cuando les ha convenido reinventar el pasado a su medida. Había trabajo, sí, pagado con salarios de hambre; y había un sindicato único lleno de sátrapas al que más te valía no enfrentarte si no querías verte señalado como si tuvieras la peste. Ni siquiera hacía falta que nadie nos amenazara. Yo nací acojonada, mamé el acojone de los míos, todos en mi entorno estaban acojonados, crecí acojonada; y tardé mucho en levantar cabeza para hacer otra cosa que no fuera sobrevivir. No estudié en la Universidad, y carecí por tanto de compañeros políticamente activos. En los lugares en donde estuve, los amos hacían lo que querían. La guerra civil había dejado detrás muchas variantes de derrotados, y a mí me tocó el modelo *lo que importa es que haya paz*, que implicaba no discutir nada y echarse sobre los hombros tanto esfuerzo como fuera necesario para no defraudar a quienes habían ganado la guerra y se habían adueñado del país a cambio de garantizar que no volverían a permitir que nos matáramos entre nosotros. Y la mayoría prefería la injusticia al desorden.

Qué triste era todo, qué tristes éramos todos. Qué desolada sensación, sentirse tan especial, saberse tan especial, un espécimen especial metido en una jaula por un dictador que había decidido castrarnos a todos para que a él le crecieran los huevos. El miedo heredado se arrastraba como una baba perversa hasta aquel 25° aniversario de la victoria franquista: una baba invisible, y por eso más devastadora, porque lo impregnaba todo y nos envilecía sin que lo advirtiéramos. Aunque desde hacía unos pocos años (desde que España fue admitida en la ONU y se empezaban a trazar las líneas del desarrollismo económico) se nos bombardeaba con el espejismo del consumo, y pese al incipiente turismo extranjero (cuyo incremento tanto contribuiría a cambiar nuestras costumbres), los españoles aún lo teníamos todo por detrás. Y muy poco por delante.

Quedaba mucha gente como yo, gente sin alicientes, sin felicidad, capaz de hacer cualquier cosa, después de una prolongada jornada laboral, con tal de aplazar el momento de regresar a casa, el momento de enfrentarse con la constatación cotidiana de su fracaso. Yo podía pasarme tres horas con un libro en una cafetería (con un cubata y un paquete de cigarrillos negros marca Rex; transcurrió una década hasta que pasé al rubio), o escribiendo cartas a mis amigos, retrasando en lo posible la vuelta al piso del barrio chino, a la habitación en donde siempre dormí con mi madre: en una cama turca, hombro con hombro, mientras fui pequeña; capiculadas, cuando crecí y, finalmente, en mi juventud, en la parte superior de una doble litera, escuchando su respiración, sus ronquidos. Cuando me preguntan cómo me las arreglo para vivir sola, sonrío para mis adentros. Nadie sabe del placer que supone para mí la soledad física, de la furia subterránea con que recibo cualquier intromisión en mi intimidad. No hay momento mejor en mi jornada que aquel en que regreso a casa o a la habitación de un hotel (porque he aprendido a trasladar de un sitio a otro mi espacio y las barreras que lo delimitan), le doy al interruptor de la luz y, con un golpe de tacón, cierro la puerta y el mundo a mis espaldas. En los setenta, cuando el *hippismo*, me apunté a todas sus experiencias (de consumir LSD a masticar hamburguesas de mijo que me pasaban los *hare khrisnas* en los festivales de rock; del amor libre a la pareja abierta), pero salía huyendo en cuanto alguien planteaba montar una comuna.

En el invierno de 1962, el año de la gran nevada, Terenci vino a Barcelona y juntos acudimos al Novedades (resbalando sobre el manto de hielo que cubría la ciudad), a ver una película de la que salimos doloridos y melancólicos: *Esplendor en la yerba*, de Elia Kazan. Terenci pronto volvió a irse a su paisaje más amplio, y yo me quedé con el amargo regusto de que me aguardaba un destino similar al de la tierna pareja formada por Nathalie Wood y Warren Beatty, un destino conformista que me llegaría antes de haber tenido siquiera tiempo de desmelenarme un poco. Cada vez me resultaba más difícil seguir soñando, cada vez me causaba mayor congoja no ser como las otras, que hubiera tanta distancia entre yo y lo posible. Cada vez me asaltaba más a menudo el pensamiento de que sólo encogiéndome podría encajar en lo real. Con más fuerza que nunca, notaba crecer en mí el vacío y la necesidad de llenarlo de cualquier manera.

Había sufrido, hasta entonces, esporádicos ataques de necesidad de integración, durante los cuales fui capaz de cualquier disparate. Años atrás, uno de mis simpáticos intentos de pertenecer a un grupo social resultó de lo más peregrino, porque accedí a acompañar, en su captación de devotos por el audaz sistema *puerta a puerta*, a unos testigos de Jehová que dedicaban las mañanas de domingos a despertar a exhaustas amas de casa para amenazarlas con la proximidad del fin del mundo, y con un excitante futuro exento de morcillas, transfusiones de sangre y lecturas que no remitieran a la Biblia o a los hilarantes folletos enviados desde el rascacielos de Brooklyn donde se encuentra la sede de la secta. "Ésta, no heredará la tierra", decían los testigos, cuando la atareada mujer les daba con la puerta en las narices. Y a por otra.

Como es de suponer, con los testigos no llegué a ninguna parte, entre otras cosas porque complementaban su fascinante peripecia malgastando los domingos por la tarde en preparar lo que perpetrarían el siguiente domingo por la mañana. Sin embargo, en 1963 estaba madura para tener éxito en el que sería mi último esfuerzo para pertenecer a un grupo: me hice catalanista (de corazón: era un oprobio cómo nos tenía entonces el régimen a los catalanes), previo paso por una *colla* de sardanas de la plaza de Sant Jaume, en donde, además, conocí a un chico estupendo, Quim Llenas (que sustituyó al Antonio del orgasmo sin manos en las preferencias de mi madre, aunque, con el tiempo y la arteriosclerosis, ambos se mezclaron en su cabeza; que no en la mía), junto a quien, teóricamente, me aguardaba un futuro (¡por fin!) de lo más normal, dado que él estudiaba para ingeniero industrial (tampoco sé cómo se les llama ahora), y se suponía que yo iba a perdurar en la oficina. ¿Qué más podía pedir? No me gustaba el matrimonio, ya lo he dicho, escarmentada por la experiencia de mi madre, pero semejante eventualidad quedaba tan lejana que no me preocupé mucho, y me entregué a las delicias del amor correspondido, combinando sabiamente la sardana con el *fox* lento. Mi autoestima, al menos por ese lado, mejoró. Después de todo, podía ser como las otras.

Mi relación con Quim Llenas duró diez años, desde mis veinte a los treinta, y terminó porque, como suele ocurrir en el mejor de los casos, al tiempo que desaparecía la pasión cada cual iba creciendo en un sentido distinto. Yo necesitaba volar, y creo que lo hice, a veces dolorosamente, desde el momento en que aquella relación, que tanto me hizo madurar, empezó a convertirse en un obstáculo.

A partir de entonces, volví a ser una tarada para el amor. Como en mi adolescencia (época en que me dediqué a enamorarme sin esperanza de: el colchonero de la esquina, el carbonero de la otra esquina, todos mis primos y Arturo Fernández en *Un vaso de whisky*), volví a los amores imposibles. Es decir, me colgué de: cristianos reprimidos, adolescentes con fimosis, escritores en crisis, editores en expansión, fotógrafos (sin adjetivos: ¡fotógrafos!), directores de cine en ruinas, periodistas taciturnos, actores en paro, parados en reconversión, militantes izquierdistas que anteponían su entrega a la causa a todo lo demás, ex militantes izquierdistas que anteponían su odio a la causa a todo lo demás y, *last but not least*, latinoamericanos deprimidos cuyo ánimo (noté) mejoraba sensiblemente cuando intentaban tratarme a mí como nunca pudieron o se atrevieron a tratar a Hernán Cortés o Pinochet.

Semejante empecinamiento en amar a hombres imposibles (con quienes pasé muy buenos ratos, he de confesar) tiene que deberse, por fuerza, a una predestinación, un objetivo. Quiero decir que es muy probable que, después de haber permanecido toda una década junto al único hombre posible que ha compartido mis días, mi determinación de dedicarme al periodismo me haya impedido elegir modelos susceptibles de ponerme un piso y cortarme las alas. Por lo menos, es lo que me gusta pensar: que he ido eliminando obstáculos para forjarme el tipo de existencia para la que intuía hallarme dotada, y en la que podía encontrar satisfacciones más duraderas y profundas que aquellas, intensas y fugaces, que alguien como yo, dotada para la pasión y negada para la cotidianidad, encontraba en el amor.

Siempre que me preguntan si el periodismo me ha impedido formar un hogar, respondo que fue al revés. Era el hogar lo que me impedía levantar el vuelo en el periodismo.

Intentando ser como las otras muchachas de mi edad, aunque en versión inquieta (mucho cineclub, mucho *cineforum*, sesiones de filmoteca, batiburrillo de lecturas y primeras inquietudes antifranquistas, todo ello combinado con la rutina de oficinista), me pilló aquella primavera de 1964 en que, con veintiún años recién cumplidos y aún desprovista del sentido del humor que tanto me habría de ayudar, respondí, temblorosa, a la mujer llamada Carmen Kurtz cuya amistad contribuyó a cambiar mi vida. Como pueden suponer, me había apresurado a enviar al periódico mi teléfono, y Carmen me invitó a acudir a su domicilio para mantener una entrevista. Me deslumbró su piso de la calle Ciudad de Balaguer, cerca del paseo de la Bonanova: nunca había visto tantos libros juntos, ni siquiera en casa de los Moix. Premiada con el Planeta y el Ciudad de Barcelona, novelista muy aplaudida en la época, cuyas obras reflejaban a mujeres en lucha por ser individuos, por encontrar su sitio en la sociedad, Carmen Kurtz estaba iniciando una nueva faceta de su labor literaria, la de escritora infantil, que le reportaría galardones y prestigio, y en cuya modalidad alumbró personajes inolvidables y libertarios, como *Oscar* y *Veva*.

Cuando me recibió, mostró hacia mí —aparte de su enorme calidez y ternura— algo con lo que tropezaba por primera vez, aplicado a mi persona: respeto. Aquella mujer culta y sensible, que poseía un fino sentido de la ironía, me trataba como a una igual. Puso su biblioteca a mi disposición, así como su veteranía para aconsejarme. Desde entonces la quise, como amiga y valedora que fue de mis comienzos. El siguiente paso que dimos juntas fue acudir a la Redacción de *La Prensa*, a cuyo director, Fernando Ramos Moreno, fui presentada. Casi me caí de la silla cuando me preguntó si me veía capaz de escribir una serie sobre la juventud del momento. El agujero que se abrió en mi estómago a raíz del encargo ha seguido persiguiéndome, aunque ahora aparece algo suavizado por la experiencia, cada vez que un jefe me ha propuesto enfrentarme con un aspecto nuevo de mi trabajo, pero acepté. Acepto siempre, porque uno de los secretos para mantenerse vivo consiste en no retroceder ante los desafíos.

El día de la Virgen de Montserrat, 27 de abril, se publicó el primer capítulo de la serie *Problemas de juventud*, con la que hice mi debut en el periodismo. Leídas ahora, las seis entregas distan mucho de parecerme un reportaje: son seis paridas, seis desahogos en donde di rienda suelta a mis opiniones, basadas sin duda en la experiencia y en mi capacidad de observación, pero no cimentadas en investigación alguna, al menos no en una investigación realizada expresamente, sin citas entrecomilladas, sin fuentes. Una de las dificultades de ser autodidacta es que nadie te dice cómo tienen que hacerse las cosas. Nadie te indica que hay un camino mucho más recto y sencillo de recorrer para llegar al punto que queremos alcanzar. Cuando el director me encargó la serie, no añadió indicación alguna, a lo mejor porque me estaba midiendo, porque quería saber cuál era mi potencial.

Me lancé al vacío sin ayuda, sin red y sin referentes. Creo no equivocarme al afirmar que, así como no tenía ni idea del oficio (que sería algo que me tocaría aprender sobre el terreno), en cambio saqué sobresaliente en audacia, y una nota bastante alta en cuanto a estilo. La presentación con que se me introdujo a los lectores no podía ser más halagüeña (incluso, por despiste, me rebajaban la edad):

Maruja Torres es una muchacha de 19 años [sic], empleada de oficina, que ha sabido por sus propios medios y tesón alcanzar un nivel cultural tan elevado como traslucía su ya famosa carta [...] Ustedes mismos van a calibrar durante toda esta semana su penetración de juicio, sus excelentes dotes literarias y su increíble madurez [...].

La verdad es que tardé años en aprender por mi cuenta la mecánica del oficio, algo que en cualquier facultad de Periodismo te enseñan desde el primer curso. Pero aquel comienzo tan poco académico me facilitaría las cosas cuando, con el tiempo, el riesgo se presentara como uno de los incentivos más importantes de esta profesión. Y me dio una ventaja sobre mis colegas universitarios: como ignoraba en qué tenía que fijarme, lo observaba todo, lo registraba todo. En el cuaderno, en la piel.

Las más inolvidables experiencias suelen ser aquellas con las que, sin saberlo, procedemos a la fundación del futuro. Cuando se producen abreviamos la emoción de vivirlas, impacientes por saltar por encima para seguir adelante, y por eso permanecen intactas y frescas, esperando el día de ese mismo futuro en que cualquier sensación táctil, o una música o una palabra o un aroma, nos obligará a regresar. Al entrar en el edificio de Consejo de Ciento con Villarroel (que, por fuera, parecía un convento), yo ignoraba que el paso que estaba dando era el primer movimiento de una larga y complicada sucesión de avances y retrocesos, de brincos y frenazos, que me encaminarían hacia mi lugar en el mundo. La mujer en que podía convertirme todavía estaba oculta por un montón de equívocos, y mucha de la hojarasca que la cubría tardaría en desaparecer. Pero había encontrado el cabo del ovillo y me así a él con todas mis fuerzas.

Entonces lo ignoraba, hoy lo sé. Y, cuando evoco aquel día, rescato la móvil mancha del sol sobre la acera, filtrada por el encaje de las hojas de los castaños, la cualidad transparente y fría del aire, el olor mezclado de colillas, pintura rancia y papel (aquellas bastas cuartillas amarillentas en las que hilvanaría mis primeros escritos) que me asaltó al cruzar la puerta; evoco el insistente crepitar de los teletipos, que escuchaba por primera vez y que era una sinfonía que ensanchaba mi espíritu. Amé aquella Redacción (y las que siguieron) con pasión de huérfana. De alguna manera, yo era Oliver Twist, el héroe de ficción favorito de mi infancia, y había sido recuperada para el ambiente al que pertenecía.

Como no había estudiado periodismo y carecía de carné y de esperanzas de conseguirlo, fui contratada en calidad de auxiliar de redacción a prueba, y quedaron estupefactos al verificar lo que daba de mí. En aquella Redacción, en la que abundaban inválidos de guerra y ex combatientes que guardaban sus condecoraciones en un cajón, caí mitad como una bendición, mitad como un agravio. Era eficaz y estaba llena de entusiasmo, y de alguna forma sellé allí el destino de comodín, más o menos de lujo, que me han venido asignando en los distintos medios para los que he trabajado durante más de tres décadas. Mis dotes de secretaria fueron aprovechadas por el director, de cuyos papeles me hice cargo, y mis dotes de escribiente sirvieron para que Lolita Sánchez, una especie de piraña con melena que llevaba la página femenina, descargara en mí todo el esfuerzo y pudiera dedicarse a su anodina sección de chismes. Por último, mis dotes de lumbrera literaria fueron utilizadas para que pergeñara una columna diaria, incluida en la página femenina. Solía escribirla a primera hora de la tarde, con un día de adelanto, antes de entregarme a otra función que había buscado por mi cuenta, para redondear mis ingresos (que habían aumentado considerablemente, pero que seguían sin alcanzarme para tener una vivienda propia), y que consistía en redactar tediosos y larguísimos textos para publirreportajes. Por si todo ello fuera poco, mis nunca lo bastante bien ponderadas dotes de taquimecanógrafa lograron que se me adjudicara otra función: tomar al dictado semanalmente las crónicas de fútbol de los partidos de Segunda y Tercera División, lo que me obligaba a encerrarme en la Redacción cada domingo, de media tarde hasta pasada la medianoche, para atender llamadas de este género:

—Señorita, soy Pepitu, de Reus, y una vez más el equipo visitante ha vencido al local por culpa del árbitro.

O bien.

—Señorita, soy Pepitu, de Reus, y una vez más el equipo local ha vencido merecidamente al visitante.

"Esta chica escribe como Dios", solía decirle al director el redactor jefe, un chispeante vividor apellidado Zubeldia. "Y trabaja como un burro", contestaba él, orgulloso de que le hubiera salido bien la jugada de colocarme en el periódico, fiándose de su olfato y a pesar del recelo de los parásitos de la Redacción.

En cuanto a mí, no me quejaba. Había dejado de aburrirme.

Junto con su hermano de la mañana *Solidaridad Nacional*, el vespertino *La Prensa* (en un tiempo en que ni la televisión ni el automóvil habían acabado con los periódicos de tarde) formaba parte de la cadena de medios incautados a la República y puestos a disposición de la Secretaría General del Movimiento, como parte del botín de guerra recibido por Falange Española, una de las familias políticas en que el *caudillo* se había apoyado para alcanzar el poder. Cuando ingresé en el diario, la sentencia de muerte de Falange había sido ya escrita por los pujantes ministros del desarrollismo que el Opus Dei había instalado en el Gobierno. Pero en el mundo laboral, que los falangistas habían controlado desde la victoria, con el sindicato vertical (en el que, supuestamente, empresarios y obreros confraternizaban correteando por los prados, tomados de la mano como Heidi y Clarita) y el Fuero del Trabajo como instrumento y la Cadena del Movimiento como amplificador propagandístico, los herederos de José Antonio Primo de Rivera todavía hacían la puñeta.

Tanto *La Prensa* como la *Soli* languidecían. Con una impresión pésima y la tirada más baja del periodismo escrito barcelonés, vivían de las subvenciones. Aparte del corsé ideológico que impregnaba todas sus informaciones (y que, sobre todo, determinaba cuáles eran publicables y cuáles no: característica forzosa con la que coincidían los medios de propiedad privada), dedicaba gran parte de su superficie a reproducir íntegramente los textos oficiales emanados de la Secretaría General del Movimiento o de cualquiera de sus filiales, lo que desanimaba a cualquier lector de cerebro mínimamente estructurado.

Su relación con la realidad era todavía menor que la que mantenían los periódicos privados, y sus loas al régimen eran aún más exaltadas. Aunque no nos engañemos: ningún medio se libraba de rendir vasallaje, toda vez que el nombramiento de cada director siempre debía ser sancionado por el Consejo de Ministros. Pero *La Prensa* y *Solidaridad Nacional* hacían algo más que camuflar la verdad u omitirla: rendían verdadero culto a la realidad paralela que habían construido a lo largo del tiempo, la realidad del régimen que pretendían perpetuar, y que ofrecía la imagen de un mundo feliz, sin fisuras, sin contradicciones. Un mundo cada vez más desoladamente cutre.

La Prensa no era el tipo de periódico en el que yo habría querido ingresar, de haber podido elegir, o de haber pensado alguna vez en el periodismo como posibilidad cercana. Pero aquello me caía encima gratis, como la herencia de un desconocido tío de América. Era una aventura, y poco importaba que subiera al tren saltando al último vagón. No era yo una gran lectora de diarios, cuyas informaciones seguían siempre la línea oficial, y cuyos columnistas, en general, preferían capear el temporal glosando la primavera o cualquier pintoresca efeméride que les permitiera ponerse floridos sin correr riesgos. La censura previa, que consistía en presentar antes el periódico a la delegación del Ministerio de Información y Turismo (Fraga Iribarne era, desde 1962, el titular; todavía no había promulgado la Ley de Prensa), se encargaba de extirpar cualquier veleidad realista, y nos mantenía, a periodistas y público, en permanente minoría de edad.

Sin embargo, como lectora estaba enganchada a unas cuantas firmas que me resultaban indispensables: los escritos que la gran Josefina Carabias enviaba a *El Noticiero Universal* desde París y las divertidas y estilísticamente rompedoras crónicas deportivas que, en el mismo vespertino, publicaba un tal Martín Girard, seudónimo que encubría, aunque entonces yo no tenía forma de saberlo, al futuro novelista y director de cine Gonzalo Suárez. Eran crónicas de auténtico *nuevo periodismo*, personales y arriesgadas. Las críticas de cine y teatro de María Luz Morales, en *Diario de Barcelona*, constituían otro de mis alimentos y eran, con la aportación de Carabias y el excepcional consultorio sociológico que llevaba Carmen Kurtz[7] en *La Prensa*, parte de las escasas aportaciones femeninas. No abundaban las mujeres, en el periodismo de aquellos años. Hay que decir que tampoco abundaban las lectoras.

Cuando empecé como periodista (o lo que fuera aquella combinación de funciones en que me estaba iniciando), nosotras no existíamos más que dentro de los confines de las llamadas *páginas femeninas*, que eran una especie de versión impresa (*feminizada* con recuadritos, dibujos, cenefas y faldones) de las enseñanzas con que la Sección Femenina (la facción pololos y sostenes de Falange Española) había arrasado nuestros cerebros desde que recibió como mandato la formación del *espíritu nacional* de la mujer.

La página femenina de *La Prensa* era todavía más infecta, estéticamente hablando, que las del resto de los periódicos más dotados de medios, pero éticamente seguía los dictados de la época; se suponía que nuestros asuntos eran, por este orden: maternidad, cocina, salud, moda, belleza y chismorreo. Comprenderán que me sintiera algo rara cuando Lolita Sánchez, mi piraña jefe, me ordenaba desarrollar el intelecto copiando consejos sobre pañales y talcos, fórmulas de belleza y recetas de cocina de una serie de libros que guardaba en un cajón y que constituían las fuentes periodísticas de que nos nutríamos.

---

7. Carmen Kurtz falleció el 7 de febrero de 1999, a los ochenta y siete años.

En aquella Barcelona de la deformación informativa, sólo unos cuantos acontecimientos merecían las atenciones de nuestro rigor profesional: el paso infrecuente de personajes famosos por la ciudad, que casi siempre eran agasajados con un cóctel en la Terraza Martini; la concesión anual de los premios Nadal y Planeta (mi periódico dedicaba mayor atención a este último, por afinidades ideológicas con el editor Lara); la Feria Internacional de Muestras (que merecía un despliegue publicitario/informativo que ocupaba cuadernillos enteros en todos los diarios); la información municipal (servida por los adláteres del alcalde Porcioles en gacetillas listas para publicarse), y los desfiles de moda. En aquel tiempo no había *prêt-à-porter*, y sólo los santones de la alta costura (a la que tan aficionada era la primera dama, Carmen Polo de Franco) ocupaban los salones del Ritz para exhibir lo que llamábamos "las nuevas creaciones de los grandes modistos, cara a la temporada primavera-verano u otoño-invierno". Por regla general, era la piraña quien se encargaba de asistir a tan magnos eventos, entre otras cosas porque imagino que le caía alguna que otra propina bajo mano, en efectivo o en modelitos: como el agudo lector habrá deducido, la práctica del periodismo no era, en aquel tiempo, un territorio impoluto. La información se mezclaba con la publicidad, y muchos veían en el trapicheo una forma razonable de redondear sus ingresos: cuando uno empieza por traicionar la verdad, ¿qué tiene de raro que a continuación caigan también los otros principios?

Yo era entonces, y lo sigo siendo, un escarnio para las materias que se dilucidaban en la femenina página. Mi relación con la maternidad se reducía a que ansiaba encontrar un médico que me recetara píldoras anticonceptivas, la gran novedad que salvó a mi generación; con la moda, a que había ayudado a mi madre, de profesión modista, a coser dobladillos; con la belleza, a que me cubría el cutis con una capa de maquillaje compacto sobre la que podían resbalar los patinadores del Holliday on Ice; con la cocina, a que sabía que *todo*

74

me engordaba; y con la salud, a que estaba como un toro, y más me valía, porque éste es el único tesoro de los pobres.

No eran las mejores condiciones para inspirar compasión a *miss* Piraña, quien entre dos humillaciones ponía lo posible de su parte para retrasar el momento en que llegaría de Madrid la orden de meterme en nómina, y lo conseguía (alardeaba de influencias: nunca se le caía de la boca el nombre de Emilio Romero), hasta el punto de que Fernando Ramos Moreno tuvo que decirle que era una lástima que a mí no me quisieran hacer fija, porque eso le impedía ascenderla a ella. En veinticuatro horas llegó el oficio por el que se me encajaba en plantilla, en calidad de auxiliar de redacción, como he dicho.

Mis mejores recuerdos de *La Prensa* proceden de impresiones sensoriales. El placer de deslizar los dedos por las ásperas cuartillas, cortadas a guillotina, que usábamos entonces. La afición a meterme en el cuarto de teletipos para charlar con el encargado, un hombre menudo con aficiones de poeta, mientras las máquinas escupían noticias (o lo que aquello fuera: consignas), y el sol de la mañana nos bañaba a través del ventanal. El secreto orgullo con que bajaba a talleres para corregir mis escritos, manejando los bloques de plomo. La ilusión de fiesta, de bohemia, que experimentaba cada vez que el director estaba de buen humor y me invitaba a compartir con él y con otros mandos la cerveza del mediodía, en el pequeño, modesto y simpático bar que daba a la rotativa. Trabajar de noche también me llenaba de una eufórica sensación de independencia. De aquellos domingos en que acudía a *La Prensa* desde media tarde hasta bien entrada la noche, conservo la idea de que una Redacción es un poco como una farmacia de guardia, un refugio para la soledad al que puedes acudir cuando lo necesitas.

No tuve amigos en aquella Redacción (salvo Jesús Mariñas, que entró después de mí y era otro que arrimaba el hombro: consiguió arrumbar a *miss* Piraña, desarrollando su propio instinto para el chisme), porque no teníamos nada en común. Y estaba, además, aquella gente de los despachos del fondo, al otro lado de la Redacción: el subdirector, Feliciano Baratech, que se deslizaba hacia su cubil como un gato (se decía que, cuando los aliados ganaron la guerra, él se encontraba al mando, y que no se animó a publicar la noticia), o ilustres colaboradores como el cursi Luys Santamarina, que iba de místico y no se sacaba nunca la camisa azul de falangista.

Algunos compañeros, afrentados por mi falta de sintonía, intentaron desprestigiarme, sin conseguirlo. Hubo una ocasión especial en que el redactor jefe de deportes y secretario de redacción, un tipo bastante bruto que llevaba muy mal que el director apreciara mi eficacia, decidió tenderme una celada sexual de clase A. El individuo (que presumía del Alfa Romeo rojo descapotable con que había sido remunerado a cambio de sus servicios durante una de las visitas del *caudillo* a Barcelona) era el jefe del personal deportivo en el que yo estaba integrada los domingos.

Una noche, al acabar, se ofreció para acompañarme a casa en su pequeño bólido. De camino, propuso ir a tomar una copa y me pareció bien. En vez de llevarme a un bar normal, frenó su auto ante un cabaret, el Emporium, que a aquellas horas era un sitio para parejas, aunque, en otra época y momento, yo había asistido a varias actuaciones de los Delta Rythm Blues, acompañando a una amiga muy mundana (la exuberante Paquita: su padre tenía un puesto de naranjas en el Borne), que estaba enamoriscada de uno de los morenazos del grupo.

De noche, el ambiente era más turbio. El redactor jefe y yo fuimos conducidos a un reservado en donde me inicié en las delicias del whisky, bebida que, hasta entonces, quedaba muy alejada no sólo de mi bolsillo sino de mi universo, pero a la que, vive Dios, me aficioné. A la segunda copa, el tipo se abalanzó sobre mí y plantó su boca encima de la mía. Estaba muy enamorada de mi novio y le era fiel. Se lo dije, pero el hombre siguió intentándolo, por lo que no tuve otro remedio que defenderme a mordiscos. Simpáticamente, eso sí: apenas le descolgué del moflete uno de los dos rictus.

—Joder, me has mordido —se quejó, al observar que la sangre manchaba su pañuelo.

Sin desanimarse, seguramente porque aún le quedaba casi todo el cuerpo íntegro, propuso que siguiéramos tomando copas en otro lugar que conocía, y desembarcamos en un antro de los que sirven, junto con la cuenta, la llave de una habitación. Pero yo continuaba encajando whiskys, más feliz que una chinche en una bolsa de plasma, y el hombre, que ignoraba que por vía paterna había heredado una genética capaz de resistir una botella diaria de Fundador, seguía ilusionado, pensando que, en algún momento, mi indomable virtud se rendiría ante sus avances. No fue así, y de vuelta a la ciudad, hice algo que, definitivamente, mandó su lujuria a dormir. Le hice parar, bajé del coche y, junto a un árbol, eché la meada del año.

—Anda, si orinas de pie.

—Me lo enseñó mi madre —le informé—. Para que no me quede embarazada en los servicios públicos.

Me dejó en casa. Para entonces, mi progenitora, alarmada por la tardanza, había despertado a los conserjes del periódico, que a su vez habían despertado al redactor jefe, que a su vez había despertado al director.

—¿Dónde te has metido? —gritó mamá, desde el balcón.

—Hip, bájame una palangana —supliqué.

No fue ella, sino mi tía Julia (secretamente regocijada por lo que parecía mi caída en el lodo), quien descendió con una bacinilla en la que vomité el whisky carísimo de la noche.

—Hip, me encanta el periodismo —confesé, aliviada, sin prestar atención a las caras de dolorosas con puñales que exhibían las mujeres de mi familia.

A la mañana siguiente, en la Redacción, me acogió un silencio sepulcral. El director quería verme en su despacho.

—Menuda la *armasteis* anoche.

Le conté lo ocurrido con lujo de detalles, y se echó a reír.

—¡El centollo eras tú!

Por lo visto, mi donjuán se había presentado aquella mañana con una hermosa cicatriz en el labio, aduciendo que se había perjudicado comiendo marisco. Muchos años después, le volví a ver. Fui como invitada a un programa de TVE y, al final, él fue el encargado de entregarme el bolígrafo o reloj con que se obsequiaba a los invitados. Así es la vida.

Desde entonces, no me volvieron a tender trampas. Sin embargo, empezaba a impacientarme: hacía muchas cosas, y poco periodismo. En un par de ocasiones (la primera, al cubrir la entrega del Premio Planeta a Rodrigo Rubio) había experimentado la excitación del oficio. Me preguntaba si podría practicarlo en serio, dado que mis otras tareas me dejaban poco tiempo. La columna diaria me servía de desahogo literario (sobre todo cuando tenía problemas sentimentales), pero no era bastante. Además, estaba harta de que me metieran en embolados ideológicos. Uno de los peores fue cuando me mandaron al local de sindicatos, en la Vía Layetana (junto al antiguo cine Princesa), para que tomara nota, en mi perfecta taquigrafía, del discurso que el ministro de Trabajo, el sonriente José Solís Ruiz, endilgó a los dirigentes sindicales, durante una de sus visitas.

—¡Los obreros españoles sois lo mejor del mundo! —bramó el sonriente, haciendo caso omiso del detalle de que lo que tenía delante no eran precisamente proletarios, sino paniaguados del Vertical—. ¡Tenéis los cojones como un toro! ¡Un toro español!

Diligente, tomé cumplida nota de todas las memeces y bravuconadas que soltó el ministro a lo largo de interminables horas. Cuando tuve el discurso pasado a máquina, se lo entregué al director.

—Te podías haber ahorrado el esfuerzo —dijo con sorna, sin dirigirle ni una mirada—. Vamos a publicar este otro, que nos acaba de llegar de Madrid.

Y arrojó mi mazo de folios a la papelera. En su lugar, aparecería la versión oficial del discurso: en la que no había toros, ni cojones, naturalmente.

—Vaya —resoplé.

—Cada día estás más roja y separatista.

Lo que estaba era cansada. Poco después, Fernando Ramos Moreno fue trasladado a otra ciudad, y vino a sustituirle un nuevo director, Valentín Domínguez-Isla. Una bellísima persona, creo que de los falangistas disidentes, porque me hizo mecanografiar un manuscrito sobre Manuel Hedilla y mantenía conversaciones telefónicas en las que bajaba la voz para hablar de Dionisio Ridruejo.

¿Qué podía hacer? Incapaz de darme por vencida, con ingenua pero certera astucia ideé un plan. Y ese plan giraba en torno a una persona a quien admiraba desde lejos y en silencio: Elisenda Nadal, alma y prácticamente cuerpo de la señera revista de cine *Fotogramas*, fundada por sus padres, María Fernanda Gañán y Antonio Nadal-Rodó, que también poseían el semanario femenino *Garbo*. En lo que yo creí una sutil maniobra para que Elisenda se fijara en mí y me contratara, le hice una entrevista, tan bien escrita e ingeniosa como pude.

Funcionó. Sólo que no fui a parar a *Fotogramas*, al menos, no de momento; sino a *Garbo*, peculiar revista femenina dirigida por María Fernanda.

Diana y los cazadores

Lo primero que hizo Diana de Gales cuando llegó a Madrid en abril de 1987 fue preguntar a los periodistas qué tal le iba a la revista *¡Hola!* Ignoraba que, a su trágica muerte, que ocurriría doce años más tarde, el periodismo mundial, incluidos los medios más serios, no desdeñarían aplicar a las circunstancias de su muerte mecanismos de información propios de la prensa rosa.

Lady Di solía definir su fallido matrimonio con Carlos de Inglaterra diciendo que había besado a un príncipe y éste, ante su asombro, se convirtió en una rana. Hubo otro ósculo: el que se dieron la propia Diana y la prensa a lo largo de la última década, para beneficio de un público al que no le importaba convertirse en sapo.

La culpa no fue de nadie y fue de todos. Para cuando Diana, sin ningún tipo de escrúpulo, decidió reinar en el corazón del pueblo, los medios de comunicación carecían ya de cualquier signo de corazón. Dos grandes ogros malos se lo arrebataron en el transcurso de los despreocupados y miserables años ochenta: el ocio y el mercado. Durante los años que precedieron a la caída del muro de Berlín y que nos prepararon al fracaso de la opción social solidaria (fracaso que se produjo, sobre todo, porque tal solidaridad era sólo aparente, y lo que ocurrió en los regímenes comunistas fue que consagraron a otros perros, con otros collares, para que siguieran mordiendo a los mismos) se fue gestando en la prensa occidental el modelo de sociedad a la que nos lanzaríamos con armas y bagajes al entrar en la década de los noventa.

Caído el muro y consagrado el capitalismo con su canto a la codicia colectiva y la indiferencia individual, restablecida la democracia en forma de libre mercado en los países que habían atravesado crueles dictaduras y santificada la tarjeta de crédito como único hedonismo no pecaminoso de nuestra era, los medios de comunicación descubrieron que sólo podían crecer halagando a un público cuyo tiempo libre iba a ser tanto más suyo (de los medios) cuanto menos espacio dedicaran ellos mismos a la reflexión, y más se entregaran a los acrisolados métodos de atontamiento puestos ya en práctica, con éxito, por la televisión. Así surgieron, por un lado, los suplementos semanales dedicados a gastronomía, decoración de interiores, elección de segunda vivienda, restauración, jardinería, bricolaje, guía de espectáculos, turismo y otros medios por los que el periodismo se ha extendido, si bien no se ha hecho más profundo (y con los consiguientes beneficios aportados por la publicidad emergente: desde aquella que anuncia maceteros para el adosado hasta la que induce a que cambiemos la bañera por un *jacuzzi;* desde las ofertas de viajes exóticos o de vacaciones en cruceros hasta las posibilidades de cambiar de rasgos o aumentar de busto; de las sugerencias para mandar a los niños a aprender inglés al extranjero a las presiones para adelgazar).

Los cambios políticos que se produjeron a finales de los ochenta y que culminaron con el estallido triunfalista de la operación Tormenta del Desierto, proporcionaron prestigio social y profesional a aquellos periodistas que habían sabido adelantarse a glosar las excelencias del libre mercado, la especulación y el monetarismo. Y las redacciones vieron florecer en su seno a este tipo de personajes, *gurus* de la *new age* que estaba a la vuelta de la esquina, portadores del más antiguo de los mensajes, el beneficio a cualquier precio, ahora camuflado de ideología rompedora. No es que antes no hubieran existido semejantes individuos: es que no se atrevieron a alardear demasiado mientras perduraran rescoldos del rechazo que, desde 1968, producía en la sociedad pisotear demasiado estrepitosamente a los más débiles. Ahora se les escuchaba, se les pedía consejo, se les glorificaba. Se admiraba su ética y alababa su estética. Fueron los turbulentos pero estúpidos años en que se puso de moda entender de gastronomía, invertir en arte y lucir trajes con grandes hombreras y pantalones de pinzas.

Por aquel tiempo, a finales de los ochenta, apareció en la Redacción de *El País* uno de estos especímenes, un sujeto a quien llamaré Doble A (ágrafo y amoral), que como tarjeta de visita trajo la más detestable y peligrosa de las frases que un jefe puede pronunciar en periodismo: "Lo que el público quiere...". Que yo sepa, el periodismo existe para contar lo que ocurre, le guste o no lo que ocurre al público, su destinatario. Es decir: para informar. La grandeza del periodismo consiste en informar a pesar de la autoridad; pero también en hacerlo a pesar de que ello le acarree impopularidad entre su clientela.

Doble A era el típico portaestandarte del pensamiento banal pero cínico. Hace tiempo que salió de *El País* para satisfacción general (en una votación, no vinculante pero muy significativa, realizada por la Redacción cuando se le propuso para subdirector, obtuvo el resultado negativo más aplastante de la historia del periódico), y durante unos pocos años pareció haber encontrado su acomodo natural bajo las alas de otro periodista en sintonía con la época, Pedro J. Ramírez, pero pronto tuvo que abandonar el suplemento dominical de *El Mundo* (también ante la satisfacción generalizada de la Redacción), pasando a vivir directamente de nuestros impuestos, creo, en una canonjía dependiente de altas instancias culturales oficiales.

Sin embargo, lo que podríamos llamar el *espíritu Doble A* no ha desaparecido de los medios de comunicación. Implícita o explícitamente, la noción "lo que el público quiere" ha quedado enrocada entre nosotros. Sólo así puede explicarse la forma en que los periódicos más serios se sumaron a las más rutinarias y abstrusas interpretaciones que siguieron a la muerte de Diana Spencer, a las especulaciones y falsedades que inflaron el globo de la histeria colectiva y se aprovecharon de ello para aumentar su difusión. ¿Un periódico de ínfima categoría publicaba que Diana estaba embarazada cuando murió? Pues bien: los medios sensatos se apresuraban a divulgarlo, citando la fuente pero sin tener la decencia de aclararle al lector sobre el carácter habitualmente mendaz de la misma.

Fueron días de duelo, pero no sólo para los familiares de Lady Di. Para el periodismo, aquellas jornadas de exaltación del morbo colectivo se convirtieron en la aciaga culminación de un camino viciosamente torcido y de difícil retorno[8].

Así que Diana de Gales llegó a España, y lo primero que hizo fue preguntar por *¡Hola!* Mi querido compañero Camilo Valdecantos (gran periodista, dotado de un excelente sentido de la ironía)[9] y yo recibimos el encargo de seguir a la princesca pareja durante sus andanzas por las ciudades castellanas cuyos monumentos históricos iban a visitar, instruidos por los Reyes. Como fotógrafa vino Marisa Flórez, un lujo de profesional y de colega. Quiero a Marisa y la admiro desde que contemplé sus fotos en aquel *País* primerizo al que yo aún no pertenecía. No sólo es una profesional extraordinaria, que se parte el pecho por sus subordinados; es una mujer noble y posee unos ovarios de diamantes. En aquellos días, con los De Gales, las dos sufrimos nuestro primer encontronazo con la

---

8. Sobre el estado actual de los medios de comunicación y sus principales problemas, recomiendo la lectura de *Últimas noticias sobre el periodismo. Manual de periodismo internacional*, Furio Colombo, Anagrama, colección Argumentos.
9. Cuando escribo esto, Camilo Valdecantos ha iniciado una nueva etapa en *El País*, como atinado defensor del lector (lo que equivale a defender el periodismo).

prensa anglosajona, encarnada en unos mocetones gráficos (fotógrafos y cámaras de TV) que trataron de repetir sobre nosotras la carga de la Brigada Ligera. Por suerte, Javier Ortiz, del servicio de prensa de Zarzuela, comprendió lo peligroso de nuestra situación y alertó a los apuestos miembros del servicio de escolta de los Reyes. Nos rescataron, desde luego: tomándonos entre sus poderosos brazos, ante la furia de la Bestia Gráfica Albión.

Alta, frágil, delgadísima (ignorábamos que el secreto de su figura consistía en una sabia combinación de bulimia y anorexia: ¿cómo podíamos imaginar a la esposa del heredero de Inglaterra arrastrándose hacia el inodoro para meterse los dedos en la garganta después de cada comilona?), Diana acataba con aburrida resignación la parte mala de su viaje (visitar catedrales, admirar sillerías antiguas, escuchar coros de monaguillos, caminar por museos atendiendo las explicaciones de expertos, recorrer juderías y sinagogas, saludar a obispos) y con notable interés la parte buena, que consistía en embutirse a diario en varios modelos (su misión consistía en promover la moda inglesa, cualquiera que sea el significado de estas dos palabras juntas), pasando de lo incómodo a lo inadecuado con grácil facilidad: faldas estrechas y tacón de aguja para trotar por las empedradas calles toledanas, por ejemplo.

Aquella criatura estaba hecha para florecer en el interior de una novela de su abuela rosa, Barbara Cartland, y era previsible que se extraviara en el laberinto gótico de Buckingham Palace. Con la cabeza ladeada como un pájaro, durante su visita cumplió a rajatabla con el programa, y sólo se iluminó al nombrar a *¡Hola!*, al hablar de vestidos, cuando escuchaba música bailable y cuando tenía cerca a un hombre (unos *pantalones*, como solían decir las viejas). Era el tipo de chica que te planta, en plena conversación, cuando pasa por su lado aunque sea un botones portando un telegrama en una bandeja. En tal caso se apoyaba sobre una de sus largas y bien torneadas piernas, avanzaba la otra, ladeaba más la cabeza y sonreía.

Entre tanto, su cónyuge (que más que un príncipe azul era un príncipe escarlata, dado el subido color de sus mejillas; paréceme curiosa esta característica de ciclamen que distingue a las reales pieles; como si no pertenecieran a la realidad, sino a un cuadro de Goya o de Velázquez, un cuadro viviente y listo para ser enmarcado y colgado en el Prado) combinaba la minuciosa observación de los lienzos ajenos (meninas, majas, etcétera) con pesadas peroratas acerca de sus propias obras (marinas, paisajes bucólicos, etcétera). Fue precisamente durante la recepción que ofrecieron a la prensa cuando el príncipe de Gales, tan campechano como un cisne en moto, tuvo a bien preguntarme a qué me dedicaba. Pensando que era natural que, con tanto ajetreo, no se centrara (puesto que se trataba de una recepción para periodistas convocada por su propia Embajada, ¿qué otra cosa podía ser yo? ¿Estrella del Bolshoi?), le recordé que era sólo una más entre los informadores encargados de seguirle durante su estancia en España.

—Ya, ya —impaciente—. Pero, ¿pinta usted?

—No, *his highness* (qué arriesgada profesión la mía). ¿Debería?

—Absolutamente.

Carlos dio un paso hacia un colega y suspiré, aliviada, pero no iba a ser tan sencillo escapar a la atención, soluble e instantánea, de la Casa de Windsor. Volviendo sobre sus pasos, me reprendió:

—¿Por qué no pinta?

Ahora la impaciente era yo:

—No tengo tiempo. Soy periodista. Es-cri-bo.

—Pues debería pintar.

Y me dio la espalda.

A pocos metros, en el corrillo de informadores que rodeaba a Diana Spencer, se hablaba de moda. La princesa de Gales sonreía con helada amabilidad, hasta que un reportero con más *pluma* que la Gallina Caponata le preguntó si pensaba seguir dedicándose a los enfermos de sida. Entonces vislumbré a otra Diana, tuve un atisbo de la acerada dureza, una mezcla de reserva, resentimiento y astucia que suele ser patrimonio de algunas folclóricas (la Isabel Pantoja posterior a la muerte de Paquirri es una de ellas). Contempló de arriba abajo al intrépido reportero de la prensa rosa, que lucía una de sus espectaculares camisas, y le espetó:

—¿Por qué? ¿Le interesa *a usted* especialmente?

A continuación se produjo un ejemplo de lo que yo llamo *respuesta inducida*, uno de los defectos más detestables del periodismo.

—¿Le gustaría aprender a bailar sevillanas? —preguntó una inquieta colega.

—*What?*

La intérprete deslizó una explicación en la orejita de Gales. Con expresión de no haber entendido muy bien de qué iba la vaina, Diana sonrió:

—Me encanta bailar —dijo.

Escribí mi crónica en cuanto llegué a la Redacción y, al poco, se me acercó el jefe de cierre, alargándome un pedazo de papel, al tiempo que declamaba:

—No has puesto que va a aprender a bailar sevillanas.

—Es que es mentira.

—¡Pero si lo dice Efe!

Podía decirlo el lucero del alba. Era una respuesta inducida. El periodista no debe plantear preguntas que impliquen forzar a su interlocutor a darle respuestas falsas.

Otro ejemplo de declaraciones forzadas. Sevilla, en plena campaña electoral. Lugar, delante de la cárcel. Protagonista, José Manuel Sánchez Gordillo, alcalde de Marinaleda y candidato a diputado por Izquierda Unida. Impedido de dar su mitin en el interior de la prisión, Sánchez Gordillo convocó a la prensa ante la entrada al penal. Todo transcurrió normalmente, hasta que al diligente enviado de *Abc* se le ocurrió provocar el titular:

—¿Crees tú, José Manuel, que hay gente en la calle que merece estar dentro más que los que están ahí?

Sánchez Gordillo entró al trapo sin dudarlo, dando nombres de políticos del Gobierno socialista cuestionados en aquel momento. Al día siguiente, *Abc* tuvo su titular. Yo ni siquiera comenté el incidente. Sabía que era mierda informativa.

A la muerte de Diana Spencer, todos los medios, sin excepción, aceptaron reproducir las medias verdades, las mentiras completas, las hagiografías, los engreídos análisis de quienes, desde los años ochenta para acá, vienen desarrollando la sociología de lo nimio para justificar su propia vacuidad.

En breve: fue el trágico final de una pobre chica que creyó en las hadas, convivió con las brujas y fue convirtiéndose, ella misma, en un híbrido de hada y bruja para acabar, absurdamente, muriendo de muerte de *playboy*, al lado de un inútil llamado Dodi Al Fayed y conducida hacia la eternidad por un chófer borracho a sueldo del parisino hotel Ritz.

No fue incesto, sino una merienda en familia

La Prensa me inició en el amor a las redacciones, y me enseñó cómo funcionaba la inmensa mentira del periodismo oficial del régimen. En *Garbo* aprendí otras muchas cosas, no todas válidas, aunque compusieron una despensa informativa que se reveló sumamente útil cuando, veintiocho años más tarde, empecé a hacer crónica social, en clave irónica, para *El País*. Puede que haya quien crea que no sirve para nada (aparte de para templar el carácter: es un tipo de flagelo como cualquier otro) haber sido especialista en tragedias Kennedy (salvo el asesinato del presidente, todas sus secuelas me sorprendieron en *Garbo*, y mis manos encallecieron trasegando carpetas de documentación sobre lo más parecido a una familia griega de signo funesto que hemos tenido a este lado del río Grande), o conocerse la lista de casas reinantes europeas. No obstante, yo no sería un cómodo comodín de no haber pasado, también, por la infraprensa: eso es, justo, lo que me da un puntito de exotismo nada común.

Aparte de los Kennedy, con sus muertos redundantes, sus accidentes de tráfico, sus alcoholismos, divorcios y otras minucias (sin contar con Jacqueline, convertida en la primera viuda tótem de la premodernidad), había una fauna similar a la que ahora copa los medios dedicados especializados en chismorreo. Tranquiliza pensar que muchos de sus miembros pasaron a mejor vida informativa, hasta el punto de que nadie sabe hoy en día no ya qué pasó con ellos, sino simplemente quiénes fueron. Tomemos el caso de la llamada Titti de Saboya, de los Saboya que no volverán a reinar en Italia[10]. En su tiempo, las andanzas de esta muchacha *sedienta de cariño* (por decirlo con *finezza)* fueron tan sonadas, o más, que las de Diana Spencer, al menos considerando que entonces éramos más discretos y no existía furor televisivo. Y ya ven: se esfumó. Es una esperanza para quienes no ven la hora de que le ocurra lo mismo a Mar Flores.

Sin embargo, se da también con frecuencia el caso contrario. ¿Tienen idea de lo demoledor que resulta, para alguien como yo, abrir una revista y seguir encontrándome con la pertinaz Farah Diba, o con Carolina de Mónaco, cuya sombra no ha dejado de perseguirnos desde su más dura infancia?

Pero *Garbo* era un producto muy especial, y del mismo modo que tuve que aprenderlo todo sobre los Kennedy o sobre la familia real de Inglaterra, también se requería que entendiera la situación en el Ulster: para contarla bien. En 1966, *Garbo* era un semanario femenino pequeño pero intenso, que costaba cinco pesetas e incluía crónica política, reportajes de actualidad, cuentos firmados por escritoras de lujo (convocaba, anualmente, el prestigioso premio Café Gijón de Novela Corta), tiras de humor de categoría (que yo recuerde: *El pequeño rey, Daniel el travieso)* y crítica de libros; así como moda, belleza, decoración, cocina y el habitual chismorreo en torno a los famosos y miembros de la *jet-set,* todavía llamada *café-society* por los cronistas más mundanos. *¡Hola!, Semana* y *Lecturas* existían ya, y cada una poseía su propio estilo, que ha cambiado muy poco con los años. Pero *Garbo* era diferente, hecha a la medida de una mujer, María Fernanda, que en su mo-

---

10. Durante la corrección de este libro, llega la noticia de que su marido, Luis Reyna, ha aparecido muerto, colgado de un cinturón y con una cuerda en el pene: apenas un recuadro en los periódicos.

mento fue una especie de Escarlata O'Hara del asunto editorial. De rompe y rasga.

Era un mundo en el que, como ya he dicho, la televisión no había alcanzado ni remotamente su actual papel de fetiche embrutecedor, y en donde personajes como *Jesulina* o *Roci-Hito*, o las *connections* argentina y cubana (novio & representante de importación, en el mismo lote) resultaban impensables no sólo para la mentalidad, sino, sobre todo, para la economía del país y de su prensa. No es que fuéramos mejores: pero sí más ingenuos, más artesanales en la explotación de la tontería generalizada. Y más pobres. Como en la prensa diaria, en las publicaciones del género *rosa* también repercute la situación socioeconómica de un país. En el nuestro había personajes equivalentes a la Raquel Mosquera de hoy, pero a nadie se le ocurría (ni podía permitírselo) pagarle los gastos de su luna de miel en una isla paradisíaca, a cambio de tener la exclusiva del (prodigioso) reportaje.

Las reinas de las revistas eran las mujeres de la familia Franco, empezando por la esposa incorrupta del dictador y acabando por sus singulares nietas, cuyas bodas y partos constituían los acontecimientos sociales del año. Más de una noche nos quedamos de guardia en la Redacción para confeccionar las páginas especiales dedicadas a alguno de aquellos bodorrios o bautizos, que siempre se celebraban en la capilla del palacio de El Pardo porque, como solía decir Carmencita Franco Polo, la *hijísima:* "Aquí me casé yo y aquí se casarán todos mis descendientes". En un momento de 1975, la racha se detuvo. Como sabemos todos.

A una distancia considerable, que fue acortándose conforme transcurrían los años y aumentaban sus posibilidades de futuro, se encontraban los príncipes de España, Juan Carlos de Borbón y Sofía de Grecia, sombras algo melancólicas que se movían en el entorno franquista asumiendo la penosa caracterización de comparsas. Los parientes de doña Sofía, la familia real griega, eran un filón que explotamos regularmente, primero mientras aún ocupaban el palacio de Tatoi (reflejábamos su costumbre anual de calzarse pizpiretos trajes típicos para entregarse a compartir prolijos bailes regionales con el campesinado) y, después, recalcando las hieles de su exilio, compartido por: la esposa del futuro rey de España; una reina madre, Federica, de peinado neumático; una princesa, Irene, aficionada al piano, y un ex rey, Constantino, de quien destacábamos su amargura por haber sido rechazado por su pueblo, ocultando cuidadosamente que había sido benevolente con los coroneles en el golpe de Estado que sumió a Grecia, cuna de la democracia, en un intolerable régimen militar que duró años.

En cuanto se supo que Franco quería la monarquía para España, las casas reales europeas (se hallasen en activo o en vía muerta; fueran realmente reales o simples apaños de opereta: realmente, qué más da) desplazaron en el interés de editores y lectoras a las estrellas de cine, cantera tradicional del género; de igual modo, con el auge de los festivales de la canción, los cantantes acabaron por hacerse también un lugar en aquellas páginas.

Había que reconocerles, a las casas reales, su capacidad para llamar la atención del populacho más allá de los actos protocolarios y las fiestas de rigor. Al casarse con Raniero de Mónaco, Grace Kelly colocó el principado en el centro de las candilejas. Y estaban los británicos (cuadro de honor para la princesa Margarita y sus desdichados pero frenéticos amores con el comandante Peter Towsend), los egipcios (oh, los fastos de Faruk en el exilio), el gordo agá Jan (jefe espiritual de los ismaelitas y odioso suegro de Rita *Gilda* Hayworth), y los iraníes, que proporcionaron a las fauces lectoras, amén de unos actos de coronación en Persépolis dignos de Cecil B. De Mille, dos selectas presas en las que hincar el diente. En primer lugar, Soraya, la estéril y (por ello) repudiada emperatriz de los ojos verdes y tristes (o viceversa), que en la madurez de sus días acabaría retozando por las fiestas de Marbella; y Farah Diba, que pasó de la arquitectura que estudiaba en París a los asuntos (casarse con el Sha: el mito de Cenicienta) de palacio, y de aquí a la revolución jomeinista y al exilio seguido de viudez (el mito de Cenicienta reciclada en Dolorosa).

Y Fabiola, ¿qué decir de Fabiola, la mujer que colocó a España en el trono de Bélgica? Ramificación: la princesa Paola, esposa de Alberto de Bélgica, aquejada de tedio belga e inclinada a sufrir esporádicos ataques de pendonitis juvenil. Ramificación: la esterilidad de Fabiola, ¿convertiría al hijo de Paola en rey del pequeño país europeo?

Disponíamos, asimismo, de las estrellas de cine, sobre todo procedentes de Hollywood y de su vertiente europea más desmadrada, aquella que Fellini inmortalizó en *La Dolce Vita*. Si, por un lado, aún éramos adictos a los escándalos que prodigaban señoras divas de los años cincuenta, como Ava Gardner, Lana Turner y las hermanas Gabor (con la inapreciable aportación de *playboys* como Patiño o Pignatari), por otro también prestábamos atención a las alocadas noches de que fueron protagonistas, en la Via Veneto de los primeros 60, Anita Ekberg, Belinda Lee y demás diosas, perseguidas por los *papparazzi* y entregadas a sonados idilios con la crema del chulerío cinematográfico italiano. En cuanto a lo nuestro, en el olimpo del cine patrio reinaban la decente Carmen Sevilla, que se pasó los años de su juventud rechazando a candidatos como el viril cantante mexicano Jorge Negrete, y el improbable Luis Mariano, el tenor atiplado más parecido a María Trapp con mallas que ha dado el País Vasco; y la racial Lola Flores. A Lola, por cierto, la había visto mi madre en los tiempos en que hacía de camarera (mi madre, no Lola Flores) en el antiguo hotel Victoria, de la plaza de Catalunya; entonces formaba pareja artística y de la otra con Manolo Caracol (Lola Flores, no mi madre), y todas las madrugadas, cuando él regresaba a su habitación del hotel después de haberse corrido una juerga por su cuenta, ella (Lola Flores) se arrodillaba ante su hombre y le olía la bragueta, para averiguar si con la juerga había corrido algo más y, en caso afirmativo, lanzarse seguidamente a la destrucción del mobiliario, ignorante de que ella (mi madre) estaba arrodillada a su vez, pero ante el orificio de la cerradura, dispuesta a no perder detalle. Juro que nunca conté esto en *Garbo*.

Tal como las gastaba el régimen, ni siquiera contábamos que el guitarrista Antonio González, *El Pescaílla*, con quien Lola Flores había contraído matrimonio, tenía una hija de otra mujer con la que estaba casado por el rito gitano; ni que la sonrisa oficial de Carmen Sevilla ocultaba unas sienes clavaítas de martirio, a fuerza de soportar los adulterios de Augusto Algueró, compositor de la España del desarrollo que expandía por los festivales del mundo hispanoamericano las alegres consignas musicales patrias. Nada contábamos, pues la autoridad podía aceptar con quejumbrosa resignación que los extranjeros tuvieran líos e incluso se divorciaran, siempre que diéramos cuenta de ello usando necios eufemismos e ingente cantidad de ridículas metáforas, y que no dejáramos de justificar la ligereza de sus comportamientos en nombre del amor o de los hijos; pero, en cuanto a los españoles, pobre de quien se atreviera a mencionar los cuernos que lucían con donaire muchos de nuestros ídolos, o la ausencia de virginidad de que disfrutaban las vestales del esperpento nacional.

Nada de esto cambió con la ley Fraga, lanzada en marzo de 1966 por Manuel Fraga Iribarne, que fue ministro de Información y Turismo en una de sus reencarnaciones anteriores a su conversión en demócrata autonomista. Al introducir en la prensa la noción de *libre albedrío*, en sustitución de la *censura previa*, la autoridad no hacía sino afinar el hilo que sujetaba la espada de Damocles que permanentemente colgaba sobre nuestras cabezas. La cómoda solución anterior, por la que nuestros escritos eran masacrados con lápiz rojo por los censores, antes de ser publicados, dejaba paso a lo que, pronto lo descubrimos, no era más que un albur por el que nos despeñaríamos en manada quienes intentamos ampliar un poquito más el parco catálogo de liberalidades que estaban permitidas.

Garbo, María Fernanda Gañán de Nadal y yo habíamos de contarnos entre las innumerables víctimas. Una mañana llegaron a la Redacción los periodistas Alfonso Sobrado Palomares (que años más tarde, con los socialistas, sería presidente de la agencia Efe) y Heriberto Quesada, propietarios de una agencia de reportajes gráficos. Venían a vender género, como solían hacer periódicamente: ese día traían consigo una serie de fotografías, realizadas por Gigi Corbetta, que mostraban al diestro Luis Miguel Dominguín (separado de hecho, pero no públicamente, de Lucía Bosé) con su amor del momento, que casualmente era su sobrina, Mariví Dominguín. Ambos retozaban en traje de baño en una finca del torero, pero aparte de unos abrazos y besuqueos, no nos pareció que hubiera nada *moralmente reprobable* en el material, dado que los tiempos eran otros, más abiertos y comprensivos, como Fraga y sus sucesores no dejaban de repetirnos. Además, el romance era un secreto a voces. Nos lo quedamos, y como el texto era bastante deficiente, hice lo que tenía por costumbre, entre los múltiples (una vez más) cometidos que estaban a mi cargo en la revista: corregirlo.

Lo dimos en portada, con gran despliegue en el interior. Parece que a la mujer de Franco (a quien llamábamos *la Franca*, y no precisamente por su apertura de carácter) le sentó muy mal que Dominguín, que era uno de los personajes que frecuentaban las monterías del *caudillo*, saliera en público en paños menores y repartiendo mimos mayores a una bella moza, por ende sobrina. Tengo para mí que lo que más incomodó a Carmen Polo y a las damas de su ropero fue la foto que insertamos a toda página, con el diestro sentado, la sobrina (que estaba casada) sentada sobre el diestro y, encima de ambos, como presidiendo, un par de astas de venado del tamaño de la puerta de Alcalá, colgadas de la pared.

Resultado: secuestro de ejemplares, cierre fulminante de la revista durante varios meses y proceso abierto a todos los que intervinimos en el tema, de la pareja pecadora a yo misma, pasando por el fotógrafo, Sobrado Palomares, Heriberto Quesada y María Fernanda. Años más tarde se celebró el juicio, y los únicos que resultaron absueltos fueron Dominguín y Dominguina, que adujeron que estaban celebrando un *picnic* en familia, que ella se había caído encima de él y que Corbetta les hizo fotos festivas cuyo significado todos tergiversamos arteramente. El resto del personal fuimos condenados a sendas multas y a un montón de años de inhabilitación para desempeñar cargos públicos, lo cual creo que me impidió ser alcaldesa durante una temporada. Todo por haber atentado a la moral y las buenas costumbres, acusación que me habría de perseguir en el futuro.

La precaria economía de la época hacía que los cierres por desafiar la ley Fraga constituyeran, para el régimen, un arma con la que someter a editores y periodistas. Cuatro meses sin ganar dinero y pagando sueldos, perdiéndose la temporada de anuncios, hundían a cualquier empresario: a pesar de que, una vez más, los sueldos no daban ni para beber sidra El Gaitero todos los días. Pero María Fernanda aguantó el tirón, todos lo aguantamos, incluidos los publicistas, que en el número con que reaparecimos contrataron prácticamente toda la publicidad que tenían prevista para las semanas que estuvimos clausurados.

Como el encarecimiento del centro urbano todavía no había arrojado a las publicaciones y sus redacciones a las tinieblas del extrarradio, uno de los atractivos de *Garbo* y *Fotogramas* era que se encontraban en el corazón de Barcelona, a dos pasos de la Rambla y de sus jaulas con pájaros; en la parte posterior, que daba a la calle Tallers, del edificio de *La Vanguardia* que tanto había admirado en los tiempos en que fui aprendiza en los almacenes Capitolio, en la calle Pelayo. En el mismo bloque se encontraban, además, el vespertino *Tele/eXprés*, que se convertiría en el diario popular más progresista y excitante de la Barcelona del tardofranquismo; así como el *Mundo Deportivo*, el mítico *Destino* y *Gaceta Ilustrada*, *TeleEstel* y, seguramente, alguna que otra publicación más que ahora no recuerdo. En la planta baja estaban los talleres de impresión de *La Vanguardia*, que era en donde se tiraban todas las revistas mencionadas. Resultaba excitante, para alguien tan neófito como yo, meterse en aquel ascensor y toparse, por ejemplo, con Manuel Vázquez Montalbán, que acudía a entregar su comentario diario de política internacional en *Tele/eXprés*, o con el veterano y prestigioso cronista de la ciudad, *Sempronio*, o con el reverenciado Néstor Luján. O, colmo de los honores, con un Josep Pla de ojos socarrones que acudía a la Redacción de *Destino*. Yo asistía a aquel desfile como una niña maravillada; uno de los asiduos más simpáticos era el recientemente fallecido Xavier Miserachs, el indiscutible fotógrafo de aquellos años en que, coincidiendo con mis primeros pasos periodísticos, Barcelona se desperezaba, disponiéndose a asombrarnos con uno de esos coletazos magistrales, llenos de genio, con que a veces se suelta el pelo mi ciudad.

Soy hija de emigrantes, y llevo el don de la movilidad en los genes. Por eso me fui de *La Prensa*, por eso he batido las alas siempre que he visto que alguien se acercaba agitando las tijeras para segármelas. Creo que es una gran cualidad, que me ha proporcionado nuevos retos y mejoras. De haber continuado en la patéticamente paralizada Prensa del Movimiento, la principiante que era yo difícilmente habría podido ni siquiera olfatear los cambios que se avecinaban, sobre todo en el terreno periodístico, con la creciente audacia de los medios para admitir *enanos infiltrados* y otros miembros de la *prensa canallesca* que, con su capacidad para escribir entre líneas, trataban de burlar, no siempre con suerte, la dura ley de Fraga y su implícito llamamiento a la autocensura. Mi traslado a la sede de *Garbo* me situó en el meollo de semejantes mudanzas y aunque yo, en los comienzos, no participaba en ellas y me limitaba a seguirlas como ciudadana y lectora, y también como recién llegada que se balanceaba entre el despiste y la envidia, pronto tendría, a mi vez, mi oportunidad. Pero esto es historia para otro capítulo.

En *Garbo* aprendí mucho sobre el oficio: a distinguir entre una buena confección de página y una mala, a medir textos, a hacer planillas, a perseguir a María Fernanda para que comprara material (mediante el mejor método que puede aplicarse con éxito a la mayoría de los jefes: convencerles de que la idea ha sido suya), a dar vueltas a los textos (hacer *refritos*), a copiar sin que se notara (*fusilar*), a traducir. Mal o bien, aprendí italiano, francés e inglés, al menos a leerlos, a fuerza de realizar traducciones y de tener que interpretar los pies de foto de agencia. Por *Garbo* pasaron, además, personas muy interesantes; la mayoría de ellas, vinculadas también a *Fotogramas*. Tengo grata memoria de Cristina Dachs, Carmina Vilaseca y, sobre todo, de mi amiga Cristina Fernández-Cubas, una de las grandes narradoras de este país, que durante unos meses me ayudó a sacar adelante *Garbo* y que sigue siendo una compañera espléndida. En agosto de 1970 me sustituyó (yo hacía de todo: de escribir a abrir la puerta; le dije que, usando sentido común, ella también podría), para que pudiera irme al festival de rock de la isla de Wight, del que regresé vestida de *hippy* a tiempo parcial y todavía en trance por haber escuchado desde mi saco de dormir a Leonard Cohen, mientras amanecía y unos *hare-khrisnas* trataban de venderme impresentables hamburguesas de mijo, o lo que fuera. Cristina y yo nos tomábamos lo de la *jet-set* con mucho humor. Si ahora revisáramos lo que ambas escribimos (ayudadas por incontables cubalibres) encontraríamos joyas como "el atractivo agá Jan fue obsequiado por su pueblo con su peso, 125 kilos, en diamantes", o "el príncipe de España quedó democráticamente en undécimo lugar en las regatas X".

Lo más importante que me ocurrió en aquella época fue que, poco antes de cumplir veinticinco años, conseguí por fin juntar un poco de dinero y, con un adelanto de tres pagas, pude alquilar un apartamentillo. No para vivir sola, sino amancebada con Quim Llenas. Seguía trabajando como una forzada. Pero me divertía, porque casi simultáneamente empecé a escribir para *Fotogramas*, la revista más moderna del momento, y gracias a ello participaba en el sorprendente despertar de Barcelona.

Los años en que bullimos hasta casi cocernos

Al nacer tuve a un par de hadas madrinas junto a mi cuna. Una, en forma de acomodador de cine, para enseñarme a vivir; la otra, una especie de corrector de estilo, me dio el don de las palabras que necesitaría para contarlo.

De todos los paraísos de la infancia (y, por dura que ésta sea, siempre los hay), el cine es el único que siempre regresa íntegramente. La literatura también. No podría prescindir de la una ni del otro, pero creo que el cine, además, te ayuda por su *glamour*. Un buen libro te abre el mundo, pero hasta una mala película te enseña algo: a pintarte los labios, a flirtear, a apreciar paisajes. El cine no necesita que seas inteligente. Incluso en su parte más inocua (e inicua), ha perdurado y seguirá haciéndolo, adueñándose de los avances tecnológicos que se han sucedido a lo largo de su corta historia. Gary Cooper no está en los cielos. Se encuentra entre nosotros, encarnado en cintas de vídeo o en discos láser o en reproducciones DVD, o en lo que sea que el futuro nos depare para mantener el milagro. No sólo los genios y los grandes divos perduran: les hacen compañía cuantos se ganaron el derecho a permanecer por haber hecho reír o llorar a alguien en un cine de barrio, de Betty Boop a María Móntez, de Sabú a Arnold Schwarzenegger. Porque al cine se le permite (ahora mismo, apenas es otra cosa) ser banal. Por eso es tan nuestro. Tan al alcance de todos.

El cine, que tantas epopeyas nos ha narrado, es el protagonista de una de las más hermosas, aquella en que los sueños se animan y se escapan del inconsciente colectivo para convertirse en nuestro consuelo. Más que ninguna otra forma de comunicación artística, el cine es el arte de los emigrantes y los exiliados. Desarrollado y enriquecido por hombres y mujeres que escaparon de los terrores o las hambrunas de Europa y emigraron a la tierra de promisión que se llamaba América; gente que llevaba en la sangre el mandato de poner al alcance de todos la gran ilusión necesaria. Aquellos peleteros o sastres judíos que llegaron a la fría Nueva York y hallaron en el cinematógrafo una especie de nuevo *crecepelo* que exhibieron por las cuatro esquinas de los *nickelodeon*, arrojaron su semilla en las masas, que pronto exigieron que se convirtiera en un arte más grande que la vida. Una segunda emigración les llevó de Este a Oeste, en busca de un clima más propicio porque ya entonces se decía, aunque nunca ha sido del todo cierto, que jamás llueve al sur de California, y entre los naranjales de aquella nueva tierra de promisión surgió la más célebre de las flores de azahar: Hollywood.

Imaginad un mundo en el que los desheredados de todas las riquezas fueran admitidos sin reservas en otro país fuerte y joven, necesitado de brazos y mentes nuevas. Para ese mundo en el que todavía quedaba tierra por poblar nació el arte que es luz por encima de todo. América (es decir, *América, América,* la que nos contó en su película Elia Kazan) debe su mejor imagen al cine. Tuve la suerte de ser pequeña cuando íbamos a ver películas con la fe incólume del peregrino. Mucho más que evasión (y me proporcionó mucha), el cine me dio identidad, familia y pasado. Fue mi colegio y mi universidad, y mi memoria colectiva. Siguiendo el haz luminoso que brotaba de la linterna del acomodador, atravesaba las tinieblas y descubría, desplegado en la pantalla como un maravilloso regalo, un conocimiento que los libros por sí solos no podían ofrecerme, porque era el de los paisajes y los volúmenes, de las relaciones entre diferentes sujetos con el entorno en que se desempeñaban y de mi conexión con ellos. Era un conocimiento que entrañaba movilidad y simultaneidad, que mezclaba presente y pasado sensorialmente. Y que hacía crecer rascacielos, desfiladeros, desiertos, océanos e islas tropicales en un patio de butacas que olía a cáscaras de cacahuetes y al vaho animal que desprendían los cuerpos de los pobres. Allí supe qué eran huracanes, terremotos, volcanes enfurecidos soltando torrentes de lava, ataques de pielrojas, la Guerra de Secesión, el hundimiento del *Titanic*, las dos guerras mundiales, el Polo Norte y el Polo Sur, el Kilimanjaro, Ranchipur, el amor y el rencor, la buena tierra y el este del Edén.

Claro que, entre tanta información, se incluían muchos datos falsos pero, ahora que soy mayor, no puedo decir que de ninguno de los descalabros que he sufrido a lo largo de los años hayan tenido la culpa las mistificaciones del cine. Uno crece siempre por encima de las mentiras que le contaron y, si no lo hace, es que no merece crecer. Auténticos o no, los datos que proporciona el cine siempre sugieren preguntas para las que, tarde o temprano, buscamos las más ajustadas respuestas. Acumulamos sus mensajes, procesamos sus imágenes. Lo que encontré en tantas salas, durante tantas tardes de mi infancia y de mi adolescencia, guiada por la linterna del acomodador, fue algo más que una receta para olvidar el ámbito asfixiante en el que vivía: me proporcionó en qué pensar, me dio armas para reflexionar, me ayudó a soñar con la huida. Y un día me abrió el camino.

Eso ocurrió cuando el acomodador y el corrector de estilo se fundieron en una sola persona: Elisenda Nadal. Que, con los años, resultó ser mejor que un hada. Una amiga.

Mi relación con *Fotogramas* tiene que ver con mi buena suerte habitual. Fue una suerte que Blanquita, vecina del barrio y muy ligada a mi prima Mary, coleccionara la revista desde sus comienzos. Nada me gustaba más que obtener su permiso para examinar aquel prieto montón de ejemplares, aquella catedral de fábulas de la que emanaba el rotundo aroma del papel impreso, que asocié para siempre a lo de fuera, a lo distinto, a lo bohemio y atrevido. El tesoro de Blanquita me permitía prolongar el goce que experimentaba en las sesiones de barrio a las que asistía varias veces por semana acompañando a mi madre, a quien, mucho más que otros vínculos, me unió aquella submeca del cine por la que transitábamos al hablar de artistas y de sus lejanas vidas. Los recuerdos más conmovedores que tengo de mi madre corresponden a cuando la vi llorar durante la proyección de *Mujercitas*, versión de Mervyn LeRoy, por la muerte de la dócil Janet Leigh mientras seguía viva la respondona June Allyson, el personaje con quien yo me identificaba; y cuando lloró al regresar a casa después de ver *Mujeres*, de George Cukor, y encontrarse con que mi padre la había abandonado, ella que, en el fondo, creía ser tan señora como Norma Shearer. Nunca agradeceré lo bastante que fuera su irrefrenable pasión por *los artistas* lo que convocara a mi nacimiento, o aun antes, cuando estaba en su vientre, la linterna mágica del acomodador, del abridor de puertas y guardián de lo desconocido.

Repasando *Fotogramas* una y otra vez, poco a poco, señalando las palabras con el índice, pronunciándolas en voz alta, yo, que había aprendido a leer y escribir en casa con la ayuda de un pariente, aprendí a redactar. Tenía la revista, como siempre ha tenido, una manera de informar escueta y precisa, basada en los datos. Qué inmenso goce, aquellas incursiones en la disposición de sujetos, predicados, complementos y adjetivos, y hasta en el deslizamiento de eufemismos. Por ejemplo:

La escultural Ava Gardner se ha visto sorprendida recientemente en Tossa de Mar por la visita de su actual marido, Frank Sinatra. El conocido crooner *viajó inesperadamente a la bella localidad mediterránea, para comprobar sobre el terreno qué hay de cierto*

en el rumor de que el torero Mario Cabré, que comparte honores es-
telares con Ava en el film Pandora y el holandés errante, *se ha*
convertido en el acompañante más asiduo de la estrella.

Por todo ello, cuando Elisenda se asomó a mi reducido
despacho de *Garbo*, en el piso de la calle Tallers en el que también se encontraban las dependencias de *Fotogramas*, y me
propuso escribir para su revista, yo estaba lista para la aventura. Tenía el sello de la casa metabolizado por completo. Y con
la ayuda brusca e impaciente de Eli, que nunca ha estado para
mandangas y cuyo lema vital es *"Jo ja m'entenc"* ("Yo ya me
entiendo", lo que significa que tiene el resultado final en su
cabeza y no parará hasta conseguirlo), fui construyendo mi
propio estilo. Desde finales de los sesenta hasta bien entrados
los setenta, y sin que ella presuma de descubridora, de la cantera de *madame la Directrice* salieron nombres que serían importantes: Rosa Montero, Lola Salvador, Tomás Delclós, Sol
Alameda, Terenci Moix, Ángel Casas, José Luis Guarner, Vicente Molina Foix, Jaume Figueras, Luis Gasca, Enrique
Brassó, Juan Tebar, Enrique Vila-Matas, Cristina Fernández-
Cubas, Manuel Hidalgo... No es que Eli los creara, pero tuvo, sobre todo, el talento de valorarlos y potenciarlos. El régimen de explotación generalizada que existía en la prensa y la
necesidad del *despabila como puedas* hicieron el resto.

Metida en los archivos de *Fotogramas*, sigo ahora el rastro
que dejó el cine en mi pasado periodístico y me doy cuenta de
cuán imaginativa fue la revista, en aquella época en que la ima-
ginación no llegó al poder pero empapó a gran parte de la juventud con un deseo de protagonismo que hasta entonces no
se le había ocurrido plantearse. Eso fue el 68: no nos digáis lo
que tenemos que hacer, no sigáis afirmando que la historia sólo pasa por vosotros. No nos obliguéis a ponernos vuestros
vestidos caros y pomposos, o miserables y recatados; ni a amar
vuestra música, ni a aceptar a vuestros ídolos. Nosotros crea-
remos moda, música e ídolos, los compraremos y seremos
nuestros mejores clientes. Los jóvenes se convirtieron en una

fuerza transnacional porque abrieron un mercado que, como sus ideales de pacifismo, feminismo, sexo, drogas, *rock and roll,* libertad, igualdad y fraternidad, superó las fronteras. Desde entonces, ya nadie puede ignorarles como potenciales consumidores, y ésta fue su victoria más duradera, junto con los residuos morales que han permanecido hasta nuestros días, emanados de un conjunto de propuestas tan exuberantes que sin duda constituyen los pilares de las mejores conquistas de que hoy intentamos disfrutar, aunque sea sólo parcialmente: un pacifismo que ha desembocado en insumisión; el redescubrimiento romántico de la naturaleza, que se ha convertido hoy en ecología; y un feminismo que, a pesar de sus derrotas, ha hecho que nos parezca impensable el mundo de nuestras madres, en el que las mujeres eran empujadas desde la niñez a tirarse del pelo por un par de pantalones con cualquier macho dentro.

Si en España reprodujimos algo de aquel embate protagonizado por una generación, a ello contribuyó de forma relevante *Fotogramas,* con su intuitiva Elisenda olisqueando cuanta novedad se producía fuera de nuestros límites físicos y políticos y traduciéndola al país y a la especialización cinematográfica, en lucha con las restricciones de la censura y la economía, y de las trabas de una familia que se había vuelto conservadora en los negocios. Siempre dispuesta a pelear por defender aquello que luego le copiarían los mismos que la criticaban. No he visto nunca a nadie con más instinto para editar revistas. Tendría que haber nacido en Nueva York: hoy estaría dándole sopas con honda a *Vanity Fair.*

Lo primero que escribí para ella fue un artículo sobre las chicas Bond, alumbrado con ciertas pretensiones analíticas pero cuyo único objetivo era servir de soporte a las fotos de una actriz secundaria en biquini. Los biquinis y los escotes eran la batalla paralela que *Fotogramas* libraba junto con la constante denuncia de la censura cinematográfica, de la que el *Consultorio de Mr. Belvedere* constituía el editorial. Todavía sonrío al recordar a Elisenda, lupa en mano, midiendo centímetro a centímetro la sedosa piel de las bellas en oferta, haciéndonos desfilar a todos por la mesa de montaje, para someternos a la pregunta: "¿Tú crees que esta portada *cuela*?". Su perspicaz combinación de información y *glamour*, y su lenguaje desenfadado y cómplice con los lectores, hicieron de aquel *Fotogramas* un producto indispensable no ya para el cinéfilo sino para cualquiera que necesitara seguir sintiéndose vivo y moviendo los pies sobre (quiero decir por encima de: volar) la irrealidad cultural española del momento.

Fotógrafos como Colita, Xavier Miserachs, Oriol Maspons, Leopoldo Pomés, Ramón Massats, Montse Faixat, Pilar Aymerich y José María Castellví. Dibujantes y humoristas como Guillén, Romeu y El Perich. Pre-ecologistas como Carlo Frabetti (fue la primera revista no especializada que abrió sus páginas a culturas alternativas) e izquierdistas tan opuestos como Ricardo Muñoz Suay y Román Gubern. Todos animaban la polémica y, sobre todo, la muy animada existencia de *Fotogramas*. A mí, Elisenda, aparte de ayudarme a adquirir mi estilo ("Escribe como hablas", solía rugir cuando yo le daba la lata con mis inseguridades), me potenció el sentido del humor con el que seguramente nací pero al que no pude atender, atosigada como estuve, durante años, por el sentido de la trascendencia. Si ni siquiera, Terenci y yo, mientras fuimos Ramón y María Dolores, nos reíamos como lo hacemos ahora: ni de nosotros ni de lo que nos rodeaba. Estábamos demasiado aplastados por O'Neill e Ingmar Bergman; por Eisenstein y Antonioni; por Sartre y Françoise Sagan. Ramón fue el primero en salir del gueto del ceño fruncido, vía *peplums* y otras delicias del *kitsch* que tan magistralmente glosó, antes y ahora; por la valentía con que rompió la baraja y le dio al César (y a *Cleopatra*) lo que era suyo, sin dejar por eso de ser profundo y culto. Yo había pasado por la sardana dominical, el novio concienciado y aquellos imponentes fines de semana cinematográficos en el sur de Francia (me refiero a la prehistoria: las *perpiñanencas* excursiones por *El último tango en París* y *Emmanuelle* vendrían mucho después, y los cinéfagos de marca las despreciábamos), en los que te inyectabas tres de Kurosawa, dos de Eisenstein, cuatro de Mizoguchi y algún que otro filme experimental de un español exiliado en París y destinado a no pasar a ninguna enciclopedia del cine; y, de regreso a casa, alguien te musitaba que estaba circulando por Barcelona una copia en 16 milímetros del prohibidísimo *Octubre*, y que esa misma noche había un pase ineludible y peligroso en el domicilio de fulano de tal. Bendita sea la cultura, dirán ustedes, y les secundo: pero te desquicia si la tomas sin medida.

Fotogramas me salvó de aquella parte mía, lacónica y trascendental, que había cultivado durante la primera mitad de la década y que, todavía, taponaba mis ganas de juerga. Emergió a golpes, desmesurada y extrema como soy, la Maruja que, por dentro, siempre supo que *entendía* a Bergman (pecado máximo para la corrección políticamente *progre* del momento, como me recuerda a menudo Terenci) y *detestaba* a Godard; la que había sido *realmente* virgen con Doris Day, aunque prefería ser *realmente* golfa con Brigitte Bardot, por más que aparentara estar en la onda de la Vitti en *L'avventura* y rascara con las uñas los muros desconchados del extrarradio industrial de Barcelona para posar ante mí misma como la prueba viviente de la *angustia vital*, definición posexistencialista del aburrimiento que causó estragos entre mis contemporáneos.

Una vez más, la realidad se encargaba de mover el andamiaje. Y la realidad era que yo estaba en *Garbo*, por lo que mi trato acentuado, vía máquina de escribir, con personajes de alta cuna y de baja cama no podía sino estimular mi mordacidad. Sin duda esta experiencia con los preciosos ridículos, así como mi paso anterior por las tripas del agónico Movimiento Nacional, aguijonearon la necesidad de impertinencia que había en mí. Elisenda, siempre a la caza de nuevas secciones y a la pesca de nuevas posibilidades explotables en sus subordinados, encontró rápido acomodo para mi nueva faceta. Repasando ahora los archivos, me encuentro con mi acidez de entonces: un *Horroróscopo* tirando a borde, una sección de chismes y maldades (con dibujos de Romeu) titulada *En cien años todos calvos* y, ya más sofisticados, los *fumetti* que confeccionábamos con fotos de cine a cuyos personajes cambiábamos las cabezas, de las que surgían burbujas con diálogos intencionados. Eran parodias *de culto* del foto-romance italiano (todos adorábamos *El jeque blanco*, de Fellini) que luego se usaron mucho en la prensa de humor que nacería en los últimos años del franquismo; *Fotogramas*, como en tantas otras cosas, fue la pionera. Primero, con el *Film-Trola*, que ironizaba sobre la actualidad y sus personajes (la fauna folclórico/agradecida del régimen, preferentemente); y después, con la más cruel *El túnel del tiempo* que, utilizando la misma técnica, hurgaba en el pasado de nuestros respetables.

El humor, que estuvo presente a lo largo de la larga historia de *Fotogramas* (con las impagables contribuciones de gente como Jaume Picas y Luis G. de Blain), se convirtió en un arma cargada de presente a partir de los últimos sesenta, años en que la revista saltó al todo color y a un diseño moderno creado por *madame la Directrice*, de quien debo también decir que, a su talento para hacer que los demás escriban (ella jamás garabateó ni un pie de foto) une el no menos inapreciable don de convertir en maqueta las páginas que sólo ella ("Yo ya me entiendo") imagina. El humor, la frivolidad redentora. Mucho más adelante, en 1986, en el *Álbum de Plata* que la revista editó con motivo de su 40º aniversario, publiqué un texto-homenaje: "Éramos apasionados y virulentos pero, sobre todo, éramos devastadoramente frívolos. Queríamos saber, y queríamos reírnos, y queríamos hacer el amor, y también, maldita sea, verle las tetas a Carmen Sevilla, y ponernos a Rafael Gil por montera, y escupir en el tupé de *Jeromín*, y sentarnos en el tren de Fernán-Gómez para realizar el extraño viaje, teniendo sentados en el mismo compartimento a Mary Quant, los Beatles, Danny el Rojo y Wilhelm Reich". Mucha ambición para tan pocos estudios, pero la acompañaban una gran dosis de audacia y una amplia capacidad de improvisación.

En definitiva, cambié, cambiamos, la *angustia vital* por el *knack*, otra expresión importada, esta vez desde el agitado Londres de Richard Lester y los Beatles, que reflejaba nuestra optimista y arrasadora decisión de tener encanto.

Sumida en el servicio de documentación de la revista, aprecio la agilidad mental con que superábamos la ausencia de materia prima. Hoy, cualquiera de las publicaciones cinematográficas que ofrecen el mercado, incluida *Fotogramas* en su renovada versión mensual, y no digamos los programas de televisión, con su abundancia de *videoclips*, fenecerían de inanición si no les llegaran los informes que proporcionan las fábricas de películas cuando les conviene y como les conviene. Pero en aquella adorable e irrepetible aventura de adecuar una revista al país del deseo que unos cuantos nos balbuceábamos, había que manejarse con lo que teníamos. Es decir, libros, diarios y revistas adquiridos en el extranjero, conocimientos arañados en viajes al extranjero, premoniciones obtenidas en conversaciones con extranjeros. Películas vistas en el extranjero, o en territorio *extranjero* como el Instituto Italiano de Cultura o el Instituto Francés y la semana de Cine Francés que patrocinaba, o la semana del Cine en Color, de Barcelona, o el Festival de Cine de Sitges: respiraderos que había que inventarse para que algo de aire se colara a pesar del franquismo, del mismo modo que tuvo que nacer la Semana del Nuevo Cine Español de Molins de Rey para ver todo lo que rodaban nuestros jóvenes autores. Teníamos, además, los cines de arte y ensayo, en versión original, que se multiplicaron en la ciudad a partir de la radiante primera experiencia, la inauguración del Publi con el estreno de un Polanski, *Repulsion*, y de un Bofill, el (interminable) cortometraje *Circles* que, aunque entonces no me atreví a decirlo, era lo más parecido a una experiencia mística en camisón que habíamos visto desde una butaca.

Cuando empecé a colaborar con *Fotogramas* desde mi mesa de *Garbo* (lo cual irritaba a María Fernanda, porque suponía que gastaba *su* tiempo en *su* hija; cuando, en realidad, lo que hacía era dilatar *mi* tiempo para poder complacer a madre e hija), el panorama cinematográfico mundial del que nos nutríamos era el siguiente:

Julie Christie se colocaba en el número uno del escalafón, nueva estrella máxima tras el estreno de *Darling* y con *Doctor Zhivago* a punto de caramelo. Jane Fonda estaba embarazada de Roger Vadim y pronto popularizaría su imagen de musa de la oposición a la guerra de Vietnam arengando a las masas con el hijo resultante de su coyunda embutido en un portabebés que colgaba de sus hombros. Con el tiempo, las ideas de cambio de Fonda se redujeron a las de mantenimiento vía aerobic, pero el portabebés quedó incorporado para siempre al ajuar de las madres jóvenes. Ursula Andress disfrutaba de las mieles de haber sido la primera chica Bond, y más adelante sabríamos que su físico serviría de modelo para todas las esposas que lanzó al estrellato uno de sus ex novios, el tonto-pigmalión John Derek. Sofía Loren y Carlo Ponti se casaban no sé dónde por enésima vez, porque en aquella época el divorcio no existía en Italia pero sí películas que denunciaban la hipocresía reinante, como *Divorcio a la italiana*. Mia Farrow se cortaba el pelo y se casaba con Frank Sinatra, o viceversa. Sharon Tate estaba viva (la matanza a cargo de la *familia* Manson se produjo en 1969). Omar Sharif era el colmo de lo exótico. Liz y Richard intercambiaban diamantes del tamaño de botellas y botellas mucho más grandes que diamantes. Audrey Hepburn y Mel Ferrer (¡albricias!) estaban, por fin, atravesando una mala racha. Ava Gardner (para satisfacción de Jorge Fiestas, irremplazable cronista) reaparecía en *La noche de la iguana*. Décadas antes que Mickey Rourke, y mucho más aseado e interesante, Steve McQueen se mostraba como el verdadero *chico de la moto*. Roger Moore (entonces sólo conocido por ser Simon Templar, *El Santo)* nos visitaba y acababa la noche en un tablao flamenco, y Yul Brynner rodaba en Alicante *El retorno de los siete magníficos*. Había un vigoroso nuevo cine británico y un vigoroso nuevo cine francés, y un cine italiano en plena forma encarnado en el rostro urbano y angular de Monica Vitti. Y George Hamilton ya se distinguía por ser un caballeroso acompañante imposible: aparecía en público con Lynda, la hija del presidente Johnson de Estados Unidos.

¿Había también un vigoroso nuevo cine español? Efectivamente. Saura, Regueiro, Fons, Camus, Picazo, Summers, Diamante, Aguirre, Ungría, Patino, eran nombres de los que había ido dando cuenta un futuro director, Francisco Betriu, en sus fotogrameras crónicas dedicadas al Nuevo Cine Español. En 1966, además, se producían acontecimientos que darían inicio al fenómeno que pasaría a la posteridad bajo el nombre de Escuela de Barcelona: José María Nunes rodaba *Noches de vino tinto;* Jorge Grau, *Una historia de amor*; y Gonzalo Suárez, mi admirado *Martín Girard* de las notas deportivas de *El Noticiero Universal,* convertido en novelista de talento único, se iniciaba en el cine con *Ditirambo vela por nosotros*. Luego vendrían Jacinto Esteve, Joaquim Jordà, Pere Portabella, Carlos Duràn, Jaime Camino, Vicente Aranda, Antoni Ribas... El nuevo cine español se nutría de mujeres delgadas (Teresa Gimpera, Serena Vergano, Sonia Bruno, Emma Cohen, Elsa Baeza, Geraldine Chaplin), Antonio Gades era lo más parecido que teníamos a James Dean, y Massiel se inauguraba como cantante de protesta.

Y lo más importante. Aquel año en que escribí por primera vez para *Fotogramas,* murieron Buster Keaton y Montgomery Clift.

Paralelamente al hallazgo de una aplicación práctica a mi sentido del humor, mi actividad social se agilizaba. El entrañable pero algo sofocante itinerario por las poblaciones del sur de Francia en busca de buen cine y de libros prohibidos se ampliaba con la cercanía de uno de los fenómenos en que desembocó la ebullición cultural barcelonesa de aquellos años: aquel grupo de jóvenes de buena familia ilustrados y decididos a acabar como pudieran con el *tediofranquismo*, a quien algún envidioso definió como *gauche divine* sin que ellos, que eran "liberales sentimentalmente" (Manuel Vázquez Montalbán *dixit*[11]), se tomaran la molestia de quitarse la etiqueta. Yo aún vivía en el barrio chino cuando empecé a frecuentarles (aunque pronto daría el salto a un apartamento para mí sola), y regresaba a él de tapadillo, para dormir con mi madre en la misma habitación, al final de aquellas noches en que lo había visitado (una copa en el Pastis, un bailongo en el Jazz Colón, una sesión de travestidos cutres en el Copacabana, una cazalla en el quiosco del Arco del Teatro) como parte del programa que incluía la cena en los restaurantes Estevet (*la Mariona*) o Massana, y prolongadas juergas en Boccaccio.

No tenía ni idea de dónde procedían, desconocía las interrelaciones establecidas entre ellos, sus dimes y sus diretes[12]. No era de su mundo. Pero pegada a ellos, a horas nocturnas, practicaba una de las muchas dobles vidas que tanto me han enseñado. Ellos me aceptaban: era la periodista de *Fotogramas*, su revista emblemática y, además, les resultaba bastante divertida. Porque yo, a falta de otros dones, me convertí en una profesional del ingenio: hacía lo que podía para gustarles.

---

11. "Informe subnormal sobre un fantasma cultural" de Manuel Vázquez Moltalbán, en la revista *Triunfo*, del 30 de enero de 1971. Recuperable en Internet: http://www.vespito.net/mvm/gauche.html.
12. Los interesados hallarán buena información sobre la *gauche divine* y la Escuela de Barcelona en *Viaje de ida*, de Román Gubern, así como en *La Escuela de Barcelona: el libro de la* gauche divine, de Esteve Rimbau y Mirito Torreiro, ambos editados por Anagrama.

Conservo una estimación enorme hacia personas como Jorge Herralde, Román Gubern, Beatriz de Moura y Joan Pros, y un recuerdo lleno de ternura por los que murieron prematuramente. Por el explosivo Jacinto Esteva y, sobre todo, por quienes me eran más cercanos: el siempre irónico y enormemente tierno Octavi Pellissa, el adorable Carlos Duràn, y la gran amiga Marina Curià, una mujer que tendría que haber vivido cien años. Pienso que, por otra parte, para los que mejor me entendían, yo representaba algo que a los catalanes sin complejos les ha resultado siempre conmovedor: el denodado esfuerzo por integrarse de una charnega auténtica. Ahora que ha transcurrido el tiempo y he regresado a vivir a Barcelona, y se ha empezado a consumar el reencuentro con la escenografía y los personajes de mi juventud, noto que no hay fisuras entre nosotros. Por la sencilla razón de que quien ahora ya no tiene complejos soy yo.

Tardé años en interiorizar que era periodista y, aún más importante, en saber que *necesitaba* desesperadamente serlo. No ocurriría hasta principios de los ochenta. Por eso, cuando miro atrás, me pregunto qué demonios pensaba que era mientras escribía, para un mismo número de *Fotogramas*, hasta tres o cuatro encargos, entre artículos y entrevistas, firmando con nombre completo o iniciales, camuflada por mi segundo apellido (M. Manzanera) o por un seudónimo. Eso, sin contar los pies de foto, los titulares, los pequeños textos de apoyo. Ni las diez horas diarias que dedicaba a *Garbo*, a lo que quedaba de los Kennedy y a las casas reales europeas. Siempre constituye un misterio, cuando se alcanza la madurez, averiguar las fuentes del derroche de energía que realizamos en nuestra juventud. Para mí, que había languidecido amontonando albaranes en los almacenes Capitolio, la acción era el disfrute. Y hasta que la acción dejó de ser agitación para convertirse en movimiento (eso vendría más tarde aun que la consciencia, a partir de mi desembarco en Madrid), el trabajo puro y simple sirvió para que me desbravara.

En 1967 le hice la primera entrevista que publicó *Fotogramas* a un cantautor llamado Joan Manuel Serrat. "La canción tiene un nuevo ídolo", titulábamos, a raíz de sus dos primeros recitales como única figura en el emblemático Palau de la Musica. Serrat es de mi añada, el 43. Eso quiere decir que, cuando se publicó aquello, ambos teníamos poco más de *vint anys*. Se notaba. No me resisto a transcribir una pregunta mía y una respuesta suya que nos refleja:

—*¿Qué opina de los* ye-yé?

—*Hoy se llama* ye-yé *a todo el mundo. Sin embargo, hay que distinguir entre los que visten como tales pero no piensan, y los que lo son con todas sus consecuencias. A estos últimos los admiro, porque estoy convencido de que son tan capaces de escuchar 'beat' como Bach...*

Ahí queda eso.

Tengo dos fotos con él, separadas por casi treinta años. Puedo afirmar, sin ningún género de dudas, que con el tiempo ambos hemos mejorado notablemente, incluso en lo físico. Claro que yo estaba especialmente rolliza (pasando por una de mis épocas de compensación oral), pero lo peor era la moda de entonces, el exceso de maquillaje y de pelos. Por suerte, es un plano corto. No quiero ni pensar cómo debíamos lucir de cintura para abajo. Lo único elegante de aquella época fue que, en plena vigencia del moño cardado, cuando estábamos a punto de alargarnos las patillas y dejarnos crecer los pantalones de cintura para arriba y las perneras de elefante, irrumpió entre nosotros brevemente la moda *retro*, impuesta como un paréntesis estético por el éxito de la película de Arthur Penn *Bonnie & Clyde*, el gran éxito comercial de 1968 que, además, lanzó como *star* a Faye Dunaway, bella neurótica que, de tanto pasar por el quirófano, ha ido convirtiendo su apariencia en la de una figurante de *El último emperador.*

A París me fui, precisamente, en abril ¡del 68!, con mi novio Quim Llenas y un amigo cineasta, Llorenç Soler, a la sazón Lorenzo Soler de los Mártires. Partimos en el *seiscientos* de este último, cargados hasta el techo con latas de conserva y con el dinero justo para pagar las *baguettes*, el alojamiento en un hotelucho en la calle Saint-André-des-Arts y entradas, muchas entradas de cine. Vi *Bonnie & Clyde* en una sala del Boul'Mich, flotando de satisfacción porque a saber cuándo la estrenarían en España, y en qué condiciones. Vi películas contra la guerra de Vietnam, vi a la exiliada Melina Mercuri cantar en la Mutualité contra la dictadura militar instalada en su Grecia natal, entre un auditorio (*Mercuri, Mercurà!*, la jaleábamos), en el que nos apiñábamos griegos, portugueses y españoles, los parias de Europa, llorando a lágrima viva con la vibrante Melina: *Ou que me porte mon voyage, la Grece me blesse*. Vi a los comunistas manifestarse ordenadamente en las calles, portando banderas rojas con la hoz y el martillo, fascinada porque la fuerza pública no cargaba contra ellos. Por ver, hasta vi a los primeros estudiantes que arrojaron adoquines contra los cuerpos represivos, aunque por un despiste periodístico e histórico imperdonable consideré que aquello era únicamente una demostración de democracia, cuando en realidad estaba presenciando el inicio de lo que no tardó en llamarse Mayo francés o Revolución del 68.

No disponía de entreno para tanto sobresalto. Salvo cuando, recién muerto Franco, me hice temporalmente del PSUC (los comunistas catalanes) para estar en una buena causa y cerca de Montserrat Roig y Vázquez Montalbán; salvo entonces, yo no he sido militante más que del cine en versión original (en mi juventud, algunos malévolos cariñosos me llamaban *la musa del arte y ensayo:* no faltaba a ningún estreno) y, antes, de la *nova cançó*, lo cual resultaba bastante estimulante, teniendo en cuenta que casi la totalidad de los recitales que daban sus miembros se ofrecían en recintos eclesiales progresistas, fábricas, foros universitarios acechados por policías a caballo, o en las más mundanas pero muy contestatarias sesiones del Palau de la Música. A falta de una promoción a la que pertenecer, de Universidad y de maestros, por fin me sentía *filoalgo* sentada entre el público que escuchaba a Raimon (cuya irrupción vibrante me había impresionado tanto cuando todavía era secretaria en la casa de carretillas elevadoras, que le mandé varias cartas: me contestó en dos ocasiones; por desgracia, no las conservo; soy un desastre, no guardo nada; tenía una letra, menuda y enérgica, como él), a Pi de la Serra, a Guillermina Motta, a Remeï Margarit, Josep Maria Espinàs y otros pioneros. La doctrina del grupo consistía en un catalanismo que reclamaba muy atinadamente sus derechos, indivisibles de los derechos a la libertad y a la justicia social que queríamos para todos. Las semillas del país pacato y de la *ahorrocracia* que nos traería Jordi Pujol apenas destacaban en el ensamblaje de pensamiento de izquierdas que nos imbuía entonces, un pensamiento solidario con otros pueblos, sobre todo con los que cantaba Daniel Viglietti: *América Latina está despertando, es la revolución, que se va acercando.* Menuda vista, la suya; y la nuestra.

Mi aprendizaje político se desarrolló tan a salto de mata como mi aprendizaje periodístico. Por ejemplo, en mis ansias de ser *filo*, mientras me deslomaba y llenaba la nevera del apartamento que compartía con mi novio Llenas, que había dejado sus estudios de ingeniería por los de Periodismo, yo era *filo-estudiantes-democráticos-de-Periodismo*, vago grupúsculo al que nadie me propuso pertenecer, sospecho que debido a que *a)* pertenecía a la prensa frívola y *b)* a nadie le importaba mi contribución, salvo cuando se reunían en mi casa y saqueaban la nevera, que se mantenía razonablemente llena gracias a mi insignificante trabajo.

Mientras los estudiantes del Mayo francés ponían morados a los antidisturbios a adoquinazos, nosotros leíamos entre

117

líneas el significado de lo que estaba empezando a ocurrir en el país vecino. Existían, como ya he dicho, los *enanos infiltrados*, como pronto los calificaría el régimen, igual que inventaría el apelativo de *prensa canallesca* para referirse a quienes se la jugaban yendo siempre un poco más allá; o a quienes, simplemente, eran buenos profesionales que trataban de hacer buen periodismo. De aquella época recuerdo las crónicas, desde París, de Pol Girbal, corresponsal de *El Correo Catalán*. La antigua Redacción de este periódico fue "escuela de periodismo" para muchos que serían maestros. Lo sostiene uno de ellos, Francisco González Ledesma, y lo reafirma otro, Josep María Huertas[13]. El gran maestro, Manuel Ibáñez Escofet, que más adelante conduciría el *Tele/eXprés* de sus mejores momentos, oficiaba en *El Correo Catalán* en calidad de redactor jefe. José Martí Gómez también salió de aquella mina, que tenía su prolongación en el semanario *Destino*, editado en Barcelona por Josep Vergés y complementario, para el *progretariado* del momento, de *Triunfo* y *Cuadernos para el diálogo*, que se editaban en Madrid.

Todo aquello constituía parte de mi alimento moral y periodístico, pero mi reino no era de su mundo, sino de *Fotogramas*. Con la farándula. Lo primero que me viene a la mente como referente español de 1968 es el triunfo de Massiel en el festival de Eurovisión que se celebró en Londres, cantando el *La, la, la* (después del escándalo montado por Joan Manuel Serrat, el cantautor catalán de más éxito, elegido para representar a España, al decidir a última hora que sólo participaría en el certamen si le dejaban interpretar la canción en catalán; las autoridades televisivas dijeron que no; y Serrat se salvó de participar en el bodrio). El otro recuerdo que tengo de aquel año también es melódico y festivalero: un tal Julio Iglesias ganó en Benidorm con *La vida si-*

---

13. *Cada taula, un Vietnam* de Josep M. Huertas, edicions de la Magrana.

gue igual, título que era en sí mismo un implícito homenaje a la pervivencia del franquismo y al regreso de sus nietos, encarnados en el centrado Aznar.

Lo que siento por Julio Iglesias, que en 1984 reflejé en mi primer libro[14], arranca de aquella época, y no estaba sola. Ángel Casas, como comentarista musical de *Fotogramas*, y el resto de la Redacción, le teníamos en bien poco pese a su creciente éxito internacional (por entonces, en Montecarlo y Japón). Tal vez inspirado por el Altísimo, Iglesias quiso reconciliarse con nosotros y, a través de Jesús Mariñas, organizó una cena mística en el desaparecido restaurante barcelonés *El Canari de La Garriga*, al lado del Ritz, oficiando junto a él Isabel Preysler y el cura que los casó y que había bautizado a la recién llegada Chábeli (¿cómo imaginar entonces, ni harta de crema catalana, que, aunque sólo por un breve periodo, la Escuela de Barcelona y la estirpe Iglesias se fundirían un día mediante el casorio de la hija del ídolo mundial y el hijo de Ricardo Bofill?). Fue peor el remedio que la enfermedad, porque salí de allí con mi aborrecimiento reforzado y, creo, un rictus de maldad en el semblante.

Ni yo ni las personas con quienes tenía trato queríamos que la vida siguiera igual.

En aquellos días en que todo parecía posible (excepto que desapareciera Franco), llegó a la Redacción la más improbable de las noticias: Sara Montiel iba a hacer una película con la Escuela de Barcelona, producida por ella misma. El filme en cuestión era *Tuset Street*, tomando el título del nombre de la calle que el promotor de Boccaccio y del restaurante Via Veneto, Oriol Regàs, reinventó como réplica barcelonesa de la emblemática y londinense Carnaby St. Para dirigirlo, la

---

14. *¡Oh, es él!*, ediciones Anagrama, 1984; colección Contraseñas y Plaza & Janés, Ave Fénix, 1998.

Montiel eligió a Jorge Grau ("Me habían dicho que es un chico que promete mucho", confesaría, cuando la entrevisté), un joven encantador que tenía en su haber películas ininteligibles como *Acteón* e incluso inteligibles, como *El espontáneo* y *Una historia de amor*, pero que en absoluto podía encararse con las exigencias de la diva oficial del cine español. Los autores de la Escuela de Barcelona tenían el ego muy alto y, además, estaban habituados a tratar con las bellas e inexpertas modelos y debutantes que nutrían los repartos de la Escuela: mujeres delgadas, preciosas, etéreas llamadas Romy, Serena Vergano, Teresa Gimpera, Emma Cohen. Como mucho, el estilizado cine mediterráneo podía tolerar la importación desde el interior de damas también ricas en huesos, como María Cuadra, Yelena Samarina o Terele Pávez, pero difícilmente se adaptaría a la Montiel. Y Grau no poseía la flexibilidad y el sentido del humor que, poco después, demostraría Mario Camus al dirigir a Sara en *Esa mujer*.

En aquel tiempo, Sarita todavía no presumía en público de su amistad con los poetas republicanos exiliados en México, ni de haber ligado con James Dean, pero ya sabía todo lo que hay que saber sobre iluminación, estaba segura de que como mejor daba era fotografiada en *tres cuartos*, y contaba en su pasado con un par de fallecidos por infarto: su marido, Anthony Mann, junto al cual había aprendido trucos de fotogenia, y el realizador de origen húngaro Ladislao Vadja, fulminado de un soponcio durante la filmación de *La dama de Beirut*. Sara era quien mandaba, y desde el principio temió que Grau pretendiera ridiculizarla. Un día, en pleno rodaje, se plantó.

En el ambiente cinematográfico barcelonés nos comportamos como esnobs, poniéndonos al lado del *autor*, que fue despedido, y en contra de la *star*, que entregó la película a Luis Marquina, para que hiciera lo que pudiera. Me tocó entrevistar a Grau y a Sara, así como al coprotagonista, Patrick Bauchau, entonces sólo conocido por estar casado con Mijanou Bardot, la hermana de Brigitte. La Montiel se mostró antipática; pasaba una mala época y creo que se sentía acosada, con bastante razón. Me recibió alardeando de indiferencia y respondió con torpeza. Le hice una entrevista inmisericorde, porque no hay falta de piedad mayor en este género que reproducir con exactitud las palabras de alguien que se siente desorientado. Pero quedó una entrevista muy divertida. Con el paso del tiempo, aún más hilarante (a pesar de sus creadores) resulta la película misma, *Tuset Street*, que tanta polémica desató en su momento. Intentaré resumirlo con tres párrafos pertenecientes a los escritos que publiqué entonces.

Jorge Grau: *"La discusión estalló cuando iba a filmarse un plano de Sara bailando sobre un podium. Puse la cámara y el objetivo en la posición que consideraba adecuada, y ella dijo que con aquel objetivo y aquella posición de cámara iba a quedar mal, y que no quería rodar. 'Si alguien tiene que decir si queda bien o no, soy yo', respondí. Y añadí que haríamos un ensayo. Lo hicimos, y comprobé que mis órdenes eran acertadas. Entonces me dijo: 'Pues a mí tú no me retratas así. Tú no puedes hundir a Sara Montiel'"*.

Sara Montiel: *"¡Me importa poco lo que él diga! Ese señor puede decir lo que le parezca. A mí me importa muy poco que la gente diga que es Napoleón. ¡Yo soy Antonia Abad, modesta persona, y Sara Montiel, modesta actriz!"*.

Era una película imposible. A finales de los sesenta, el argumento, contado por el protagonista masculino, Patrick Bauchau, era el siguiente:

"Yo soy un joven catalán de buena posición, cuya vida se centra en la calle de Tuset y que se enamora de una tonadillera de El Molino. En realidad, mi personaje representa los valores modernos, que se sienten atraídos por los valores tradicionales, representados por Sara. El final de la película, con una doble borrachera de los protagonistas, cada uno por su lado, es significativo: ella bebe champaña, mientras él se emborracha con whisky".

Y todo ello con la cámara situada en el suelo mientras ella bailaba en un podio. Tenía razón Sara. La querían hundir.

Casi once años después, en 1979, Sara Montiel me miró con humor condescendiente y, señalando con el índice una de sus orejas, medio cubierta por el engarce de brillantes que rodeaba una enorme esmeralda, me dijo: "Nena, con lo que vale uno de estos pendientes, tú podrías vivir más de un año". Tragué saliva y consideré la posibilidad de arrancarle el dedo de un mordisco, junto con el voluminoso anillo que lo ornaba, y echar a correr con el miembro de la estrella entre los dientes, camino de una isla de los Mares del Sur, en donde, administrándome bien, habría podido vivir no un año, sino el resto de mis días, dejándome hamacar por un par de nativos en tanga. Debí haberlo hecho: se avecinaban tiempos duros, aunque yo no lo sabía.

No podía morderla. Me encontraba en un lujoso hotel de Palma de Mallorca, y tenía una misión, consistente en custodiar al ganador del concurso *"Fotogramas* le invita a la boda de Sara Montiel (con bautizo de la Thais incluido)", un simpático caballero gerundense llamado Pere García Vidal. El texto del anuncio publicado en la revista le había prometido "ir invitado por *Fotogramas* a la boda más boda y al bautizo más bautizo de todos los tiempos" y "presenciar semejante acontecimiento no solo y abandonado cual huérfano en un portal… ¡sino con Maruja Torres y Pilar Aymerich, nuestra redactora y fotógrafa, que no se perderán ripio!".

Y allí estábamos. Creo que nunca me he reído tanto. Pilar, que ya era amiga mía desde diez años atrás, me salvó de morir ahogada agarrándome por los pelos, cuando ambas estábamos retozando en la piscina del hotel y me hundí mientras comentábamos las incidencias del viaje: nunca he sabido reír y nadar a la vez. La boda, divertida y disparatada como todo lo que toca la Montiel, fue el inicio de una serie de actos públicos que, hasta su muerte, Pepe Tous organizó para alimentar la necesidad de estrellato de su esposa y rendirle homenaje. Mucho más tarde, estando en *El País*, asistí a un par de cumpleaños de Sara que obedecían a dicho propósito. Hubo uno que también estuvo marcado por la afición de la actriz a las alhajas. Fue en Nueva York, y le iban a hacer unas fotos ante el escaparate del mítico Tiffany's. Salimos del hotel Plaza y caminamos hasta la esquina en donde Audrey Hepburn se detiene para soñar, en *Desayuno con diamantes*. Sara apretaba entre sus brazos un maletín con sus joyas, no quería dejarlo en el hotel. Cuando llegó el momento de las fotos, me lo dio para que se lo aguantara. No he sudado más, en la Quinta Avenida y en pleno invierno, que durante el rato que pasé abrazando el estuche de la, por fin, entrañable Antonia Abad. Seguramente, *mi* esmeralda estaba dentro.

Lo que yo ignoraba es que la boda de Sara iba a ser uno de los últimos reportajes en la onda *Maruja estuvo allí y lo cuenta todo* que constituían parte de los signos de identidad de la casa. Durante más de una década, desde la calle Tallers primero, y luego desde el piso de la Rambla, situado frente al teatro Poliorama, *Fotogramas* me despachó a y recogió de (yo me sentía como ligada por la cintura, con una cuerda elástica, a la Redacción: eso me proporcionaba seguridad) lugares cercanos (no había dinero para más) en donde desplegaba el entusiasmo de una enviada especial a escala planetaria.

Pasé fines de semana completos con estrellas como la Rocío Dúrcal de su plenitud (una dama), y la Rocío Jurado de sus comienzos. Con la segunda estuve en Mallorca y en su casa de Chipiona, y aquí, tuve que dormir con ella, en su cama, mientras que el fotógrafo, que solía dormir conmigo (o estaba a punto de hacerlo), había de conformarse con compartir el lecho con Amador, el hermano. Debo decir que un ataque de sonambulismo asaz gesticulante de la Jurado (parece que fue cosa de los nervios, por lo de ascender al estrellato) me hizo abandonar el dormitorio, llamando a voces a su madre, que en paz descanse.

Este capítulo del acercamiento a las neofolclóricas, junto con las entrevistas que hice a las reinas del destape de los setenta, fue el más frívolo de aquellos años, y también el más regocijante, porque solían ser personas fáciles de crucificar, y yo era entonces novata e implacable. Por mis afilados colmillos pasaron Agatha Lys, que iba de Monroe española y me recibió cubierta tan sólo por una malla dorada, de cuello a tobillos, y con el pubis teñido a juego con el pelo oxigenado; Bárbara Rey, entonces la diva televisiva por antonomasia (y por sus influencias en las altas esferas, se decía), que hizo que su asistenta me preparara una paella valenciana a la olla a presión que habría desanimado a Pepe Calvalho; la exótica Nadiuska, que acabó haciendo de madre de Jorge Sanz y de Arnold Schwarzenegger, a la vez, en *Conan el bárbaro*, y entregándose a Dios en los ochenta sin que ello mejorara su pronunciación en castellano; y María José Cantudo, que ya entonces era como es y hablaba de sí misma reverencialmente, en tercera persona.

Lo que a mí me gustaba más de mi labor en *Fotogramas*, porque hacía que me sintiera como la peregrina que había ido al cine siendo niña, era cubrir festivales y escribir diarios de rodaje. No faltaba a ninguno de los primeros, pero que nadie se ilusione: se desarrollaban en Barcelona, Molins de Rey o Sitges, y consistían más que nada en muestras del cine que no podríamos ver comercialmente, en proyecciones consentidas por la censura porque estaban al alcance de un público minoritario, y a las que asistía como quien va a misa, en mi calidad de cinéfila: si, además, escribía sobre ello, mejor que mejor. Lo más lejos que nos podía mandar la empresa era al festival de San Sebastián, porque la organización corría con los gastos y, además, te daban vales para comer.

Era éste, el de Donostia, un evento extraordinario, y siempre políticamente excitante. Allí nos encontrábamos los colegas de toda España, dispuestos muchos de nosotros a solidarizarnos con las víctimas de turno. Las había, y muy serias:

patriotas vascos asesinados por la represión en tiempos difíciles, detenciones, torturas. Íbamos a los funerales en la catedral, y también corríamos cuando atacaban los *grises*. Firmábamos manifiestos, hacíamos plantes y apoyábamos la tradicional retirada de su película a concurso que el productor Querejeta montaba regularmente, en señal de protesta por un motivo u otro. Y ocurrió que, muerto el dictador, en el primer festival de la transición, Diego Galán y yo nos quejamos a los nuevos directivos porque algunas películas se pasaban desenfocadas, y porque las sesiones que se celebraban en los barrios no incluían los filmes más importantes. La respuesta fue premonitoria de por dónde iba a ir la cosa: los españoles no tenéis derecho a protestar, aquí no sois más que extranjeros, vinieron a decirnos. Fue una suerte que la ceguera nacionalista no impidiera la decisión, que se produjo años más tarde, de entregar la dirección del certamen a Diego, que le devolvió el fulgor cosmopolita de sus mejores años, otorgándole un nivel de calidad y un prestigio artístico del que antes careció.

A Diego Galán le conocí a caballo entre el festival de San Sebastián y el de Cannes, a donde él acudía en su calidad de co-crítico (con Fernando Lara, futuro y también espléndido director del Festival de Cine de Valladolid) de la revista *Triunfo*. Si a Donostia podíamos acudir con relativo desahogo económico, a Cannes íbamos, al menos la gente que yo conocía, en calidad de pluriempleados, compartiendo habitaciones entre varios, en pensiones de última. En cierta ocasión éramos cuatro: Teresa Mialet y Eduard Casals, colegas pero no pareja; y Quim Llenas y yo, que ya no éramos pareja, pero nos habíamos convertido en colegas. Allí, cada cual tenía que mandar a diario crónicas para diversos medios y a cualquier hora, por lo que resultaba imposible dormir. Siempre había alguien dictando por teléfono. Y, cuando todos coincidíamos en un descanso reparador, el bramido de un tren nos impedía conciliar el sueño: la pensión era la más barata porque se hallaba junto a la estación.

Buena parte de mis amistades más preciosas parten de aquella época. Jaume Figueras, con quien puedo hablar de gente de cine como si se tratara de parientes: solemos llamarnos a altas horas para comentar la película que estamos viendo simultáneamente por televisión, o para preguntarnos qué fue de éste o de aquélla: "¿Es verdad que fulanita ha muerto?", le interrogo, a veces. "Debió de ser mientras estaba en tal o cual rincón del mundo, ni me enteré". Diego Galán y yo, al principio, no sólo coincidíamos en los festivales: coincidíamos en sufrir por un amor u otro cada vez que coincidíamos en los festivales. Ahora seguimos coincidiendo: en reírnos juntos prácticamente de todo. De Elisenda ya he hablado. Otros amigos de aquella época se han ido para siempre, y en ocasiones su evocación se hace tan dolorosa que no la puedo compartir. Pablo y Hermitas: volveremos a encontrarnos. En el cine de nuestro sueño eterno.

Próxima parada, el ascensor

Las crisis nunca se presentan de golpe. Se larvan. Por eso, cuando en septiembre de 1981 llegué a Madrid para empezar de nuevo, aun cuando iba en la dirección adecuada, no estaba más que escribiendo una nueva línea en el capítulo de la desorientación personal que se inició para mí a principios de los setenta. La efervescencia de los años precedentes no había removido la charca que era todavía España a finales del franquismo. La adornamos con nenúfares, pero pasado el deslumbramiento seguía oliendo a podrido. Por otra parte, mi relación con Quim Llenas tocaba a su fin. Seguíamos juntos por fidelidad a los antiguos sentimientos, pero cada cual preservaba su intimidad del otro, y aparte de un techo en común y algunos textos míos con fotos suyas, poco más nos unía.

Era la primera vez que se me desgastaba un amor por el uso, y el descubrimiento me heló el corazón, porque faltaba mucho para que alcanzara la madurez que nos hace apreciar las pequeñas cosas que nos consuelan de la traición de las certezas. De forma simultánea, en lo profesional me sentía en la mitad de un túnel. La viajera que hay en mí enviaba señales, pero sus mensajes no eran claros. Aunque lo hubieran sido, ¿qué podía hacer? Estaba encasillada, enlatada, etiquetada, y no sabía cómo salir del frasco.

Aquella primavera de 1973 fui al festival de Cannes sin ganas, acompañada por Quim y la acostumbrada perspectiva de pluriempleo. Coincidí con mi amiga Guillermina Motta, que estaba con el grupo de Jaime Chávarri. Una noche, paseando las dos por La Croissette, nos cruzamos con un grupo de hombres. Las terrazas de los bares hervían con la cháchara de la gente de cine, los hoteles llenos de estrellas resplandecían a la orilla del mar. Habíamos visto ese mismo día la película *La grande bouffe*, que por escatológica y desesperada se convertiría en la más escandalosa del año, y nos había gustado. Los hombres con quienes nos cruzamos eran su director, Marco Ferreri, y sus cuatro protagonistas masculinos, Marcello Mastroianni, Ugo Tognazzi, Michel Piccoli y Philippe Noiret. Puede que algo achispadas, o simplemente alegres por respirar en el extranjero, les saludamos en catalán: *"Visca Catalunya lliure…!"*. Para nuestra sorpresa, Ferreri, sonriente, completó la frase: "… i socialista!". Había vivido en España, en donde rodó dos obras maestras (*El pisito* y *El cochecito*) con guión de Rafael Azcona, y sabía qué queríamos decir. Puede que Azcona fuera también con el grupo, pero no me fijé.

A la mañana siguiente le hice una entrevista a Ferreri en la terraza del Carlton. Me pidió mi número de teléfono. Le di el de la casa de mi madre, no sé por qué. Finalizó el festival y regresé a la rutina, y semanas después, durante un almuerzo en el domicilio materno, me llamó. "Estoy en París, preparando una película. ¿Por qué no te vienes?". Yo no podía dejar mi trabajo en *Fotogramas* de un día para otro, pero le dije que lo arreglaría para ir durante mis vacaciones, en agosto. No le hizo mucha gracia, porque para entonces ya estaría demasiado ocupado para atenderme, pero a mí eso no me importaba. Asistiría al nuevo rodaje del director del año, con los mismos actores y el añadido, nada desdeñable, de Catherine Deneuve, y haría un reportaje y quién sabe cuántas entrevistas. Era un balón de oxígeno.

Salí a la calle y me compré el primer sombrero que he tenido. Era una pamela barata, pero desde entonces, no puedo calarme un gorro sin acordarme de Marco Ferreri, que era un hombre muy especial, un moralista disoluto y corrosivo.

El filme se llamaba *No toquéis a la mujer blanca* y era una parodia del general Custer y su Séptimo de Caballería. Mastroianni encarnaba a Custer, Deneuve era su novia; Ugo Tognazzi hacía de guía indio y Michel Piccoli, de Buffalo Bill. Se rodaba en la explanada donde se había erigido el mercado central de París, Les Halles, del que sólo quedaba uno de los bastimentos, cuya demolición saldría en la película. Se filmaba entre excavadoras, en medio de una nube de polvo que nunca desaparecía. La mitad del equipo, incluida yo, sufrimos infecciones de garganta. Cuando caí enferma, a mi habitación del hotel del Boulevard Saint-Michel llegaron flores de la productora y de Ferreri, pero a quien más recuerdo es a Azcona, que vino a verme y me obsequió con un ejemplar de la *Histoire de l'oeil*, de Georges Bataille. ¿Qué otra cosa se le puede regalar a una chica que no puede abrir la boca ni salir de la cama?

Mientras acumulaba notas, echaba una mano donde podía. Era una manera de que mi presencia no se les hiciera pesada. En un rodaje no hay que estorbar. Ayudaba a Lina, la sastra, casada con uno de los hermanos Taviani (nunca supe con cuál) a llevar la ropa de un lado para otro. Hice de extra, de india, pero la secuencia se rodó de noche y sólo se ve el resplandor de mi antorcha en lo hondo de un foso. La gente era simpática conmigo. Noiret tenía un perro de largas orejas y párpados tristes que se parecía a él. Todos eran encantadores. El que más, Tognazzi, que tenía una escena de desnudo y la preparaba paseándose en cueros, ufano, entre las mujeres:

—*Marucca, hai visto mai un cazzo come il mio?*

—Francamente, sí.

Siempre estaba de buen humor, el gran Ugo. Volví a verle en Barcelona, por la presentación de una película. Luego murió, y con los años se le unieron Marco y Marcello. Espero que se lo estén pasando en grande.

Catherine Deneuve era la más estirada. Siempre llevaba una bolsa de Yves Saint-Laurent, como si viniera de compras, y siempre tenía a Mastroianni cerca, convertido en su sombra. "Marcello esto, Marcello lo otro". Se comentaba que le usaba para que planteara sus quejas (por el maquillaje, por el peinado, por la ropa) a Ferreri que, socarrón, reía por lo bajo. Le tenía bien agarrado por los huevos, la Deneuve, a Mastroianni. En cierta ocasión vino al rodaje Faye Dunaway, que había sido el gran amor malogrado de Marcello. La vi, esperándole entre el desbarajuste, entre máquinas, bajo el polvo, en la explanada de Les Halles. Temblaba, y se retocó los labios un par de veces. Marcello no acudió a saludarla. A *madame* Deneuve no le gustaba la idea. En otro momento tuve que ayudar a Lina a vestir a la actriz francesa. El traje, de época, era bastante complicado. Se lo pasamos por la cabeza, Lina a un lado y yo a otro, y al ajustárselo toqué sus pechos. Eran los más duros, estupendos y abundantes que he tenido cerca, libres de cirugía. Con tales tetas y ese carácter, no me extraña que le haya ido muy bien.

Agosto terminó y yo regresé a Barcelona y a las preguntas aplazadas. Me hice *free lance*, pero sin abandonar el terreno del espectáculo, en el que me sentía más segura. Estaba demasiado encasillada. París había sido una especie de sueño, del que yo aún permanecía colgada. En septiembre fui a Madrid, para cubrir el rodaje de *Tamaño natural*. Puedo decir que, el día en que murió Salvador Allende, Luis G. Berlanga, Michel Piccoli y yo nos desanimamos juntos.

Y entonces, de forma inesperada, mi crisis en ciernes recibió una nueva moratoria.

Entre los muchos lugares en donde escribía se encontraba *El Papus*, revista de humor recién fundada por Oscar y el llorado Ivà. Les hacía semanalmente un texto que a mí sigue pareciéndome que tenía muy poca gracia (buena estaba yo, para ponerme graciosa), pero, sobre todo, participaba en sus *fotorromances*, y ahí sí que me divertía, dejándome fotografiar, por ejemplo, vestida de ama de cría, dándole el biberón a Oscar, o haciendo de *marujón* con rulos con cualquier otro humorista. Lo que más me gustaba era ir de copas con Oscar e Ivà. Eran una pareja salvaje.

Poco tiempo después tuve un encuentro en el ascensor de la calle Tallers. El mismísimo Manuel Vázquez Montalbán se situó a mi lado y oprimió el botón del piso de *Tele/eXprés*. "Ejem", dijo, y retrocedió hasta pegar su cuerpo a la pared. Yo había oído hablar de su característica timidez, y no tenía idea de cómo corresponder a alguien cuyas crónicas tanto en el diario como en *Triunfo* seguía con devoción: si con otro "ejem" o con un simple buenos días. Inesperadamente, rompió a hablar. Me dijo que le gustaban mucho las secciones de humor que había publicado en *Fotogramas*, y que él y unos amigos iban a sacar pronto una revista en la que quería que participara. Cuando añadió que los amigos eran Antonio Fraguas, Forges, Juan Marsé y Jaume Perich, casi me desmayé. Era una compañía de lujo.

No escribí en los primeros números de *Por Favor*, aunque me incorporé en cuanto solucioné mi situación con *El Papus*. Asistí, sin embargo, a la presentación de la revista. Al poco de empezar el acto, Manolo, muy serio, se dirigió al presentador, Luis del Olmo. Tomó el micrófono y nos comunicó que aquella misma madrugada tendría lugar la ejecución del anarquista Salvador Puig Antich. Estábamos en 1974 y el régimen franquista seguía aplicando la pena de muerte a sus disidentes. No sería la última. Aquella noche, *Por Favor* selló su compromiso de realizar un humor político que abriera un respiradero en el atochamiento de nuestra vida.

Por Favor nació por iniciativa del editor José Ilario, y la historia de cómo se fraguó es algo que le corresponde contar a él y a sus ilustres fundadores. En lo que a mí respecta, no sólo me permitió frecuentar excelentes compañías, sino también aportar el toque femenino brutal. Al principio, me encargaba de una falsa programación de TV y de notas sueltas, cotilleos... hasta que encontré mi sitio en *La ventana indiscreta*, una sección en la que me limité a escribir desgarradamente. Con Arias Navarro en la presidencia del Gobierno, el ambiente en el país era ñoño hasta la irritación, y a mí me encantaba escribir sobre bragas, clítoris, ovarios, coños y otras escatologías, meterme con los curas y con la Iglesia. En fin, una especie de crónicas de la mala leche que se correspondían bastante bien con mi estado de ánimo del momento. Tardé poco en enterarme de que aquellos compañeros tan admirables tendían, también, a usar una cierta misoginia en defensa propia, y disfrutaba escandalizándoles. Manolo, que se reía como un chinito vergonzoso ante mis gamberradas, aún rememora el día en que llegué a la Redacción contando que había recorrido la Rambla arrastrando un rollo de papel higiénico que se me había quedado pegado a salva sea mi parte. "Imagínate", le confesé, con aire ingenuo, ante su estupefacción: "Desde el café de la Ópera a Canaletas, suerte que una señora me ha avisado". Como les veía temerosos y huidizos (Núria Pompeia, que también participaba, puede confirmarlo), siempre reunidos con sus secretillos, para pasar más ratos con ellos, que permanentemente contaban historias que me deleitaban, saqué una de mis armas ocultas para desenvolverme en terrenos masculinos: la de ser capaz de beber tanto y tan bien como el hombre que mejor bebe. Yo tenía la costumbre de hacer equilibrios con un vaso en la cabeza en cuanto estaba un poco entonada. Les veía palidecer a todos, sin excepción, ante la perspectiva de que estrellara el recipiente. Muchos años más tarde le conté a Vázquez Montalbán que, en mi primera visita a la Zarzuela con motivo de una de aquellas fiestas que el Rey ofrecía a periodistas e intelectuales, el propio monarca me sorprendió con el vaso en la coronilla, y que lo cogió para ponerlo a salvo. Manolo ha reseñado la anécdota en su libro *Un polaco en la corte del rey Juan Carlos*. Lo curioso es que se lo comentó al Rey, y que éste recordaba perfectamente la historia del vaso: son temibles, estos Borbones. La mayoría de los hombres se escandalizaba e intentaba quitármelo, como si formara parte de la cristalería de su abuela. Otros, muy pocos, sonreían y me lo llenaban. Hubo un tiempo en que tomé a estos últimos por más convenientes, y elegía a mis amantes entre ellos. Me equivocaba: sólo les preocupaban menos las cuestiones relacionadas con el equilibrio.

Las primeras vicisitudes económicas que atravesó *Por Favor* me pillaron embarazada y a punto de irme a Londres a abortar. Por aquel tiempo, las mujeres con información y medios para obtener el dinero nos librábamos del peligro y la humillación de tener que recurrir a un abortista clandestino. Llevábamos un tiempo sin cobrar, así que, desesperada y bastante iracunda, abrí de golpe la puerta del despacho donde los hombres deliberaban y les espeté: "Vosotros veréis. O me pagáis u os hacéis cargo del niño". También de esto se acuerda Manolo.

Pero *Por Favor* era una revista que pagaba bien y que únicamente entró en agonía bastantes meses después de la muerte del dictador, como todas las publicaciones que, paradójicamente, habían sido más útiles para acompañar a los españoles en los últimos años del franquismo. Antes de que eso ocurriera, la revista vivió una época esplendorosa, y yo tuve la suerte, una vez más, de estar allí, y de aprovechar aquella etapa a pesar de mi desbarajuste personal. Me había vuelto a enamorar, inaugurando mi serie de hombres inadecuados, vivía sola y no sabía hacerlo; en definitiva, un desastre. Las tardes que pasaba en la Redacción de *Por Favor,* escuchando a personas inteligentes, las noches en que prolongábamos aquellas charlas en los bares, fueron, junto con el desarrollo profesional de mi capacidad de sarcasmo, un tesoro que ha quedado en mí para siempre. Lo cual no impidió que, después de los fusilamientos de septiembre de 1975 (los últimos, pero no había forma de saberlo), la grisura y el abatimiento que nos sobrecogió, junto con mi desastre sentimental, me impulsaran a "irme a París para siempre", intenciones que estaban en la mejor línea de mi extremismo habitual. Salí de la estación de Francia, con billete de tercera en un tren nocturno. Mis amigos vinieron a despedirme: con la noticia de que Franco estaba muriéndose, si no lo había hecho ya. "Una vez más, vas a destiempo", me dije, pero era demasiado tarde para volver atrás. Me instalé en una litera de mi compartimento, en donde varias mujeres mayores con refajos que iban a Francia a ver a sus hijos emigrantes, se estaban preparando para acostarse. Les di la noticia: "¿¡Franco, muerto!?", se horrorizaron. Se pasaron la noche gimiendo.

La casa en donde viviría hasta que me abriera camino (no sabía cómo, ni cuándo, ni para qué huía, y contaba para mantenerme con las 30.000 pesetas que *Por Favor* me pagaba al mes; iba a seguir mandando mi sección desde París) estaba cerca de la Porte Saint-Denis. Mi anfitrión era un viejo conocido: Pere Ignasi Fages, que con Antoni von Kirschnner y mi amigo Jaume Figueras había fundado los primeros y mejores cines de arte y ensayo en Barcelona. En París, Fages, que era comunista y estaba exiliado (había salido corriendo de los policías que acudieron a detenerle a su propio domicilio: fue tan listo que los dejó encerrados con llave mientras pretendía ir a cambiarse de ropa, y huyó), ejercía de algo parecido a jefe de prensa de Santiago Carrillo. Se portó maravillosamente conmigo, y en su casa conocí a muchos exiliados.

Aquella primera mañana le pregunté, nada más llegar: "¿Es verdad? ¿Ha muerto?". Me dijo que no, pero que le faltaba poco. El dictador duró más de un mes y, en ausencia de Fages, que salía todos los días a cumplir con sus obligaciones conspiratorias, tuve ocasión de contestar por teléfono a los periodistas de agencia que llamaban, cada vez que Franco parecía empeorar, para recabar la opinión de Santiago Carrillo con motivo del evento. Tenía una especie de breve declaración que Fages me había dejado, y que creo que empezaba por algo como: "El pueblo español, en una demostración de madurez, afrontará…". Lo cierto es que por allí pasaban plataformas, juntas, platajuntas, y que una vez acompañé a Fages a un hotel en donde vi a Rafael Calvo Serer moviendo su impresionante popa. Estaba viviendo un momento histórico en un lugar privilegiado pero, oh estupidez, sólo sabía sufrir por mis heridas amorosas.

La madrugada en que, por fin, murió Franco, yo ya había cambiado de domicilio. Una amiga inglesa, la espléndida Nicola Jones (¿dónde te has metido, Nicola? ¿Eres feliz?), y su novio, el artista iconoclasta Beni Rossell, me albergaron en su piso cercano a Pigalle. Aquella mañana había quedado con Mercedes Milá, que estaba de paso en París, en ir a ver una exposición sobre Maiakovski, y cuando la llamé para determinar la hora de nuestro encuentro me dio la noticia. No recuerdo nada más de aquel día, salvo que por la noche lo celebramos en casa de Fages, y que dos exiliados españoles que aguantaban mucho me acompañaron a mi nuevo hogar, prácticamente en brazos. Sí, recuerdo que sentí una ira fría, desolada: qué tarde, pensé, cuánta gente ha tenido que morir antes, cuánta gente ha tenido que vivir sin esperanza antes de que él se muriera. Guillermina Motta me contó por carta el silencioso regocijo que se apoderó de mi ciudad.

No regresé a Barcelona hasta mediados de enero, después de pasar las últimas semanas compartiendo un minúsculo apartamento en Montmartre con Lala Gomà, que entonces estaba tan desorientada como yo y ahora es una gran realizadora de televisión especializada en documentales. Comíamos sopas de sobre, sólo tomamos carne una vez, un filete que compró Lala y que compartimos como el pisito; cuando acabé de zampármelo me dijo que era de caballo, y casi me fulminó la aprensión. La subalimentación hizo que me saliera una pupa en la cara que más adelante me tuve que extirpar, y cuya pequeña señal todavía conservo como símbolo del caos en el que estaba viviendo. Me salvó Jaume Figueras, que vino a pa-

sar unos días, me miró y dijo: "Nena, ¿cómo puedes estar per-
diéndote lo que pasa en Barcelona?". Me trajo de vuelta, y
cambié aquel caos por otro. Pero, al menos, estaba en casa.
Con los míos.

Eran los tiempos de las multitudinarias manifestaciones
por la *llibertat, amnistia i Estatut d'Autonomia*. Más cercana al
PSUC que nunca antes, las viví junto a la gente de las viejas
noches de Boccaccio: Carlos Duràn, Marina Curià. Volví a
ver a mi amor esquivo, sólo para admitir mi sospecha de que
él nunca me había correspondido y, esto era una novedad, que
yo ya no le quería. En realidad, estaba lista para lanzarme a un
nuevo *Titanic* sentimental, jugando ciegamente con mi capacidad para sobrevivir a todos los naufragios. Un día, alentada
por Montserrat Roig (su sobrino, Alex Martínez Roig, que
entonces era un tímido muchacho, se convertiría en uno de
mis jefes, en *El País)*, que se portó conmigo con extraordinaria bondad durante aquella época desordenada, asistí a una
comida con gente de la revista *Arreu,* en donde empecé a colaborar (también escribía para *La Calle* y la sección de espectáculos que Elvira Roca-Sastre llevaba en *Mundo Diario*, además de colaborar con *Por Favor;* y había reanudado mis lazos
con *Fotogramas)*. En aquel almuerzo conocí a alguien mucho
más joven que yo y, ambos, en pleno furor, nos pusimos a vivir
juntos en dos días. Fue un desastre, y la vez que he estado más
cerca de un psicópata que destruía todo lo que tocaba. Pero se
parecía a Jeremy Irons, hay que fastidiarse. Hace poco volví a
verle, en una firma de libros. Un señor gordito me saludó: le
reconocí por la voz.

Por entonces me saqué el carné del PSUC, pero mi vin-
culación con el partido languideció en pocos meses, los justos
para asegurarme de que aquello no me hacía ni mejor ni peor,
ni cambiaba en absoluto mis hábitos de *filoalgo:* sólo me obligaba a asistir a unas reuniones periódicas que resultaban inso-
portablemente aburridas e inoperantes. Pero a las manifestaciones habría ido lo mismo, como fui a los funerales por las

víctimas, o a las protestas a favor del divorcio, contra las leyes que condenaban a las adúlteras, por el aborto... Yo no soy valiente, la violencia que vi de niña cuando mi padre se lanzaba contra mi madre, la violencia que vi en las calles donde crecí, en un tiempo en que a los maridos no les importaba repartir bofetadas en público (ahora los malos tratos se mantienen en la intimidad), esa violencia me paraliza. En las manifestaciones siempre me quedaba quieta, como hipnotizada, y acababa por caer, empujada por el tumulto. Una vez, en Madrid, las feministas hicimos una sentada en las Salesas, con motivo de un manifiesto que firmamos un montón de mujeres bajo el enunciado "Yo también he abortado". Estaba en uno de los corros cuando vi que todas se levantaban y echaban a correr porque entraban unos señores vestidos de marrón: eran los *grises*, que habían cambiado de uniforme, pero yo vivía en Barcelona y allá la mudanza no había llegado aún. Me despisté, y salí la última, caminando con dignidad mientras me daban con la porra en el culo. Lo único que pensé, estúpidamente: "No te lleves las manos a la cabeza, no vayas a darles ideas".

Los meses que siguieron a la muerte de Franco fueron de notable agitación para la prensa. Dos pasiones arrebataron a periodistas y lectores: el desnudo y la verdad. Lo cual no estaba nada mal, dicho sea de paso. Mujeres en pelotas (para empezar: luego se desnudó algún futbolista, y llegaron las publicaciones *gay*) e investigaciones sobre los escándalos de toda índole que el régimen había mantenido bajo tierra. *Interviú* se convirtió en la revista emblemática del momento y dio origen al Grupo Z, liderado por Antonio Asensio, que alteró las reglas del juego. Aunque había empezado antes, el *boom* de *Interviú* se produjo cuando mostró las tetas de Marisol, la novia de España, en unas estupendas fotografías de César Lucas. Aquello fue un mazazo para *Fotogramas*, que había sido la pionera del destape en tiempos peores, y que ahora veía cómo *su* Marisol[15] servía para multiplicar la tirada de otra publicación. Al mismo tiempo, se destapaban los pufos del franquismo y sus adláteres, y se aplicaba el periodismo escrito en primera persona, con el autor del texto como protagonista y testigo directo: un género que en Estados Unidos se llamó Nuevo Periodismo y que en *Fotogramas* habíamos practicado unos pocos instintivamente, cuando aún no se sabía quién era Tom Wolfe. "Yo he sido chica de alterne" o "Infiltramos a un periodista en la trama Tal o Cual" eran titulares para reportajes que sorprendían a los lectores españoles, poco habituados a un género que nadie inventó, que es tan viejo como el periodismo, y que en sus mejores momentos da origen a piezas de gran valor literario.

En periodismo, todo está inventado. Ni siquiera el periodismo-basura, que podríamos creer tributario de los *reality-shows* televisivos, es un hallazgo del presente. Los denominados *tabloides* británicos nacieron mucho antes. Mucho antes, funcionaron cierto tipo de revistas escandalosas, como *Confidential*, que supusieron una pesadilla para los personajes de Hollywood, por su afición al escándalo y a la calumnia. Y mucho antes aún, surgió William Randolph Hearst (recuerden: *Ciudadano Kane)*, cuya cadena de periódicos convirtió la difamación en un negocio y la coacción en un arma política.

Los periodistas, cuando somos jóvenes, creemos que lo inauguramos todo, pero lo único que hacemos es darle la vuelta a la almohada y recuperar su frescura, que nosotros mismos marchitaremos a fuerza de frotar contra ella nuestros

---

15. En 1972, cuando Marisol decidió convertirse en Pepa Flores y dar carpetazo a su dependencia de los Goyanes, vino en secreto a Barcelona y se confió en exclusiva a *Fotogramas*, en una entrevista que le hice, acompañada de sus primeras fotos *sexy*, posando en biquini sobre una moto.

propios lugares comunes. A principios de los noventa, por ejemplo, desembarcaron en las redacciones un buen número de novatos dispuestos a ser Hemingway sin haberle leído siquiera. Producto de la saturación de alumnos en las facultades y de la moda de los *master*, necesitados de éxito como sólo los jóvenes crecidos bajo el ejemplo de los ochenta podían serlo, esta promoción de nuevos periodistas presentó sus primeras armas en las secciones de Local que, por una curiosa coincidencia, empezaron a ser revalorizadas y a merecer mayor atención por parte de los lectores. La plaga de las *historias humanas*, reducidas a su más pedestre versión *sonrisas y lágrimas*, infectó durante una larga temporada las ahora abundantes páginas que se destinan a contar la vida de una ciudad. Aquellos muchachos y muchachas se lanzaban como fieras sobre todo lo que tenía un muerto dentro, aunque fuera un simple accidente de tráfico, para poder narrar con lujo de detalles que los parientes que velaban el cadáver tenían "los ojos llenos de lágrimas" (algunos, oh prodigio, en su afán de añadir adjetivos, escribían que los tenían "sellados por el dolor", al mismo tiempo). Como todas las epidemias, ésta también pasó, y de nuevo los lectores dejamos de enloquecer buscando la noticia al final del escrito, y volvimos a encontrarla enunciada en el primer párrafo, como es de rigor.

No sé qué me produce mayor sobresalto, en periodismo, si los esporádicos redescubrimientos de los diversos géneros por parte del papanatismo imperante, o el embrutecimiento que un día u otro todos experimentamos. La rutina, según el Casares, es la "costumbre de hacer las cosas por mera práctica y *sin razonarlas*". La cursiva es mía.

Razonar no consiste sólo en conocer: además, se puede razonar mediante el estilo. Voy a poner un ejemplo sencillo. Hace pocos años, con motivo del estreno del filme *Picasso*, Anthony Hopkins vino a Madrid en viaje de promoción. Imposible hacerle entrevistas: sir Anthony sólo concederá una rueda de prensa para todos los medios. Imposible fotografiarle en privado: sir Anthony sólo posará cinco minutos, antes de la rueda de prensa. La encargada de promoción de la película fue drástica al respecto. Cuando el fabuloso actor empezó a descender los peldaños de la escalinata del Ritz, la mujer gritó "¡Ahora!", y todos los fotógrafos presentes formaron como un solo bobo y dispararon alocadamente sus flases… para captar absolutamente todos la misma imagen de un Hopkins deformado (no se dejen fotografiar nunca desde abajo: cuando vean que el de la cámara se arrodilla o se tira por los suelos, salgan corriendo; no lo digo yo: lo dijo Néstor Almendros), chaparro y cortado por las rodillas. Acto seguido, el obediente pelotón se disolvió y cada cual se fue a cumplir con sus obligaciones (en honor a la verdad, hay que decir que son muchas).

Veamos qué ocurrió con la posterior rueda de prensa. Ambiente: posturitas de desgana por parte de los redactores (veteranos y principiantes), quejas (veteranos: "A estas alturas, una rueda de prensa, uf…"; principiantes: "Ay, no sé qué preguntarle, ay"), trasiego de sillas… Entra sir Anthony y, con singular maestría, responde a la primera estupidez con una disertación interesante. La rueda se caldea, se prolonga. Algunos no abren la boca (al día siguiente publicarán lo que nunca fue, una entrevista entre dos con preguntas y respuestas, en claro corte de mangas al libro de estilo) y chupan rueda. Cuando termina el evento, Anthony Hopkins, encantador, se deja hacer fotografías por todo el que quiere… y no hay ni un solo profesional con cámara en varios kilómetros a la redonda: sólo turistas con su Instamatic.

En lo que a mí respecta, aproveché aquella hora con Hopkins para escribir un perfil. Traté de reflejar en mi texto lo que había presenciado, el despliegue de buen sentido del actor y su capacidad de seducción, y lo que sabía de él. Disfruté haciéndolo. Creo que fue un trabajo honesto y bastante brillante. Y, desde luego, nada rutinario. Es una necedad, aparte de una insolencia, permitirse bostezar en nombre de los lectores.

El mayor enemigo del periodista, sin embargo, es la fe de errores. Puedes recibir cartas en contra (incluso debes: sólo faltaría que el embajador del Chile de Pinochet no protestara por tu visión de su país), pero has de esforzarte para que ni un solo dato contenido en tu trabajo tenga que ser objeto de una rectificación. La ausencia de fe de errores a lo largo de mi carrera es uno de mis motivos de orgullo. En cuanto a cartas: nunca me faltaron, gracias al cielo.

Antonio Asensio pagaba a sus colaboradores cantidades absolutamente impresionantes. Pronto corrió el bulo de que, los días de cobro, la gente que pasaba por ventanilla salía portando sacos de billetes. Lo cual, unido al desmoronamiento de parte del sector, hacía que los periodistas hiciéramos cola para entrar en el nuevo imperio.

El naufragio no se produjo por falta de talentos, sino por persistencia en los mismos enfoques. Como una serpiente al cambiar de piel, los lectores se sacaron de encima la carcasa de las publicaciones que antes habían constituido la base de su alimentación informativa. Ya no les servían y los propios editores, desconcertados, no se dieron cuenta de por dónde venía la mano. Por otra parte, el nacimiento, en 1976, del diario *El País*, y su éxito inmediato, mostraron que cada época produce la prensa que merece, y aquella España alegre y ansiosa de democracia y de rigor se entregó a un periódico que surgía con serias ambiciones: el respeto al lector (fundamental: respeto tipográfico, para empezar) y a la información plural, y que se nutrió no sólo de una excelente promoción de jóvenes profesionales, sino también de las firmas más acreditadas, procedentes de otros medios. Uno se sentía maduro leyendo *El País*, uno se sentía europeo. *Triunfo* o *Cuadernos para el diálogo* nos habían ayudado a alcanzar esa madurez, pero ya no les necesitábamos (o eso creíamos). *Cambio 16*, que fue, en revista, el fenómeno de prensa progresista de información política inmediatamente anterior al éxito de *El País*, tendría una duración más larga, aunque también entró en agonía por esas fechas, y pese a que mantuvo su prestigio nunca recuperaría el impacto de su mejor época.

Por Favor también decayó, aunque al principio no nos dimos cuenta. El humor, durante el franquismo, había constituido una válvula de escape, encarnada en *La Codorniz*, ilustre madre de todas las revistas humorísticas. El humor político, que fue el gran hallazgo de *Hermano lobo* y de *Por favor*, ya no necesitaba concentrarse en un solo medio. Se expandía, inundaba los periódicos. Aquellos comentaristas sagaces llamados Forges, El Perich, Romeu, Martinmorales y algunos otros, se podían degustar al abrir la prensa diaria. Nacía un columnismo irónico, no sujeto a las leyes de la especialización. En suma: la música y la letra eran ya otras. No tenía sentido tararear la misma canción.

Por Favor pasó por un par de dueños más, María Fernanda Gañán de Nadal y José Manuel Lara, el editor de Planeta, que fue el último, el que nos cerró, porque éramos caros, no dábamos beneficios y, además, cada tres por dos nos metíamos con Fraga Iribarne, su íntimo amigo. Fue un duro golpe. Como lo fue, aunque ocurrió más tarde, la desaparición de *Tele/eXprés*, en donde colaboré desde 1976, gracias a Joaquim Ibarz, que entonces estaba de redactor jefe de Cultura y Espectáculos y me usaba para componer pequeñas crónicas de costumbres y hacer entrevistas: fue un maestro y se convirtió en un amigo. La transición me llevó a entrevistar para él a Rafael Alberti, recién llegado del exilio, y a Bibi Andersen, a quien había conocido cuando actuaba en el Starlett's y *Fotogramas* quiso dedicarle unas páginas. Bibi me recibió, aquella primera vez, en su exiguo camerino, en bata: cosiéndose una zapatilla. Desde entonces he sido testigo de su evolución hasta llegar a la mujer que es: buena persona, inteligente y con un gran sentido del humor.

No había transcurrido ni un año desde la boda de Sara Montiel y su comentario sobre el pendiente, cuando acepté la invitación a almorzar, largamente postergada, que me hizo un personaje de la industria cinematográfica a quien la profesión había colocado el sambenito de gafe. A la mañana siguiente, Elisenda Nadal me telefoneó a primera hora: "Ven corriendo", dijo. "Hay reunión urgente en la Redacción". Iba a comunicarnos que tenía que cerrar la revista, por culpa de la grave situación económica. Era la coronación de una jornada gloriosa: al levantarme me había hecho la prueba de la rana, y había resultado positiva. Embarazada y en el paro. No creo que fuera culpa del supuesto gafe, pero por si acaso no he vuelto a comer con él.

No encontré otro trabajo. Los medios que me apreciaban habían caído, víctimas de las sacudidas de la transición. Los nuevos o no me querían (demasiado deslenguada, frívola, conflictiva, decían, cogiéndosela con un papel de fumar), o estaban controlados por ambiciosos jovencitos que acabarían de lacayos socialistas o pujolistas (o las dos cosas, según les fue conviniendo); o, como ocurrió con *Interviú*, pretendían de mí algo que me negaba a darles: un periodismo sensacionalista.

En una ocasión, salí del despacho de Asensio (recuerdo que me impresionó: llevaba traje de seda, corbata de seda con una enorme perla como alfiler, y los ojos le brillaban de ambición tanto como la perla) conteniendo las lágrimas, después de rechazar el pastón que me había ofrecido por hacer reportajes en la línea de Luis Cantero. Quería que, para el primer trabajo, me dedicara a follar (con pareja de mi elección: eso sí) en todos los coches existentes en el mercado, y luego escribir la experiencia y recomendar el más cómodo. Menos mal que, durante un breve tiempo, Joaquim Ibarz dirigió *Primera Plana*, otro semanario del Grupo Z, y me encargó reportajes más serios; los pagaban tan bien que decidí compartirlos con Cristina Fernández-Cubas, pero la revista cerró pronto, igual que ocurrió con el semanario *Noticias*, para el que me encargó una columna Julián Lagos, que en aquel tiempo no tenía pelo, ni pupilas azules. Recuerdo uno de los trabajos que Cristina y yo hicimos para *Primera Plana:* sobre mujeres alcoholizadas. Cada vez que íbamos a la sede de Alcohólicos Anónimos, nos forrábamos a coñacs en el bar de abajo. Era más fuerte que nosotras. Llegábamos a la pequeña salita en donde ellas nos contaban sus peripecias, y de repente se interrumpían, olfateaban el aire con delectación y preguntaban: "¿Carlos III? ¡Mmmmm!".

Cerrada *Primera Plana*, acudí al director alemán de *Dunia*, en la sede del grupo G+J, para ofrecerle mis servicios. Desde la cúspide de su ignorancia, me dijo que lo primero que tenía que hacer era presentarle un currículo. De nuevo lloré de ira. Joaquim Ibarz coincidió conmigo en la puerta (él empezaba a colaborar con *Ser padres)* y me llevó a tomar un café. "¡Un currículo! ¡Después de quince años!", sollocé.

Estaba quebrada y acudí a Mariano Nadal, el editor de *Pronto*. Me había ayudado antes, cuando lanzó la revista, y ahora volvió a hacerlo. Me dio un empleo mucho mejor pagado que cualquiera de aquellos a los que aspiraba, pero tenía un inconveniente.

Era mi tumba como periodista.

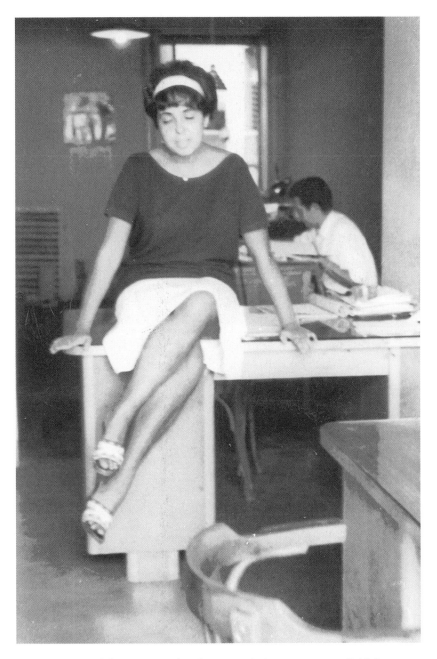

La reina del secretariado, durante el tiempo en que fui Mary
la Única, con poco más de 17 años.

Abril de 1968. Las calles de París, a punto de pasar
del dogmatismo a la irreverencia.

Las noches locas de la Barcelona de la *gauche divine*/farándula.
Empezando por la izquierda, en el sentido de las agujas del reloj:
Quim Llenas, Frederic Amat, Guillermina Motta, María Reniu,
Mario Gas, Carles Velat, Anna Carmona, Jorge Herralde y yo.

Con Montserrat Roig, contra la criminalización de
la mujer adúltera por el Código Penal, Barcelona, 1976.
(Foto Colita)

Joan Manuel Serrat y yo teníamos poco más de *vint anys*.
Más adelante verán que mejoramos.

Durante la grabación de un reportaje sobre serpientes para TVE.
La que está sentada soy yo.

Aquí también estoy sentada, pero en mejor compañía: con el
maestro John Le Carré.
(Foto Jordi Socías)

Manuel Vázquez Montalbán me deja hablar y reza para que no me ponga un vaso en la cabeza.

He aquí la prueba gráfica de que la cincuentena es un gran momento
para los que tuvieron *vint anys*.
(Foto Jordi Socías)

Terenci Moix y yo intentamos cantar como Ava en *Mogambo:*
"Si te encuentras a un muchacho, yendo hacia el trigal...".
Rosa Regàs no se sabe la letra.

Como vendedora de medias durante la realización del reportaje
sobre los gitanos. Congelaíta.
(Foto Ángel Carchenilla)

En el poblado de La Celsa, hablando con sus habitantes.
Las fotos fueron tomadas al final de mi mes de camuflaje como
gitana, con el consentimiento de quienes salen en ellas,
que conocían mi condición de periodista.
(Fotos Ángel Carchenilla/Cambio 16)

Chile, primera visita en el 86, a la puerta de una facultad en donde se desarrollaba una asamblea. *(Foto Fran Sevilla)*

Beirut, en la oficina de Gumucio, escribiendo directamente la
crónica en su maravilloso télex. *(Foto J. C. Gumucio)*

Documentándome para un viaje, o quizá sólo soñando
con la posibilidad de realizarlo.
(Foto Montserrat Santamaría)

Jerusalén: pintadas palestinas borradas por los soldados israelíes,
durante la Intifada.
(Foto Bernardo Pérez)

Esperando a Mesalina (con Rubén a mi lado), durante la primera
sesión del Parlamento, en Haití.
(Foto Joaquim Ibarz)

Regreso a Beirut, en la primavera de 1998. La Corniche
y el mar y, sobre todo, la paz.
(Foto Pilar Aymerich)

En la calle Hamra, tomando una cerveza: el placer más simple, del que nunca pude disfrutar en mis anteriores visitas. A la derecha: ante uno de los numerosos edificios bombardeados de la *línea verde*, en donde los más pobres de Beirut han encontrado un precario techo.
(Fotos Pilar Aymerich)

Con Sami, durante mi última visita profesional al Líbano, a finales
del 89. No volví a verle.
(Foto Bernardo Pérez)

La noria Ferri de Beirut: mi aliada secreta, mi fuente
de esperanza. Es indestructible.
(Foto Pilar Aymerich)

Observen a esa dama madura y serena que camina por la Rambla de Barcelona. No fue fácil llegar hasta aquí.

Sólo cuando te duele

A última hora de la tarde del 23 de febrero de 1981 no quedaba nadie más que yo en la Redacción de *Pronto*. Tenía una cita para cenar con Elisenda Nadal y Jesús Ulled, pero aún faltaba mucho. No sé cómo, porque no estaba escuchando la radio, me enteré de que el Congreso había sido asaltado. Supongo que alguien me telefoneó. Llamé a mi madre y su comentario hizo que me estremeciera, porque dijo en voz alta lo que yo estaba temiendo reconocer: "¡Dios mío! ¡Como en el 36!". Salí a la calle y me refugié en un bar. El camarero que estaba tras la barra y los parroquianos guardaban un silencio fúnebre. Dije algo así como póngame no sé cuántos *dry martinis* antes de que esos hijos de puta nos prohíban beber. Un suspiro de alivio surgió entonces de todas las gargantas, y el *barman* volvió a conectar la radio que habían hecho callar a mi entrada. Más tarde, en la cena, Elisenda se mostraba optimista: "No puede ser, ahora no. Verás cómo ahora no se salen con la suya". Yo tenía claro lo que iba a hacer si triunfaban los golpistas: tirarme por el balcón, de pura vergüenza nacional.

Tuvo razón ella. Aquella noche telefoneé a amigos del PSUC por si había instrucciones o necesitaban que les ayudara a trasladar papeles, y me dijeron que permaneciera tranquila, que no había manifestaciones previstas; había que mantener la calma. Luego vino el discurso del Rey, que escuché abrazada a mi perra de entonces, *Peggy*. Por fin salí a la calle, de madrugada. Fui a la Rambla y allí me detuve ante uno de los quioscos: "*El País*, con la Constitución", leí.

Me eché a llorar. Lloraba de orgullo, orgullo de periodista. También lloraba de pena. Pena de periodista desterrada.

Durante aquellos meses, y por primera vez desde que entré en *La Prensa*, comprendí que amaba mi oficio más de lo que creía, y conocí la angustia de saber contar y no poder hacerlo, de querer escribir, escribir bien, y no tener dónde. De sentir por dentro las palabras calientes y tenerlas que reprimir, ahogar, pisotear, violar. Me había convertido en fabricante de entelequias por encargo, que afortunadamente no firmaba. Había depositado mi firma, junto con mis ilusiones, debajo de una piedra pesada, quién sabe por cuánto tiempo, y con los musguillos que crecían sobre la losa, con parte del oficio adquirido y mucho afán de supervivencia, me dediqué a componer textos anónimos para *Pronto*. Después de dieciséis años de profesión, se había cumplido en mí la frase de Groucho Marx: había partido de la miseria más absoluta para llegar a la nada más rotunda.

Contemplada con perspectiva, mi experiencia en *Pronto* tuvo su aspecto bueno, aparte de la ayuda material que supuso, y que nunca le agradeceré lo bastante a Mariano Nadal. Si no hubiera sido una ocupación tan inadecuada para mí, mi paso por *Pronto* incluso habría resultado divertido. Ocurrían cosas que en las redacciones normales no se podían concebir. Por ejemplo, la revista fue precursora del programa televisivo *Quién sabe dónde*, de Paco Lobatón. Nosotros teníamos una sección que se llamaba "*Pronto* le ayuda a encontrar su ser querido" (así, sin la preposición: Nadal no le hacía ascos a las faltas de ortografía, decía que tranquilizaban a su público, un público inseguro, inculto, que desconfiaba de la inteligencia; reforzaban el proceso de identificación de los lectores con la revista). El caso es que *Pronto* contribuyó no poco a dar con personas que en algún momento habían desaparecido de su entorno, muchas veces voluntariamente, y que ahora se veían devueltas a sus maridos, esposas, cuñadas, suegros y demás familia, por culpa de unos entrometidos que traficaban con su historia. Una vez llamó a la puerta de nuestra sede un tipo que casi me rompió la cara: *Pronto* acababa de recuperarle, sano, salvo y cabreado, para la parentela a la que abandonó veinte años atrás. Zafé por milagro.

Allí podían ocurrir muchas cosas, desde que se presentara un señor portando una saca llena de precintos de cajetilla de cigarrillos, respondiendo al llamamiento de *Pronto*, para cambiarlos por un perro-guía para ciegos, hasta que Mariano Nadal, en un arranque de inspiración, me ordenara escribir las memorias (en primera persona) de Carolina de Mónaco, en forma de serial. Años más tarde, cuando escribí *¡Oh, es él*, mi primera novela de humor, la experiencia en *Pronto* resultó imprescindible para crear a Diana Dial, la ínfima periodista del corazón que cree en la cosmética y en Julio Iglesias, y para montar el disparatado argumento. *Viceversa*, el jefe, está inspirado en Nadal. A mí me parece un personaje entrañable.

No podía reír, sin embargo, mientras lo vivía. Me sentía extramuros. Lo estaba. Ahora que no tenía con quien hablar de periodismo, mi profesión reprimida se desarrollaba dentro de mí como una planta carnívora, envenenaba mi sangre con decenas de ideas que no podía desarrollar, proyectos que no podía llevar a término. Leía sin inocencia ni placer, como una exiliada: qué ha ocurrido, quién lo cuenta, cómo lo habría contado yo, a qué otro sitio habría ido, cómo de largo lo hubiera hecho. Era una enfermedad, y quienes hoy no tienen trabajo, tantos periodistas en paro como hay, me comprenderán: una enfermedad cruel. Puede que yo no hubiera deseado ser periodista desde el principio, pero si miraba atrás no me imaginaba siendo otra cosa. Y no podía descargar mi frustración escribiendo novelas: semejante posibilidad, que de adolescente me encandiló, ahora se veía aplazada por tiempo indefinido. Era en el periodismo en donde yo quería sacar partido de mis cualidades. Era el movimiento, era la acción lo que necesitaba. Era en la inmediatez de las crónicas donde yo me quería expresar. Y cómo me dolía que aquel destino que me parecía natural, el de escribir cada vez más y mejor (y que alguien creyera que podía hacerlo: no soy nada sin buenos jefes), no pudiera llegar a cumplirse.

En la primavera de aquel mismo año, 1981, Pilar del Río, que coordinaba unas jornadas sobre Periodismo que se celebraban en la Caja de San Fernando, me invitó inesperadamente a ir a Sevilla para participar. Yo misma reaccioné con sorpresa: tan acostumbrada me hallaba a verme ninguneada en mi ciudad. Di una charla desastrosa (era incapaz de verbalizar lo que me estaba ocurriendo, que sin duda habría resultado un gran tema para una conferencia) pero, en compensación, hice amigos y me enamoré de la ciudad, a la que regresé siempre que pude. Y sobre todo, comprendí que en otros lugares menos pacatos que la Barcelona inexplicablemente mortecina que anunciaban los ochenta todavía tenía un lugar, mi nombre aún significaba algo para bastante gente que me había seguido mientras practiqué el periodismo de forma inconsciente y despreocupada, creyendo que nadie me lo podía arrebatar. Estaba en Sevilla cuando el asalto al Banco Central de Barcelona, y cuando se inició la pesadilla del envenenamiento por el aceite de colza: fue un año espantoso, 1981. Pero allí, en la sevillana plaza de la Alfalfa, sentada en la terraza de un bar con mi amigo Carlos Ortega (él y Rosa Martínez me abrieron las puertas de la ciudad) miré al cielo a través del enrejado verde tierno de una acacia que años después sería arrancada, y decidí que había llegado el momento de volver a empezar. Tenía treinta y ocho años.

Sedimentando en mí estaban las palabras de Joaquim Ibarz, que se había ido a vivir a Madrid, en donde desperdiciaba su enorme talento dirigiendo, muy bien y sin que se le cayeran los anillos, la revista *Ser padres*, antes de convertirse en el gran corresponsal de *La Vanguardia* para Centroamérica que todavía hoy es. "Tienes que dejar Barcelona", me había dicho Joaquim. "Ahí te han encasillado como periodista de farándula. En Madrid seguro que te va bien". Jordi Socías, que acababa de montar en la capital la estupenda agencia Cover, era de la misma opinión: "Vente, aquí te abrirás camino", decía. El único que no lo veía claro era Quim Llenas, que desde que se enamoró de Carmen G. Mallo (hoy, gran amiga mía) se había ido a vivir a Madrid: "No sé, no sé. Tú eres barcelonesa por los cuatro costados. Te morirías de tristeza lejos de ahí". Errónea profecía que, paradójicamente, emanaba de alguien que había vivido diez años conmigo. Pero, ¿qué podía saber él de mi verdadero carácter, si ni yo misma me conocía bien? En Madrid pronto se fortaleció la hija de la emigración que soy, y que sólo esperaba ser puesta a prueba.

Por aquel tiempo, Rosa Montero fue nombrada redactora jefa de *El País Semanal*, y aprovechó para abrir las puertas de la revista a las mujeres. Me encargó un reportaje sobre los jóvenes de los suburbios. Fue como resucitar. El simple ejercicio de escribir de verdad, la visión de mi firma en negro sobre blanco: no podía seguir mintiéndome. No estaba muerta, no podía resignarme. Fabricaba un enésimo serial para *Pronto*, esta vez sobre la dramática existencia de la actriz Romy Schneider (su único hijo acababa de fallecer, empalado, al saltar sobre una verja). A media frase, me levanté. Cogí la chaqueta y salí a la calle. Se acabó, me dije. Tomé el autobús y, como si el destino me dirigiera un guiño de optimismo, coincidí en él con uno de los colegas que más admiro, José Martí Gómez, que durante los años de *Por Favor* había escrito para la revista, junto a su pareja profesional, Josep Ramoneda, una serie de magistrales entrevistas. Le conté que me iba a Madrid a probar suerte.

—Adelante —me animó—. Los buenos reporteros siempre serán necesarios.

No tenía dinero. Vivía de alquiler, y le pasé el piso, con mis pertenencias, incluidos muebles y libros, a la amiga de un amigo que hacía el mismo traslado, pero en dirección inversa, de Madrid a Barcelona. No quería llevarme nada de mi etapa anterior. Dejaba a mis espaldas una ciudad profesionalmente hostil. Quería partir de cero, como mi familia materna cuando llegó a Barcelona desde Cartagena para trabajar en los astilleros Vulcano. Como mi padre, cuando lo hizo como camarero de un carguero de sal procedente del puerto de Torrevieja, en donde su abuela había poseído barcos que iban a las colonias, antes de que la llegada del vapor la arruinara.

Vendí lo único que tenía, (un televisor Grundig que Mariano Nadal me había regalado en la última Navidad, y una cámara fotográfica comprada a plazos), a un miserable que se aprovechó de mi penuria: me dio 60.000 pesetas por todo. Con este dinero y una maleta llegué a Madrid en tren, y allí me aguardaba algo que valía mucho más que el dinero: amigos que no me dejarían caer.

Los reportajes que Rosa podía encargarme para el suplemento dominical de *El País* no cubrían mis necesidades, pero me mantenían a flote; Joaquim Ibarz me encargaba entrevistas para *Ser padres* (a mí, que carezco de instinto maternal: pero era agradable entrevistar a gente como Serrat, Montserrat Roig, Núria Pompeia; y exótico, hacerlo con alguien como Isabel Preysler; y era estupendo, sobre todo, cobrar). Volvía a ser periodista, aunque, de nuevo, pluriempleada, y todavía sin poder llegar a fin de mes. Cuando Manuel Toharia me llamó para proponerme el puesto de ayudante de Román Gubern en la sección de cine de *Alcores*, un programa cultural que se proponía crear para lo que entonces llamábamos la Segunda Cadena (hoy La 2), y me citó en Prado del Rey, acudí a la reunión haciendo autoestop: no tenía ni para el autobús.

Rosa Montero me encargó una sección semanal de cotilleo, que acepté eufórica pese a que me devolvía al terreno frívolo, porque suponía un dinero fijo, y que llamé *El País de las maravillas*, ignorando que resultaría una especie de territorio minado. Por aquel tiempo, *El País* era un periódico solemne y barbudo, que además se creía el ombligo del mundo. Después de cinco años de éxito sin precedentes, la Redacción al completo se sentía ungida por la gracia divina. Yo misma entraba allí palpitante como una devota: se hacía muy buen periodismo, y los profesionales gozaban de un *status* de categoría. ¿Qué más se podía pedir? Sentido del humor, si acaso. Pero no era yo quien iba a introducirlo. Mejor dicho: no aún. Me quedaba atravesar un largo purgatorio, pero entonces lo ignoraba, y estaba entusiasmada.

Juan Luis Cebrián sostiene que fue él quien me llamó por primera vez. Está confundido, sin duda porque recuerda que en una ocasión me acerqué a él, con motivo de un acto al que asistió en el Ayuntamiento de Barcelona, y que me dijo que enviara una solicitud de trabajo a no sé quién. No lo hice, porque tomé sus palabras por lo que eran, la salida cortés de alguien abrumado por la admiración y las peticiones ajenas. A mí, la primera mano para colaborar en *El País* me la tendió Rosa Montero; y la segunda, mucho más adelante, cuando me metieron en nómina, se la debo a Juan Cruz. Claro que Cebrián fue quien dijo siempre la última palabra. Yo había trabajado periféricamente para él, aunque puede que no se acuerde, en 1974, a mi regreso del rodaje de Ferreri, coloqué una entrevista con Michel Piccoli en la revista *Gentleman*, que Cebrián dirigía.

Así que me hice cargo de una sección de chismes en un periódico en el que el Libro de Estilo dejaba muy claro que un rumor no es una noticia, y ya me dirán ustedes de qué se alimentan los cotilleos, si no es de rumores y suposiciones. En cuanto a los hechos: tenía que escribir con dos semanas de antelación, y por adivina que yo sea, los sucesos se me quedaban viejos, aparte de que algunos protagonistas podían morírseme en el lapso de tiempo que mi pieza tardaba en aparecer impresa. Para acabarlo de empeorar, el periódico publicaba todas las cartas al director en que se me replicaba, aunque fuera injustamente, sin que yo tuviera derecho a defenderme: tampoco lo tenían los demás. Por otra parte, que Rosa me recordara constantemente que escribíamos bajo la presión de cuatrocientos mil pares de ojos (tantos pares como lectores del domingo teníamos entonces: muy pocos, comparados con los que nos compran en la actualidad) clavados en nuestra nuca, no facilitaba precisamente las cosas.

Tenía pesadillas. En cierta ocasión, cuando entrevisté a Isabel Preysler para *Ser padres*, tuve la mala idea de aprovechar para *El País de las maravillas*, a posteriori, el material que no podía publicar en la revista: mi propio punto de vista sobre su forma de hablarle al mayordomo y las incontables llamadas telefónicas que realizó en mi presencia para comunicar a sus amistades que su entonces esposo, el marqués de Griñón, acababa de adquirir un nuevo automóvil. Preysler envió una misiva demoledora, que fue publicada, en donde me acusaba de haberla engañado. Desde que apareció la carta supe que mis nervios no podrían soportar aquella tensión, y un día de Reyes le pedí a Rosa el regalo que más deseaba: que me quitara la sección. Podría sobrevivir, porque lo de Toharia-Gubern en TVE ya se había concretado.

Muchos años más tarde, en 1995, con *El País* dirigido por un buen periodista, Jesús Ceberio, tuve mi revancha. Me acababan de extirpar la rótula derecha cuando, en plena rehabilitación, José Mari Izquierdo, director adjunto, me llamó para encargarme *agosto*. Querían que, durante dicho mes, escribiera una crónica social diaria. A mi manera. Con mi peculiar humor y mi desgarro, para los que ya contaba con no pocos lectores. La periodista-comodín se ponía la burlona máscara del cronista, teniendo muy en cuenta la frase con que Truman Capote desafió a la buena sociedad a la que frecuentaba: "Soy un escritor, no vuestro bufón" (aunque el pobre Truman acabó olvidándolo, víctima de su deseo de brillar en la misma sociedad sobre la que escribía). Escribí las primeras *Hogueras de agosto* centrándolas en Marbella, y en los años siguientes las desplacé a Palma de Mallorca y el Empordà, aunque sin perder de vista la totalidad del *esperpento nacional* (particularmente prolífico desde las vísperas de la llegada al poder del Partido Popular). Las veraniegas *Hogueras* dieron paso a una crónica semanal en la última página del diario del domingo, que desapareció con los últimos cambios. Fue una experiencia satisfactoria, y agotadora. No se puede hablar de monstruos durante mucho tiempo seguido sin tener la impresión de que te crecen jorobas en la mente. La mayor satisfacción que me proporcionó mi viaje a la frivolidad fue que puse deliberadamente muy alto el listón del humor y la ironía, y que mi periódico jamás me cuestionó. A la salud de los cuatrocientos mil pares de ojos que, en otro tiempo, me contaron los pelos del cogote.

Aparte de ayudarme a abandonar aquel inicial *El País de las maravillas*, el de *Alcores* era un empleo interesante que me permitió, entre otras cosas, saber que la televisión no está hecha para mí. Como tampoco pertenezco a la radio. Nada que se evapore, que desaparezca en el aire: denme letra impresa y papel. Perecedero, pero papel al fin. En *Alcores* decidíamos los temas en una reunión semanal, y yo me dedicaba a buscar los fragmentos de película que necesitaríamos incluir, tanto si se trataba de viejos filmes como de trozos de No-Do, o de documentales. Luego, cargada con las latas con los rollos correspondientes, que nos alquilaban las distribuidoras, me plantaba en Prado del Rey y empezaba la parte más ardua de mi misión: conseguir que los encargados de repicar las secuencias en vídeo tuvieran a bien ejecutar su trabajo. Aquello era como la oficina siniestra de *La Codorniz*.

Llegaban los empleados, que en algún momento amaron su oficio y tuvieron ilusiones, y que por el camino las habían perdido en algún lugar de la Casa; llegaban, se despatarraban en sus puestos y procedían a leer los periódicos con parsimonia, sin prestar atención a la pobre mujer que, bobinas en brazos, pretendía que cumplieran con su obligación. Pronto aprendí que existía un medio: adularles, invitarles a café, babear, dejarme colocar la paliza de sus reivindicaciones. Todo les parecía excesivo, un abuso: llegué a desear la implantación del despido libre. Pero, en general, el ambiente era agradable, tenía buenos compañeros, Gubern era un buen amigo y Toharia, un encanto. Además, de vez en cuando, viajaba. Por España y siempre con los técnicos (que no hacían otra cosa que hablar de dietas), pero viajaba.

Seguía escribiendo para *El País*. Juan Cruz, que al contrario de la mayoría de los jefes de entonces sabía quién era yo y la labor que había desarrollado en *Fotogramas*, me encargó algunas piezas para Cultura. Estaban mal pagadas, pero eso era lo de menos. Proporcionaban aire a mis sueños. Más adelante, Manu Leguineche me encargó que escribiera una columna semanal para *La Vanguardia*, a través de Colpisa, su agencia. Era compatible con mis colaboraciones para Cruz: una especie de carta desde Madrid en la que comentaba cosas de la Villa y Corte. Aquello no podía durar: *La Vanguardia* de la época resultaba muy conservadora, y yo no era precisamente un lirio. La dirigía Horacio Sáez-Guerrero, pero mi hombre allí era Manuel Ibáñez Escofet, que me apreciaba desde mi paso por *Tele/eXprés* y, además, era amigo de Joaquim Ibarz. Yo me moría por ir de enviada especial o corresponsal a algún país, y Joaquim me alentaba, llevado por su fe en mí y la generosa valoración que hacía de mis cualidades.

En el despacho que Ibarz tenía en Madrid, en la Redacción de *Ser padres*, se produjo una de las escenas más hilarantes de mi accidentada carrera. Sabíamos que iba a quedar vacante la corresponsalía de *La Vanguardia* en Roma, y ambos nos entusiasmamos con la idea de que pudiera ser mía. Ensayábamos la forma de plantear mi petición.

—*Au*, figura que yo soy el Escofet y que tú vienes a pedirme Roma —me proponía Ibarz, cruzándose de brazos solemnemente tras su escritorio—. ¿Qué me tienes que ofrecer?

Entonces yo argumentaba, recitaba, enumeraba la lista de mis cualidades, mi disponibilidad. ¿Creía realmente tener alguna posibilidad? Siempre creemos. De lo contrario, estaríamos muertos.

Cuando llegó el momento de plantear seriamente mi interés por el puesto, me tocó decírselo a Lluís Foix. Conforme yo iba hablando, se le iba poniendo una expresión de perplejidad inenarrable. "Estoy loca", reflexioné sobre la marcha. "¿Cómo va a mandar nadie a Maruja Torres de corresponsal al Vaticano?". Me dio largas con suma amabilidad, pero allí mismo comprendí que el puesto nunca sería mío. Lo del Papa y yo siempre ha sido un imposible.

Debo el primer impulso que facilitó mi ingreso en la nómina de *El País* (primera época: de principios de 1982 a mediados de 1984) a la inesperada conjunción de dos elementos externos: *La Vanguardia* y Pedro J. Ramírez, a la sazón director de un *Diario 16* que descargaba con frecuencia (ya entonces: un caso de precocidad) su envidiosa artillería contra el diario de Jesús de Polanco. Ocurrió a raíz de la primera actuación de los Rolling Stones en Madrid. Mi relación con *La Vanguardia* todavía no había terminado (prescindieron de mis servicios por una serie de mediocres intrigas; el pobre Escofet no tuvo más remedio que enviarme una carta, comunicándomelo; le respondí escuetamente que siempre lo había esperado, "el agua y el aceite no pueden mezclarse", añadí), por lo que escribí una columna comentando la actuación de los Rolling. Colpisa las transmitía por télex, con un encabezado, "especial para *La Vanguardia*", que advertía que nadie más podía hacerse con ella. Detalles tan nimios como la propiedad ajena de un artículo nunca han desalentado a Ramírez. Ni corto ni perezoso, se apropió del escrito y lo publicó en primera página. Cuando lo vi, por la mañana, me quedé atónita. Corrí a *El País* para contárselo a Juan Cruz: no le resultó difícil creerme. Conocía el paño.

Poco después, Ramírez me llamó para que trabajara con él. Hice lo que suele hacerse en estos casos: le dije que me lo pensaría, y luego fui a donde Juan para plantearle que tenía una oferta para entrar formalmente en *Diario 16* y que me disponía a hacerlo. Al fin y al cabo, después de un año de escribir para *El País*, de hacer todo lo que me pedían y de soportar el trato indiferente que se daba entonces a los colaboradores, no veía en el horizonte el menor signo de que sintieran interés por mí. Juan se levantó de un salto, gritando: "¡Cómo puede ser que la competencia nos quite a Maruja Torres!". Corrió al despacho del subdirector, Eduardo San Martín, y le obligó a plantearle la cuestión a Augusto Delkáder, director adjunto. Juan Luis Cebrián se encontraba de viaje: en las antípodas, o sea, Australia.

Se inició un periodo de espera que a mí me pareció eterno, y que además lo fue: varias semanas. Al principio, estaba desalentada. San Martín me llamó a su despacho y comentó: "Es una lástima que no le gustes a Cebrián". Primera noticia, pensé. Pero aún no habían contactado con él. Cuando lo hicieron, les prohibió tomar ninguna decisión hasta su regreso. Por fin, un día llamé a Eduardo desde el café del viejo Madrid en donde estábamos grabando un programa de *Alcores*. Cuando colgué, Román Gubern fue el primero en saber que entraba en *El País* y que dejaba todo lo demás, incluido él. "Me han dicho que voy a tener una columna". Se alegró por mí.

Tal como me lo contó Eduardo San Martín, Cebrián, que estaba planeando un cambio importante para la última página (con la introducción de columnistas diarios), se encontraba detrás de su escritorio con la maqueta, tachando y marcando. Y dijo algo así como: "¿De dónde habéis sacado que no me gusta Maruja Torres? ¡Me gusta mucho Maruja Torres! Es más, he pensado en que sea una de los columnistas". No resultaba nada fácil firmar escritos personales en aquel *País* (me refiero al diario, no al *colorín*, que siempre se permitió más alegrías) y, menos aún, a quienes les parecían *novatos* o no llegaban precedidos de fama literaria . Había que esperar, sudarlo. Y, de repente, allí estaba yo.

Ésta es la historia de mi primera admisión en *El País*, tal como creo que ocurrió. Igual ellos, los hombres que manejaron mi futuro, tienen otra versión. Nunca se sabe.

La frase que había pronunciado mi primer director en *La Prensa* volvió a definirme durante los primeros meses en que fui redactora de libre disposición en *El País*: "Esta chica escribe como Dios y trabaja como un burro" era una impresión que flotaba en el ambiente, aunque en versiones más refinadas. También existía otro sentimiento: mi vehemencia provocaba cierta desconfianza entre las gentes de orden. Estaba adscrita a la sección de Juan Cruz, Cultura. Bajo su nerviosa dirección escribía a diario, publicaba a diario. Cuidaba mi escritura, ansiaba demostrar que era buena, que su interés por mí estaba justificado. Era feliz. Estaba enamorada del periódico, me sentía correspondida, me querían entera (se acabó el pluriempleo: una gran noticia, por fin), tenía un buen sueldo, vacaciones pagadas (por primera vez en mi vida como periodista), y mi firma, expuesta con todos los honores en el escaparate nacional, y hasta internacional, que era y sigue siendo *El País*, empezaba a conocerse mucho más de lo que lo había sido por *Fotogramas* y *Por Favor*, mis mejores destinos profesionales hasta el momento.

Llegaba cada mañana a la Redacción canturreando. Canturreaba cuando me mandaban a hacer calle. Canturreaba mientras escribía. Pero cada paraíso tiene su propio infierno. Yo no lo sabía. Y canturreaba.

'Ciao, sono Marcello'

Cuando digo que no me gusta hacer entrevistas, y que no me creo capacitada para hacerlas, lectores, compañeros y jefes suelen romper en exclamaciones: pero qué dices, estás loca, te salen muy bien. Sé de qué hablo. Tengo suficiente experiencia sobre mis espaldas. Aunque debería matizar. Sólo disfruto entrevistando a la gente que admiro, que me cae bien, que me interesa. Detesto preguntar a quienes me resultan detestables. Y las mejores entrevistas, las que mayor éxito concitan son aquellas que despellejan al personaje. Por eso, la entrevista es un género que practican mejor (y con gran dedicación) los jóvenes: cuando eres joven, desprecias prácticamente a todo el mundo. La edad nos vuelve tolerantes, gracias al cielo (salvo que envejezcas como cascarrabias, o como un genio incomprendido), y eso redunda en perjuicio de la brillantez de la pieza. Si has envejecido bien, si los años te han conducido a comprender las debilidades humanas, lo primero que tienes que admitir es que, en una entrevista escrita (otra cosa son las de la radio y la televisión cuando se hacen en directo) tú nunca te la juegas. Y siempre haces trampa: para no hacerla habría que reproducir el encuentro con el personaje en su tediosa y larguísima literalidad, sin la obligatoria convención del resumen inspirado por tu opinión, que es por otra parte lo que los lectores quieren. Soy partidaria, en cambio, de los perfiles escritos después de una minuciosa y documentada investigación, cosa que en España no resulta fácil. En realidad, los perfiles que prefiero son los que publica la revista norteamericana *Vanity Fair*, que puede permitirse el lujo de mantener a sus escritores dedicados tres meses a un solo tema, y sin reparar en gastos.

Por el contrario, soy una contumaz lectora de entrevistas. Admiro, sobre todo, a Sol Alameda: disecciona con elegancia, sin pedantería, y nunca notas que te esté vendiendo su opinión por encima de lo que cuenta el personaje. Esta mujer inquisitiva y menuda es un estilete viviente: puro acero. También me gustan mucho las entrevistas funcionales, al filo de la actualidad, cortas e informativas, como las que se publican de un tiempo a esta parte en la última página de *La Vanguardia*: recuerdo una, ejemplar, de Lluís Amiguet, en la que lograba resumir, en menos de tres cuartillas, la razonable y bien sedimentada teoría del escritor libanés Amin Malouf acerca de la problemática del mundo árabe respecto a Occidente. Me gustan también mucho las entrevistas diarias que publica Arturo San Agustín en *El Periódico*. Y eran extraordinarias las piezas, cortas y secas, que hacía el desaparecido maestro Manolo del Arco: pero sólo él las podía escribir.

Cuando miro atrás, aparte de la ingente labor que desarrollé como entrevistadora para *Fotogramas*, en mi corazón están grabados a fuego personajes a quienes, de una manera u otra, amé. No aquellos a quienes no soportaba: por ejemplo, le hice una pésima entrevista a Mario Vargas Llosa cuando se presentaba como candidato a la presidencia de su país (entonces, Perú). No me interesaba como ser humano y se me escapó vivo. En cambio, disfruté profundamente con unos pocos, y creo que eso quedó reflejado, para bien, en lo que escribí después. Voy a hablar de ello porque, para mí, son gratas remembranzas de mi primer periodo en *El País*.

De entrada, los muertos. Son bastantes, demasiados. Luis Alcoriza, director de cine, español de origen, arraigado en México, amigo y compañero de Luis Buñuel, autor de películas como *Tiburoneros* y *Mecánica nacional*. Era un bebedor de raza y un fustigador impenitente de la moral cristiana oficial. El novelista argentino Manuel Puig; su inteligencia y calidez, su ternura, su lengua larga, su amor al cine. Me dio una definición deliciosa del envejecimiento: "A partir de cierta edad, la carne se vuelve huesífuga, en lugar de huesípeta, como sería lo deseable". Anthony Burgess, católico, reaccionario, homófobo y encantador. Tenía una opinión más bien negativa de Juan XXIII, el Papa de la apertura: "No sabía ver el mal. No lo aceptaba. Se pasaba el día predicando amor. Amor, amor, amor, ¡amor!". Era divertido y, creo, buena persona. Joseph Losey: le entrevisté en el verano de 1983, en San Sebastián, poco antes del festival. Era un viejo león, un luchador. Una fiera con los ignorantes, un excelente interlocutor si veía que le hablabas desde el conocimiento de su obra. Dio una rueda de prensa para presentar *Don Giovanni*, y resultó que, entre todos los presentes, sólo Félix de Azúa y yo habíamos visto la película. Giorgio Strehler, alma del Piccolo Teatro de Milano, me mantuvo fascinada durante toda una tarde hablándome de lo que más amaba, los actores. Sobre todo, de aquellos que envejecían ejerciendo su oficio. Titulé la entrevista *El hombre que nunca perdonó a Greta Garbo*, porque el maestro de la escena creía que los actores tienen que envejecer en ella: "Yo admiro mucho a esos compañeros que tienen el coraje de aceptarse como seres humanos que pasan, y de mostrarnos a todos, al público, la huella del tiempo que pasa por la vida y por los otros". Me parece una teoría admirable, aplicable a muchos otros oficios. Al mío, desde luego. Bette Davis: la entrevisté en el festival de cine de Deauville, meses antes de su muerte. No escribí un texto extraordinario: tuve que compartir la escasa media hora que me concedió con un crítico francés pedante y locaza que se limitó a hacerle preguntas sobre gastronomía. Pero ella sí era memorable, y el retrato que le hizo Bernardo Pérez reflejaba su fuego interior.

Por último, Patricia Highsmith, que era una mujer tan tímida que se ponía patosa: en la cena que precedió a la entrevista (que tendría lugar al día siguiente si la cena salía bien), sacó un cigarrillo y me apresuré a darle fuego: sólo que ella adelantó los labios, sin colocar el cigarrillo entre ellos, y por poco paso a la historia como la periodista que le abrasó la cara a la reina del suspense. Con todo, quedó complacida, porque a la mañana siguiente me recibió en la habitación del hotel y, tras meterse en el armario, creyendo que era el baño, y salir tropezando y murmurando atropelladas disculpas, me preguntó: "¿Bebe usted?". Consulté con disimulo el reloj, que marcaba las ocho en punto de la mañana, pero si ella tenía esa costumbre, no sería yo quien le pusiera reparos. Sacó dos copas para agua, enormes, y escanció whisky hasta el borde. Yo respiré hondo. Cuando dejé el hotel, corrí a la orilla del Urumea (la acción transcurría en San Sebastián) y aspiré bocanadas de aire fresco y húmedo: estaba completamente mareada. Por desgracia, Highsmith no era entonces tan conocida en España como lo sería después, y el esfuerzo en el que casi dejé mi hígado quedó reducido a un par de cuartillas para un perfil de última página.

De entre los vivos, rescato a menos gente. A Susan Sontag, con quien compartí una juerga gastronómica en Santander, durante uno de los gloriosos primeros veranos de la Menéndez Pelayo. Le encantaban los manjares europeos que sus compatriotas suelen considerar repugnantes. En Santander, conmigo, descubrió las cocochas. Años más tarde nos encontramos por casualidad en Barcelona, en el paseo de Gracia: "¡Maruja!", gritó, viniendo a mi encuentro. "¿Cómo se llaman esos dedos con uñas que se comen?". Reflexioné un segundo: "Percebes". Rescato también a Meryl Streep, una mujer dotada de sencillez y fuerza interior, y de un encanto mucho más rural que sofisticado: por eso estaba tan bien en *Los puentes de Madison*. Anchas caderas y manos sólidas, que era tal como la vi cuando la entrevisté en Londres, mucho más que como la dama llorosa que ha sido para el cine en tantas ocasiones.

Y recuerdo a Doris Lessing: su presencia poderosa me hipnotizó. Era una aparición, la mujer de sesenta y tres años más hermosa que he visto. Resplandecía. Más tarde, observando las fotos de su juventud y madurez que ilustran los dos primeros volúmenes de sus memorias, he podido apreciar cuán distinto era su atractivo de entonces (una vibrante mujer cuya mirada traspasa el papel, de rasgos fuertes, alguien que parece siempre a punto de saltar: en pos de una emoción, de una idea) de la serena compostura de medallón que tenía cuando la conocí. Su rostro ovalado, nimbado por la luz de una madrileña mañana de abril que se filtró por la ventana de su habitación del Palace, quedó congelado para siempre en un retrato que le hizo mi compañero Raúl Cancio, y que le ha valido todos los premios. Es una mujer tan honesta como su obra. "Escribir ayuda a comprender", me dijo, según leo retrospectivamente. Tenía una contundente opinión acerca del feminismo, y quiero reproducirla porque, en su sentido último, la comparto: "Cuando yo era joven, en Rodesia, mis amigos y yo solíamos contemplar con desprecio a las mujeres que se sentaban a charlar en las barandas y las cocinas, y que estaban constantemente quejándose de lo mal que se las trataba. Mis amigos y yo solíamos decir que más les valdría estar muertas. Pues bien, a los grupos feministas les ocurre algo así: se han convertido en plañideras. Hablan y hablan y hablan sin parar. Pero, ¡se hace tan poco!... Yo siento un gran respeto hacia las mujeres que no se detienen, que luchan, que siguen adelante, pero desprecio a las que sólo saben quejarse y hablar". Santas palabras: si las mujeres abandonáramos el victimismo y el resentimiento y dedicáramos el tiempo de la queja a la plena realización personal, avanzaríamos considerablemente en nuestra lucha. Dejaríamos de parecernos a los nacionalistas, para volver a ser revolucionarias.

La última buena entrevista de que he disfrutado se la hice a John Le Carré en su casa de Cornualles. Pasamos el día, con él y su esposa, su editor español, Enrique Murillo, el fotógrafo Jordi Socías y yo. Estoy contenta del texto resultante, pero sobre todo lo estoy de aquellas horas. No tengo fotos de Highsmith, ni dedicatorias suyas: siempre me arrepentiré de ello. Y por eso regresé a casa cargada de libros de Le Carré autografiados, de cintas con su voz y de fetiches. Siempre le pongo como ejemplo de la gente famosa que, al natural, no sólo no defrauda sino que mejora las expectativas.

La más amada, entre todas las entrevistas, es la única que no publiqué. Su protagonista también está muerto.

Volví a ver a Marcello Mastroianni en la primavera de 1984, de nuevo en París, a donde había sido enviada para entrevistar a Jack Nicholson. Es curioso que no recuerde nada de mi encuentro con Nicholson en el hotel Georges V, salvo que llegué alterada a nuestra cita y pedí un coñac: "Perdone, señor Nicholson, no necesito una copa a causa de su encanto, es que me acaban de atracar a la salida de mi hotel". Era rigurosamente cierto. Una pareja de adolescentes vestidos de negro (pertenecían a las entonces famosas bandas de jóvenes yugoslavos) me pusieron una navaja en el estómago a la salida de mi hotel, ante las narices del portero y de unos señores que buscaban taxi. Me arrebataron una de las dos grabadoras que suelo llevar, y un billete de mil francos. Por suerte, también tenía algún billete más en el fondo del bolso.

Mastroianni se encontraba en París porque había vuelto a la escena, estaba representando *Las mariposas son libres*, con enorme éxito. Animada por Feliciano Fidalgo, que entonces era corresponsal de *El País* en Francia (no he conocido a nadie que se moviera por París como él), pasé por el teatro y le dejé una nota, en la que venía a decirle: "Soy la amiga de Marco Ferreri, la periodista española que estuvo en el rodaje de *Tou-*

chez pas la femme blanche". Sin grandes expectativas (¿por qué iba a acordarse de mí alguien de su categoría?), le pedí también una entrevista.

Me encontraba haciendo la siesta en el hotel cuando sonó el teléfono y la rica voz, perezosa y amable, surgió del auricular:

—*Ciao, sono Marcello.*

Entré en trance y me lancé al minibar a por media botella de champaña. Con una copa en la mano, empecé a telefonear a todo el mundo:

—¡Marcello Mastroianni me ha concedido una entrevista! ¡Me ha llamado al hotel! ¡Me ha citado para esta tarde!

Mis amigas se mostraron impresionadas. Mi redactor jefe, no tanto. Jamás mostró el menor interés por la entrevista, y yo, que ya había entrado en combate con el periódico, no insistí en hacerla. Con los trastornos que vinieron en los meses siguientes, incluida mi marcha del diario, perdí la cinta. Pero no el rastro de nuestra conversación. He aquí algunos pedazos.

Acudí al teatro antes que él (me había reservado la hora previa a la función única) y un portero me acompañó a su camerino. Tenía pegada al espejo una foto de su hija Chiara, fruto de su relación con Catherine Deneuve. Era un camerino sencillo. Poco después, llegó M. M. Hacía diez años que no le veía, y estaba muy avejentado. Mejor dicho: aparecía magnífico, pero ya no era el mismo tipo a quien conocí en 1973. Era un señor mayor, cargado de hombros. Altísimo, elegante, corpulento, con venitas rojas en las mejillas, y su bondadosa sonrisa de siempre. Él mismo lo confesó:

—He envejecido. Doy gracias por ello. Ya no tengo que ser un galán. Puedo disfrutar de lo que más me gusta, estar con mis amigos, rodar con ellos y comer y beber y charlar en su compañía. Ya no me tengo que cuidar.

No se cuidaba en absoluto. Pocas noches después le vi cenar en Lipp, dando cuenta de un codillo con *choucroute*.

Bebía y parloteaba, feliz, con un par de amigos. Como suele decirse, que le quiten lo *bailao*. En aquella charla conmigo deslizó, sin embargo, que se arrepentía de algunos errores cometidos:

—Haber dejado escapar a las mejores mujeres, por mi miedo de siempre a decidir, por dejar que los otros me arreglaran la vida.

Soy una entrevistadora discreta (por eso no soy buena: me produce pudor preguntar ciertas cosas), y no quise nombrar a Faye Dunaway, que le abandonó porque él no se decidía a romper con su mujer, la temible Fiora (nunca lo hizo: allí estuvo Fiora, cuando él murió, reclamando su parte; pude comprobarlo personalmente, durante su funeral, pero eso ocurrió doce años más tarde).

—Por pereza, me he perdido muchas cosas. Los primeros años de Chiara. Afortunadamente, la he recuperado —dijo, señalando la foto en el espejo.

Dijo que sólo aspiraba a seguir como estaba. No volví a verle vivo.

Indira Gandhi en el puente de la Almudena

A principios de 1984 volvía a sentirme muy desgraciada. Por un lado, estaba mi ya arraigado desequilibrio sentimental. Me creía emancipada, hacía más de una década que me rodeaban mujeres emancipadas: pero todas nosotras seguíamos malgastando tiempo y energía en la búsqueda de la felicidad absoluta. Habíamos sustituido el patrón tradicional transmitido por vía materna, "consigue-un-hombre-que-te-mantenga" por algo en su versión moderna, aún más difícil de alcanzar: "consigue-un-hombre-que-te-comprenda". Todavía no había aprendido que lo más parecido a la felicidad se encontraba para mí en el trabajo y los amigos. Los hombres no serían más que accidentes: algunos, francamente estimulantes; pero accidentales, al fin y al cabo. Yo no me asenté emocionalmente hasta que acuñé y puse en práctica este sencillo axioma: "El hombre de mi vida soy yo misma". Lo que venga por el camino, sea bienvenido, pero nunca se convertirá en lo más importante. Generalmente, las mujeres solas sabemos que hemos empezado a vivir bien cuando nos sorprendemos durmiendo en forma de aspa, ocupando la totalidad de una cama de matrimonio.

Mi luna de miel con *El País* había concluido. Tenía cuarenta años, estaba plena de energía y no me conformaba con lo que me daban. Había descubierto que pertenecer a la plantilla del periódico con el que tanto había soñado no sólo no era suficiente para colmar mis ambiciones, sino que, por el contrario, aumentaba mi frustración. No podía comprender que un medio tan bien dotado y con tantas posibilidades se conformara con limitarme al predio de la cultura. Me sabía un camión con tráiler y no quería limitarme a transportar patatas fritas. Aunque al principio fue muy placentero, pronto me harté de escribir sobre artistas y escritores: intérpretes de la realidad. Quería ir a donde se desarrollaban los hechos, e interpretarlos yo misma. Y no soportaba que intentaran domarme. Leve tufillo, el de la doma (sea del estilo o del carácter) que siempre me ha puesto frenética. Por suerte, como he dicho, tenía cuarenta años. Estaba hecha y era muy dura, muy resistente, aunque yo entonces lo ignorara. De haber tenido quince años menos, me habría perdido la autosuficiencia, y me habría adaptado.

El País era entonces mucho menos flexible que el de ahora, mucho más reacio a asimilar seres estrafalarios como yo. Cuando empecé a ponerme pesada para que me mandaran a América Latina (y sé bien lo impertinente y desagradable que puedo resultar en tales trances), el sistema decidió que había llegado el momento de homologarme. Lo peor es que se me hicieron promesas: para empezar, un viaje a Nueva York, y de allí a Honduras y Nicaragua, mínimo; América, a mi alcance. Poco antes de partir se me comunicó que lo único que quedaba en pie de la oferta era la primera parte. De Nueva York tenía que regresar a Madrid porque Juan Cruz no podía prescindir de mis servicios. Caí en picado. Juan y yo nos enemistamos. Pero el jefe era él, y acabé traduciendo teletipos. Un día me llevó a la cafetería del periódico, a tomar café, y pronunció la frase funesta: "No sé por qué, no me explico por qué no les gustas *arriba*".

Decidí marcharme. Le eché mucho valor. Nadie se iba entonces de *El País:* se suponía que fuera de él no había salvación posible. Pero intuitivamente, como siempre me ha ocurrido, sabía que si me quedaba iba a desaparecer, fagocitada por el pensamiento periodístico único. Yo escribía antes de que *El País* existiera, traté de animarme, sorbiéndome las lágrimas. Por suerte, no me faltaron ofertas: a punto estuve de irme a *Tiempo* con Julián Lago, a quien en el ínterin le había crecido pelo y ojos azules, pero Pepe Oneto llegó oportunamente para llevarme con él a *Cambio 16*. Ya no era el glorioso *Cambio* de los buenos tiempos, pero mantenía cierto prestigio, y me recibieron con los brazos abiertos. Hice allí grandes amigos: Carmen Rico-Godoy, una mujer elegante y generosa; Pepa Lucas, una hermana para siempre; y Ángel Carchenilla, aunque en este último caso nos hemos perdido mutuamente la pista.

Nadie se iba del diario, y por eso muchos empezaron a no verme (para ellos, me había vuelto transparente) mientras permanecí en la Redacción, después de comunicar mi marcha. Otros no. Las amigas, los amigos. Como Sol Fuertes, a quien conocía desde que las dos empezábamos, y con quien coincidí en *El País;* como Ana Pérez, secretaria de Augusto Delkáder, que estuvo magnífica. Ángel Harguindey me felicitó por mi decisión, llamándome, como suele hacer con las chicas que le caen bien, *princesa*. Y, por encima de todo, Ismael López Muñoz. Ismael, pese a ser jefe, me mostró abiertamente su solidaridad. Años más tarde fallecería en un accidente inesperado, llenándonos de desconsuelo[16].

Ha transcurrido el tiempo y hoy, sosegados los dos, Juan Cruz y yo somos buenos amigos. Él se ha convertido en un editor extraordinario, y lo mismo que yo piensan el resto de sus autores. Su generosidad resulta poco común, considerando que él también es escritor. A menudo conversamos sobre aquella época, y ambos concluimos que ni él, ni yo, ni el periódico, supimos afrontar lo que ocurrió. Yo sé que, si me hu-

---

16. Ismael López Muñoz falleció el 1 de agosto de 1988.

biera quedado, tras haberme mostrado dócil y haber soportado el purgatorio al que habían decidido someterme (porque tocaba, supongo), las cosas se habrían ido calmando. Al precio de calmarme yo, naturalmente. Una perspectiva del todo inadecuada, como se demostró con el tiempo.

Le pedí una cita a Juan Luis Cebrián, para explicarle los motivos de mi marcha. No me recibió, pero semanas después, cuando ya estaba en *Cambio 16*, me llegó una nota suya, en respuesta a la que yo le había dejado como despedida y para darle las gracias por haberme quitado la lana de la dehesa (lo hizo: su periódico era, también, una imponente escuela de rigor). "Pásate por mi despacho y hablaremos", escribía Cebrián.

No lo hice. No entraría en aquel temido y venerado despacho de la, entonces, hermética tercera planta, hasta octubre de 1986, fecha en que fui contratada de nuevo. Había sido la primera en irme de *El País*, y sería también la primera en regresar sin necesidad de esconder el rabo entre las piernas, con sueldo triplicado y la promesa de utilizarme en lo que yo quería.

Pionerita que es una.

Hacía años que, en arranques intermitentes, la viajera a otros mundos que por fin afloraría trataba de hacerse oír en mitad del estruendo. Cuando se produjo el golpe militar en Chile, en 1973, y yo me encontraba, como ya he escrito, cubriendo el rodaje de *Tamaño natural*, de Luis G. Berlanga, para *Fotogramas*. Cuando estalló la guerra del Líbano, en 1975, convirtiéndose en el asunto más serio de la información internacional: me pilló en paro periodístico, con un empleo de relaciones públicas de la película *Furia española*, de Francisco Betriu. Aún puedo verme, sentada en uno de los pasillos del hotel María Cristina, en pleno festival de San Sebastián, leyendo un periódico mientras custodiaba un abrigo de visón que la protagonista, Mónica Randall, me había pedido que le llevara desde Barcelona. Leyendo y maldiciéndome por no poder estar allí.

En agosto de 1982, cuando la Organización para la Liberación de Palestina (OLP) se vio forzada a evacuar Beirut, Pilar Aymerich y yo nos encontrábamos en Atenas, invitadas por Ricard Salvat al Festival Internacional de Teatro, donde él presentaba su montaje de *Dones i Catalunya*, con textos de Carme Riera, Lidia Falcón, Marta Pessarrodona, Isabel Clara Simó y María Josep Ragué-Arias. Pilar y yo fantaseamos con la idea de volar a Beirut hasta el punto de buscar en la capital griega algunos contactos palestinos. Pero nos desanimamos antes: yo entonces era una simple colaboradora de *El País*, y ni siquiera me atreví a plantear nuestra iniciativa. Durante aquella semana griega entrevisté al director teatral Stavros Dufexis, que había montado recientemente en España *El mito de Edipo Rey*, y que se disponía a proporcionarme explosivas declaraciones en contra del protagonista, José Luis Gómez. A mi regreso a Madrid llamé a Gómez para informarle de lo que iba a salir en el periódico, y quedé emplazada para entrevistarle, con objeto de que me diera su versión. Fue una ardua tarea: Gómez es el personaje más prolijo y, para decirlo cariñosamente, picajoso, a quien he tenido que entrevistar. Carla Matteini, que puso su casa para que sirviera de escenario del encuentro (no fue uno, sino varios: una tarde tras otra y hasta altas horas), es testigo de lo que estoy diciendo. El famoso director y actor hablaba y hablaba, y llenaba cintas y más cintas; luego se desdecía, volvía sobre sus declaraciones una y otra vez. Fue horroroso, sobre todo teniendo en cuenta que a mí me pagaron cuatro mil pesetas en total. Entre tanto fárrago, Gómez dijo algo que me hizo pensar. Cuando le pregunté por qué había aceptado actuar a las órdenes de alguien de quien sabía que acabaría traicionándole, contestó (aproximadamente):

—Soy actor. ¿Sabes lo doloroso que resulta tener que dirigirte a ti mismo? ¿Adivinas la soledad que se siente? ¿Puedes suponer lo que es desear que otro lo haga, que alguien saque de ti lo mejor que llevas dentro?

He reflexionado mucho acerca de sus palabras. Porque yo también me he sentido la más abandonada de las criaturas cuando no he estado al cuidado de buenos jefes. Ha ocurrido en muchas ocasiones, pero no es algo sobre lo que valga la pena extenderse demasiado: forma parte del asunto, como mis colegas no ignoran. Con todo, hay un par de cosas que me gustaría decir. Una, que el principal problema de los jefes es que la totalidad de los hombres creen servir para ello. Dos, que no es necesario que un jefe sea bondadoso o amable. Basta con que sea equitativo, y con que te conozca: que sepa el partido que puede obtener de ti. Que permanezca detrás, fustigándote cuando lo necesitas, apoyándote cuando es preciso. Ni avasallándote con su arbitrariedad ni minándote la moral al transmitirte sus propias inseguridades.

Mis peores experiencias en este sentido (a excepción de Doble A, de quien he hablado en el capítulo sobre Diana de Gales, y a quien volveré pronto), se desarrollaron en el *Cambio 16* posterior a la salida de Pepe Oneto, por el que deambularon una serie de tipos que creían inventar la pomada cada vez que se les ocurría algo para mí, y que me llamaban a su despacho para comunicarme genialidades como "quiero que escribas una página sobre hombres, enfrentada a otra sobre mujeres que escribirá Jiménez Losantos" o "lo que tú tienes que hacer es una sección de chismes".

Permanecí en *Cambio 16* algo más de dos años, periodo durante el cual estuve sometida a unos dieciséis directores. No es cierto, pero los que fueron, fueron demasiados, y entre uno y otro siempre se daba un periodo en que el temperamental Juan Tomás de Salas, editor de la revista, la tomaba a su cargo, convencido de que era el único que la podía arreglar. Pese a todo trabajé, y bastante a gusto. Empecé a viajar, a hacer temas duros. Al regreso de uno de esos viajes, asistí a una de las fiestas que solían reunir con frecuencia a gente de la revista: mucho antes de que la indecisión del rumbo que llevaba la publicación empezara a emponzoñar los ánimos. El caso es que me corrí una juerga importante, en la certeza de que disponía de un margen de tiempo para el desenfreno y el descanso, antes de que me mandaran a otro sitio. Me equivocaba. Acababa de desplomarme en mi cama cuando sonó el teléfono. Eran las ocho de la mañana y al otro lado del hilo estaba Juan Carlos Algañaraz, jefe de Internacional: "Han asesinado a Indira Gandhi. ¿Quieres ir a cubrirlo?". No lo dudé ni un instante.

Corrí a la Embajada a por un visado, y aquella misma noche hice escala en Heathrow, de donde partí hacia Delhi al amanecer, después de velar durante horas en el hotel, atenta a las noticias de la BBC. Un fanático sij había asesinado a la primera ministra Indira Gandhi, en venganza por la profanación que ésta había perpetrado días antes al sitiar con sus tropas el Templo Dorado de Amritsar, un recinto sagrado para los sijs, en la región norteña de Punjab. Como consecuencia del magnicidio, partidarios de la difunta habían declarado la caza del sij, y estos peculiares musulmanes, reconocibles porque no se cortan ni el pelo ni la barba, sino que se los enroscan y los ocultan habilidosamente dentro del turbante[17], ardían como teas bajo el fuego nada metafórico de los vengativos hindúes.

Llegué al aeropuerto de Delhi a las dos de la mañana, con una sola indicación: ir directamente al Oberoi Hotel, en donde solían parar la mayor parte de los periodistas occidentales. Puede decirse que di un largo rodeo antes de conseguir arribar a mi destino.

El aeropuerto estaba atiborrado de gente. No eran pasajeros en espera de vuelo, sino ciudadanos que dormían allí. En

---

17. Ver la película *El paciente inglés*, secuencia del desmelenamiento del artillero por motivos higiénicos.

la superpoblada y depauperada India, quienes no tienen donde vivir, que son mayoría, se quedan a dormir donde les pilla la noche. Esto, que es bien sabido, es algo que no deja de sorprenderte cuando lo ves en su cruda realidad. Salí del aeropuerto y abordé uno de los taxis. Abrí la portezuela: dentro había media docena de tipos, incluido el chófer. *"Friends, friends"*, explicó, señalando a sus huéspedes, que despertaron como un solo hombre e intentaron agarrar (todos a la vez) mi maleta. Nos metimos (éramos ocho) en el coche, y el conductor murmuró un entusiástico (eso tenía que haberme alertado) *no problem* cuando le indiqué que iba al Oberoi. Tras un buen rato circulando a campo través, intuí que no me conducía a mi destino. En efecto: era *sí problem*. No podíamos llegar a Delhi porque había toque de queda y ardían los sijs en el mero centro de la ciudad. El taxista tenía un pariente que, casualmente, regentaba un *very, very good* hotel. De nuevo, *no problem*.

Absolutamente ignorante de la idiosincrasia local, y evaluando la situación en términos occidentales (llevaba el cinturón forrado de dólares), di gracias al cielo por no ser sij, ya que en tal caso mi turbante habría horadado el capó, tal era la envergadura de mis pelos de punta en aquel momento. Por fin llegamos al hotel (por llamarlo de algún modo: era una especie de barraca de cemento de una sola planta perdida en el campo), y los ocupantes del taxi, conmigo en medio y ellos peleándose por llevar mi maleta, irrumpimos en el vestíbulo. Mejor dicho: nos detuvimos en el umbral, en espera de que la cincuentena que dormía en el vestíbulo se percatara de nuestra presencia y se pusiera en pie para dejarnos entrar. Cosa que sucedió enseguida, y ya eran muchos los nativos, francamente, que pretendían hacerse con mi maleta.

Por detrás de una especie de mostrador surgieron unos doce hombres más que, esos sí, me arrebataron la maleta y me condujeron a mi habitación, sin que por ello el séquito que había logrado reunir hasta aquel momento mostrara signos de desaliento. El dormitorio era pequeño, pero los muchachos estaban hechos a todo; además, como aprecié más adelante, cuando eres aplastantemente pobre y careces de ocupación y te aburres mucho, se agradecen las distracciones que rompen la monotonía. Yo era su solaz, y se las arreglaron para entrar conmigo en la pieza y describirme (íbamos por el centenar: habíamos recogido a los que dormían en los pasillos) las excelencias de las instalaciones. *Telephone*, decía uno, y al descolgar el auricular se desprendía de la pared el aparato en su integridad. Daba igual, porque no había línea. *Shower*, decía otro, tomando la alcachofa de la ducha, sin poder restituirla a su lugar. Era lo mismo, tampoco había agua. Por fin conseguí que salieran todos (me cercioré mirando debajo de la cama) y suspiré, aliviada aunque aprensiva. La ventana no tenía cristal ni postigos, estaba en una planta baja y cualquiera podía saltar en cualquier momento desde el exterior, y apoderarse de mis ricos dólares. Si yo hubiera sido ellos, lo habría hecho: habría sido una forma expeditiva y, al fin y al cabo, desproporcionadamente minúscula, de resarcirse de los estragos de la colonización.

Pero no lo hicieron. Tenían preparado para mí un castigo mucho más refinado. Transcurridos cinco minutos, uno de ellos golpeó la puerta y dijo: *"Madam? Tea, madam?"*. Pulidamente, respondí que no y le di las gracias. A los pocos minutos, más golpecitos: *"Madam? Cake, Madam?"*. Estuvieron así una hora larga, hasta que se me acabó la paciencia. Abrí la puerta: todos, y digo todos, se habían tendido a lo largo del pasillo, pero se iban levantando por turnos para ofrecerme, los pobres, una bebida u otra, con la esperanza de acabar ablandándome y sacándome un par de dólares. Ellos, que habrían podido degollarme, quedarse con mis pertenencias y enterrarme debajo de un árbol. Ganas me daban de llorar, pero no podía mostrarme conmovida. Hice algo que, en ocasiones similares, me ha dado siempre buen resultado:

—*Hòstia puta de Deu em cago en cony!*

Mano de santo. Una oportuna y contundente blasfemia en una lengua ininteligible para ellos, el catalán, lanzada con vigor, les hizo enmudecer y echarse a dormir. Yo no pude hacerlo. En el silencio, escuchaba el crepitar de los grillos y oteaba la ventana, ansiando que se hiciera de día. Tumbada en la cama, vestida, abrí *Hijos de la medianoche* y me dispuse a pasar el tiempo, con la ayuda de un tranquilizante. Estuve leyendo hasta que amaneció, momento en el cual salí, abrazada a mi maleta. Los otros se pusieron en pie de un respingo y me acompañaron la recepción, en medio de un respetuoso silencio.

Se portaron estupendamente. Me cobraron poco y me despidieron con suma deferencia. Debieron pensar que estaba loca, una mujer sola y con semejante grado de despiste encima, avanzando hacia la humeante Delhi. El taxista me dejó a varias manzanas del Oberoi, tras excusarse musitando *problems, problems*.

En el hotel, me precipité sobre el registro, en busca de periodistas. Tuve suerte. Ignacio Carrión y Ángel Santa Cruz, de *El País*, ocupaban sendas habitaciones. Ángel había salido, pero Ignacio estaba allí, y me recibió con amabilidad, aunque no sin reticencia cuando le pedí que me echara una mano: "Bueno, vamos a ver qué dice Ángel, ahora somos competencia". Poco después llegó Santa Cruz, que me abrazó y se puso a mi disposición. Fantástico. Desde aquel momento, reportamos casi siempre juntos, los tres: al fin y al cabo, no había rivalidad posible. Ellos publicaban cada día; yo lo haría en una revista semanal, y además tenía un encargo distinto. "En cuanto puedas, sales de Nueva Delhi y recorres el país, para escribir un reportaje sobre la India sin Indira", me había aleccionado Algañaraz. Las cosas sucederían de otra manera.

La mayor satisfacción que obtuve de aquel viaje fue que en Delhi conocí a alguien que se convertiría en un gran amigo. Enrique Ibáñez es un periodista de pura cepa, de agencia: para mí, lo mejor, lo más esforzado en el oficio. Estaba destinado en Beirut (mi soñado Beirut), pero aquel 31 de octubre de 1984 escuchó por la radio la noticia del asesinato de la primera ministra mientras disfrutaba de unas vacaciones en Katmandú, con una cerveza en una mano y un *biri* (uno de esos cigarrillos indios perfumados y bastante repugnantes) en la otra. Llegó a Delhi con lo puesto: en sandalias y sin dejar de consumir *biris*; él que, como aprecié más adelante, ha sido el último de los irreductibles consumidores de *Celtas* cortos.

Una de las primeras mañanas en Delhi fuimos en expedición, Quique y yo, con dos o tres colegas más, a un barrio en el que sabíamos que estaban linchando a sijs. Era un suburbio de casas bajas, y parecía desierto, salvo por algunos vecinos que, sentados en cuclillas, nos contemplaban desde las azoteas. Lo de "un silencio espeso y amenazante se cernía sobre nosotros" no resultaría, aplicado a aquella incursión nuestra, una simple frase hecha. Algo iba a ocurrir y no sabíamos qué. Por fin, al doblar una esquina, una horda de chavales no mayores de catorce años, armados con palos, se lanzó hacia nosotros. Menos mal que, antes de actuar, nos advirtieron. Tenían los ojos enrojecidos por la ira. Dijeron que, si no nos largábamos de inmediato, acabaríamos como los sijs. "Jooooder, esto es como Beirut", susurró Quique por lo bajo, mientras corríamos hacia el lugar, prudentemente alejado, donde nos aguardaba nuestro taxi.

Desde entonces, sé que la no violencia de Mahatma Gandhi no es una característica genética de los indios sino, por el contrario, una doctrina que el gran pacifista les quiso inculcar para que no cedieran a la furia que, frecuentemente, les altera los nervios. He estado en un par de ocasiones más en la India, y siempre con motivo de que hindúes y musulmanes habían vuelto a dedicarse a destruir sus respectivos templos y a masacrarse mutuamente.

Mientras mis compañeros informaban todos los días, yo acumulaba material para mi larga crónica. Cuando estaba a punto de dejar Delhi para recorrer el país, tal como me habían pedido, otro *capo* de *Cambio 16*, el redactor jefe de cierre, me llamó por teléfono:

—Que mandes la crónica, ya —perentorio.

—Perdona, pero me dijisteis que... —perpleja.

—Nada, nada. La escribes ahora mismo y te vuelves, que mañana es el puente de la Almudena y tenemos que cerrar.

Pasmada.

No es lo mismo escribir para el día siguiente, como hacían mis compañeros de prensa diaria (no digo ya de agencia: varias crónicas al día) que para el próximo número de una revista que aparecerá cuando todo el mundo esté al corriente de lo sucedido; es más, cuando todo el mundo probablemente estará harto de leer detalles sobre lo sucedido. La alternativa de recorrer parte del país contando la orfandad en que se quedaban sus habitantes constituía una buena salida para mí, además de una justificación para el carísimo viaje. Pero la Redacción tenía que cerrar porque habían decidido darse fiesta por la Almudena de los cojones.

No disponía de material suficiente. Sólo había estado en Delhi, salvo por una escapada al Punjab que realicé en compañía de Carrión y de Ángel Santa Cruz: nada más llegar, los militares nos detuvieron y confinaron en el hotel, obligándonos a partir de vuelta en cuanto amaneció, por lo que nuestro viaje sólo sirvió para certificar, en Amritsar, a las puertas del Templo Dorado, que no había conflictos visibles en el santuario de los sijs. Y para que, durante el trayecto, conociéramos en vivo la curiosa forma de conducir que tienen los nativos. Es como la ruleta rusa. Tú vas en taxi, a unos quince kilómetros por hora, mientras la carretera está vacía y sin obstáculos. De súbito aparece una vaca sagrada, más allá cruza un monje con un candil, un grupo de campesinos se apiña en pleno asfalto y en el horizonte, se perfila la silueta de un autobús lleno hasta los topes y con unos cientos de ciudadanos sentados en el techo. Es entonces cuando tu chófer, que hasta ese instante ha mostrado una cachaza suprema, entra en trance Fittipaldi, mete la directa y enfila a toda velocidad hacia el autobús sin abandonar el centro de la calzada, que también ocupa la mole que viene lanzada en dirección contraria. Cuando faltan unos veinte metros para el choque frontal y fatal por necesidad, el más débil de los contendientes (pues de eso se trata: de ver cuál de los dos es el que se rinde) da un violento giro al volante y se arroja a la cuneta, con los pasajeros dentro. Entre la ida y la vuelta a Amritsar, el juego se repitió varias veces. En ocasiones, también nosotros obligamos a alguna que otra bicicleta a tragar el polvo. A ver.

Salí del embolado almudénico escribiendo color y más color, y redundando en los hechos conocidos, sin poder adivinar, además, sometida a tan apresurada entrega de mi reportaje, cómo iba a evolucionar la situación. Por fin, abandoné Delhi, vía Roma, con una frustración y un cansancio físico infinitos. Llevaba mucho tiempo durmiendo poco y mal. Cabreada, decidí pasar en Roma el dichoso puente, con mi amiga Rosa Messegué, corresponsal de *El Periódico* y antigua compañera mía en *Garbo*. Allí, mientras asistía a una proyección en un cine de Campo dei Fiori, noté que veía doble por el ojo derecho. Ante el espejo, me di cuenta de que también lo tenía desviado. De regreso a Madrid, me sometí a un montón de pruebas de oftalmología. El oculista que me examinó llegó a la estimulante conclusión de que mi vista no sufría alteración alguna: seguramente se trataba de un tumor cerebral, dijo. Aquel mediodía llegué a la Redacción de *Cambio 16* y le conté a Pepe Oneto mi problema. Reaccionó con sensibilidad: él y Pedro Páramo, consternados, lo arreglaron para que aquella misma tarde me examinara Alberto Portera. Un médico genial. Me hizo extender las manos y caminar hacia él: "Tranquilízate, no creo que tengas nada. Pero, para mayor seguridad, te harán un escáner". En efecto, no tenía nada, aunque seguí durante semanas con doble visión. Como no me gusta inspirar compasión, me hice un parche de raso escarlata, le cosí unas lentejuelas de colores, y oculté tras él mi ojo malo.

Me acostumbré a cambiar la perspectiva. Me movía en un mundo plano, y los coches siempre estaban más cerca de lo que creía; no sé cómo no me atropellaron. Un día, cuando ya desesperaba, se me acercó Carmen Rico-Godoy, y me habló de una especialista en pases magnéticos en quien tenía mucha confianza. Fui. Me dio unos pases y, al día siguiente, recuperé mi vista normal. Yo ni creo ni dejo de creer: tal como ocurrió, lo cuento. Fue una suerte, la intervención de Carmen.

Pasé momentos muy dichosos en *Cambio 16*, hasta que la ventolera frenética de los múltiples, valga la redundancia, cambios, se llevaran por delante el espíritu de lo que había sido, en épocas anteriores a la mía, una gran Redacción. Pronto supe que a Juan Tomás de Salas le entraban repentes esporádicos que podían resultar muy estimulantes… o constituir un nuevo peldaño en el descenso hacia la decadencia. Cuando él tomaba el mando (convencido de que era el único que podía dirigir su revista), hacía cosas como dedicar un monográfico a Rafael de Paula, y enviar un equipo a Sevilla para dar cuenta de la reaparición del diestro a la salida de la cárcel: con el querido Nacho Vara y el no menos querido Antonio Caballero, y yo misma, que lo único que sé de toros es que por su culpa se quedó viuda Isabel Pantoja. Cuando Salas se cansaba de dirigir, montaba triunviratos inverosímiles para sustituirle. Hubo un tiempo en que tuvimos un periquito en la Redacción, aunque no llegó a director. Lo cuidaba Bárbara, la esposa de Salas, una mujer de una pieza, y fue bautizado como *Diecisiete*. El perico se situaba en los carros de las máquinas de escribir de sus redactores favoritos, e iba de un lado a otro, a impulsos de la escritura.

Empezaba a ver que la nave, con tanta mudanza de capitán, no iba a ninguna parte. Aunque tampoco pensaba en irme a *El País*. No había dejado de coincidir con Cebrián e incluso con Polanco en diversos festejos, y el primero seguía comentándome, cada vez, mitad en broma mitad en serio, si había considerado la posibilidad de volver. Aunque, en el corazón, nunca me había ido, pensaba yo que mi regreso físico no resultaba nada probable, puesto que ni yo ni el diario íbamos a mudar de carácter. Por otra parte, la situación en *Cambio* empezó a resultar insostenible, y un día hice lo que ya había hecho en *Pronto:* corte súbito. Llené una bolsa de El Corte Inglés con mis pertenencias y me largué. No acabó allí la cosa. Recibí un telegrama, invitándome a desayunar en el Ritz al día siguiente: no lo firmaba Salas, sino *Diecisiete.* El periquito no se presentó a la cita, pero Salas sí. Accedí a volver, aunque no creía en sus promesas. Nadie puede traicionar su temperamento.

Yo tenía una columna en *Diario 16*, en la última página, bastante leída: "No te lee tanta gente como en mi periódico, pero te lee quien te tiene que leer, yo mismo", me dijo Jesús de Polanco en el transcurso de una cena en la que coincidimos. Polanco es uno de esos hombres que me gustarían aunque fueran pobres: fuerte y con un gran corazón. El caso es que, mientras tuve la columna en *Diario*, algunos empezaron a llamarme Jesucristo, porque aparecía entre Alfonso Ussía y Jiménez Losantos. La vida puede resultar muy dura, a veces. Incluso puede empeorar.

Como ya he insinuado, la sucesión de directores que tuve en *Cambio 16* constituyó un elenco ilustrativo de las posibilidades de la ley de Murphy. Cuando creía haber tocado fondo, aterrizaba un sustituto que mejoraba al anterior. Por fin llegó Pedro J. Ramírez, dispuesto a simultanear la dirección de la revista (tenía en ella a Alfonso Rojo, su brazo derecho) con la de *Diario 16.* Quiso el destino que el mismo hombre que propició indirectamente mi primera entrada en *El País* tuviera que sufrir mi abandono, cuando me reintegré al rotativo de Polanco en 1986. Y es que el periodismo es un echarpe.

Ramírez es un buen creador y director de diarios populistas. No sé por qué ese empeño de medirse (primero) con

Juan Luis Cebrián, y de tratar de borrarle del mapa (después), sin éxito en ambos intentos, a pesar de las ayudas extra que ha recibido. Posee, Ramírez, una magnífica capacidad de reacción, y no vacila en mandar a su gente a donde sea necesario: no se deja comer por la burocracia, un mal que siempre amenaza a los periódicos. Pero no es nada escrupuloso a la hora de escoger a la gente, y presenta un problema grave: qué hace luego con tu material, cómo lo titula, lo orienta, cómo lo amarillea. En 1985, cuando se produjo en Colombia la tragedia del volcán Nevado del Ruiz y los 30.000 habitantes de la ciudad de Armero fueron aniquilados y enterrados bajo toneladas de lodo, me movilicé para que Alfonso Rojo me enviara allí, lo cual no parecía probable, porque siempre mandaba a Julio Fuentes, lindo bebé con chaleco multibolsillos que estaba empezando. Rojo no estaba por la labor de mandarme, y yo estallé en llanto. "Las mujeres todo lo arregláis así". "No te equivoques", rechiné. En efecto, lloraba de ira: porque no podía degollarlo allí mismo. Es algo que me pasa con frecuencia: lloro a borbotones, y la gente (en especial, los jefes) cree que es de pena. Lloro de impotencia, y pensar que estoy llorando todavía me vuelve más impotente y me hace llorar más.

Por fin, me enviaron a cubrir la catástrofe, para la revista y *Diario 16*. Conmigo iba el fotógrafo colombiano Gilberto Villamil, que se movió con gran habilidad. Cuando telefoneé al director para comentarle lo que iba a transmitir, Ramírez se puso tozudo: "Quiero que entrevistes a la niña Omaira". "¿Perdón?". Había miles de niñas Omaira en aquel devastado paisaje, pero él quería específicamente a una: la que había salido por la tele, entrevistada por Ana Cristina Navarro.

En la primavera de 1986 se planteó en la reunión de temas realizar un reportaje sobre la problemática gitana. Estallaban conflictos por todas partes y se producía, además, la cristalización del fenómeno de la droga, que irrumpía en los asentamientos atacando a los miembros más jóvenes de las familias y desestructurando los clanes. Sus vecinos payos protestaban, se les enfrentaban con violencia. Pedro J. Ramírez (que acababa de iniciar su relación con una diseñadora y estaba cambiando de humor y de aspecto: llegaba cada mañana con una camisa nueva y una inequívoca sonrisa de triunfador) propuso en una reunión que yo hiciera un reportaje. Le dije que la única forma de salirse del tópico era realizarlo *desde dentro*. "¿Qué quieres decir?". "Hacerme pasar por gitana". Se mostró escéptico, pero me permitió probar. Sin duda pensó, como muchos otros, que me pondría una bata de cola y una peineta y saldría a la calle con los brazos en jarras. Nada más lejos de mi intención.

Aquel fin de semana recorrí El Rastro, en busca de la vestimenta adecuada. Yo vivía entonces cerca, en Latina, y veía a diario a las gitanas que vendían flores, medias, ajos. El lunes siguiente, me presenté en la Redacción, y el guardia de seguridad no quería dejarme pasar. Primera lección: nadie te mira cuando eres gitano; te conviertes en un bulto sospechoso. Tuve que retrasar un par de días el inicio del reportaje, porque en el último momento me di cuenta de que ninguna gitana lleva gafas. Corrí a pedirle ayuda a Aida, mi amiga de Óptica 2000: encargó unas lentillas de urgencia, que me coloqué sin pasar por el periodo de pruebas. En pleno reportaje, mientras viví en la Villa Julieta, en Zaragoza, en casa de una comadre que sabía lo que yo estaba preparando, mi mayor dificultad consistió en mantener las lentillas limpias y ocultas; su descubrimiento por parte del padre de familia habría desbaratado mis planes. Había otra complicación, que surgió sobre la marcha. Y era que una gitana que iba sola por el mundo, sin la compañía de otra mujer, de niños o de parientes, les parecía a todos una grandísima puta. Tuve que acostumbrarme a la falta de respeto de aquellos que no conocían mis intenciones. Por suerte, conté con la complicidad de gitanos amigos que me ayudaron a urdir la trama (me hice pasar por medio gitana, con una madre paya de Barcelona, para hacer más creíble mi interpretación), y que fueron mi refugio durante aquellos días.

La experiencia duró un mes y se desarrolló en dos planos. Por una parte, trataba de vivir como gitana entre gitanos. Por otra, deambulaba como tal en el mundo de los payos, haciendo cosas normales: entrar en una perfumería a comprar una crema, caminar. Simplemente caminar. No me miraban, no me veían. Había desaparecido. La experiencia más traumatizante, con todo, fue pedir. Vendí medias, vendí ajos: eso tenía dignidad. Pedir limosna era entrar en otra dimensión. No soportaba la vergüenza. Me veo a la puerta de la basílica del Pilar, gimo *dame argo, dame argo* y sé que quiero morir. Ahí, con la mano extendida, comprendo por primera vez la *diferencia*.

Había momentos hilarantes, también. Un día, durante un paseo por la Gran Vía madrileña, entré en La Casa del Libro. Expresión asombrada de los dependientes. Uno de ellos se me coloca detrás, controlando mis movimientos. Desconcertado: una gitana, robando, vale. Pero, ¿robando libros? Por fin me vuelvo hacia él, y con el mejor acento posible, inquiero:

—Por favor, ¿tiene la última edición del *Oxford Advanced Learner's Dictionary of Current English*, de A. S. Hornby?

Lo compro. Pago en efectivo y salgo. Muchos años después, durante una firma de mi novela *Un calor tan cercano* en La Casa del Libro, le conté la anécdota, que no utilicé en el reportaje (sólo le convenía a mi autoestima) a la encargada. Casi le dio un síncope.

Cuando terminé mi misión (habría podido no terminar jamás, pero eso pasa siempre: hay que saber detenerse), regresé a la Redacción y me encontré con que me pedían que obviara los, para mí, aspectos más interesantes de la experiencia: la insalvable dimensión del abismo que separa a payos y gitanos; el racismo que estos últimos también ejercen contra nosotros; el sometimiento de sus mujeres. Querían un derrame sentimental en dos partes, y lo escribí. Sin dejar de pensar que, de haber realizado el reportaje para *El País*, me habrían exigido que fuera más rigurosa.

El reportaje tuvo mucho éxito, fue la primera vez que salí en televisión para hablar de algo mío, con Mercedes Milá. Pero no es mi favorito de aquella época; tiene demasiado de *show* para públicos tiernos. Prefiero, con mucho, el que realicé sobre la Legión, en Fuerteventura: también camuflada, viviendo la experiencia desde dentro, a la manera del periodista alemán Gunther Walraff, cuyas incursiones en diferentes escenarios (se infiltró en el periódico *Bild Zeitung*, propiedad del *capo* de la prensa sensacionalista, Axel Springer, para denunciar sus métodos; fue emigrante turco durante un año) estaban muy de moda. Conocí a Walraff más tarde, cuando presenté uno de sus libros para el Círculo de Lectores; y estuve con él en su piso de Colonia. Es un gran tipo, pero yo sería incapaz de prolongar durante tanto tiempo, como ha hecho él, tales trabajos. Claro que yo no soy un alemán progresista desasosegado por el complejo de culpa.

Si prefiero el reportaje sobre la Legión es porque resultó mucho más arriesgado y tocaba al estamento militar. En principio, cometí la ingenuidad de querer ir por lo legal. Miguel Ángel Liso, el especialista en temas militares de *Cambio 16* llamó a las puertas oportunas para que se me facilitara la entrada en el Tercio don Juan de Austria, pero la respuesta ni siquiera fue un no rotundo, sino que consistió en dar largas y más largas. Cansada de esperar, decidí actuar por mi cuenta y me puse en contacto con la gente que, en Fuerteventura, estaba en contra de los desmanes que a diario perpetraban legionarios borrachos que robaban sus barcas e intentaban huir, y acababan destrozándolas contra los arrecifes. Los legionarios eran de secano: venían de un desierto en donde les dijeron que tenían que estar para defender España de los moros; y la inactividad, en una isla pequeña y hostil, les ahogaba. Se daban casos de pillaje, de muchachas ultrajadas. La Legión era un problema para la población, pero también para el Ministerio de Defensa que entonces dirigía Narcís Serra: menos mal que llegó Bosnia y los reciclaron, de novios de la muerte a defensores de los vivos, como quien dice, pero sin dejar de cantar sus himnos y de besar sus cristos y pasear a su mascota, el macho cabrío: conservaron la parafernalia que les hace creerse más viriles que el resto de la humanidad.

Fue un buen reportaje, que también se desarrolló en dos planos. Por un lado, entrevistaba a los majoreros (naturales de Fuenteventura) que se oponían a la presencia de la Legión; conseguí importantes documentos, incluidos certificados de defunción de muchachos fallecidos en oscuras circunstancias, incluidas tumbas ocultas. La otra cara de mi reportaje me llevaba a frecuentar los tugurios de Puerto Rosario, dedicados a los legionarios, regentados casi todos, como los *meubles*, por ex legionarios que habían seguido a la tropa desde el Sáhara. No eran lugares frecuentados por las muchachas locales, y yo conseguí entrar en ellos utilizando la más elemental de las estratagemas: me ligué a un *legiata*.

Jugué con ventaja. Mi guía de la oposición me acompañó a la Isla Lobo, un pequeño peñón suspendido en el océano, al norte de Fuerteventura. Allí siempre estaba de guardia un retén de legionarios que empleaban nuestros impuestos (les doy mi palabra) en vigilar los barcos que, de tarde en tarde, se vislumbraban en el horizonte, y a marcar con una rayita una piedra cada vez que pasaba uno. Cada quince días se producía un cambio del retén. Nosotros llegamos justo la víspera, esperando que algún macho en celo, después de permanecer quince días de abstinencia marcando piedras, se dejaría seducir por mis relativos encantos. En el islote no había otra presencia que la de un padre y un hijo que llevaban un mísero y único merendero, y aparte de ellos, las posibilidades de romance se reducían a una cabra multiempleada. La verdad es que nunca lo he tenido más fácil. Me hice la turista hambrienta de sexo, nos invitaron a compartir su rancho y, al poco de estar sentada a la mesa, unos deditos encallecidos presionaron mi espalda. Los busqué con mi mano y me apoderé de un papel que el propietario de los dedos, un muchacho bastante más joven que yo, atractivo, con un tremendo costurón en la mejilla, me alargaba con el teléfono del Tercio y su nombre. Previamente me había dicho que salían todas las tardes a eso de las siete, y que se aburrían, porque ninguna chica de Puerto Rosario quería que la vieran con ellos. Yo representaba toda una novedad. Lo más parecido a una mujer normal que había tenido en años.

Mi ligue con el hombre a quien llamé Antonio (no quería perjudicarle) llegó hasta sus últimas consecuencias y fue una experiencia agradable, aunque no las tuve todas conmigo cuando me contó el motivo de su alistamiento en la Legión: después de señalarle la cara a la mujer que le traicionó (él era su proxeneta, ella se largó con otro y con sus ahorros) y de apuñalar a su rival, que por desgracia (decía) no murió, mi héroe había decidido esconderse allí donde nadie le buscaría, ni le haría reproches. "Pobre de la que me engañe a mí", repetía, cargado de whisky malo. Yo sonreía: la mueca de la Gioconda.

Por fin, a la semana del inicio de nuestro romance, llegó a Fuerteventura Ángel Carchenilla, para sacar a escondidas las fotos que ilustrarían el reportaje. Aquella tarde yo tenía una cita con Antonio en un *meuble* del barrio legionario. Tanto Ángel como yo convinimos en que no me presentara. Había tenido suerte hasta entonces; no era cuestión de arriesgarme más de la cuenta.

A finales del verano de 1986 coincidí en la Feria del Libro de Zaragoza con Juan Luis Cebrián. Yo firmaba ejemplares de *¡Oh, es él!* y él hacía lo propio con *La rusa*. Para entonces, mi amor por *El País* no había desfallecido, y mis perspectivas de permanencia en *Cambio 16* parecían agotadas. Había demostrado que era una buena superviviente. Aunque mis artículos no gozaban de la difusión que hubieran tenido en *El País*, eran reconocidos y apreciados. Supe que se acercaba la hora de volver. Aquella noche, en Zaragoza, recorrimos unos cuantos bares. Dije que tenía que retirarme pronto para tomar el primer avión de regreso a Madrid, pero Cebrián se ofreció a llevarme en su coche, y acepté. No se mencionó para nada, durante el trayecto, la posibilidad de que yo regresara al periódico, pero pocas semanas después una persona que producía algunos programas para la SER (que ahora pertenecía al Grupo Prisa) me llamó para decirme que tenía planes para mí, para que condujera un programa. "No creo que pueda hacerlo", repliqué. "Ten presente que formo parte de vuestra competencia".

Poco después me llamó Eugenio Galdón, que aún conservaba su puesto en la SER, y me citó en su despacho. No tardó en dejar los disimulos: "En realidad, no *queremos* tenerte en la radio. Me han hablado Juan y Jesús" (a ciertas alturas, los apellidos sobran). "Juan quiere estar seguro de que no le responderás con un desplante si te hace una oferta para volver a *El País*". No lo dudé un instante. "Si acepta mis condiciones, estoy dispuesta a considerarlo". La cita con Cebrián sería el 7 de octubre a las siete de la tarde. Llegué puntualmente, temiéndome que él no: pero lo hizo. Me recibió con todo su encanto, que no es poco, desplegado; se sentó a mi lado y prácticamente no me dejó hablar. No tuve que imponer condiciones: su oferta tenía en cuenta todos mis requerimientos. Sólo me contradijo en un punto: yo quería un contrato temporal, para sentirme menos atada, y él me dijo que no fuera tonta. "Tal como eres tú, te irás cuando te salga de las narices. Hazme caso, pronto no va a ser nada fácil entrar en plantilla en esta casa". Tenía razón.

Me despedí de Pedro J. Ramírez diciéndole que por él me quedaría pero que no soportaba la inestabilidad de la casa, y de Juan Tomás de Salas asegurándole que por él me quedaría, pero que no soportaba a Pedro J. Pero, aunque a Salas le dije la verdad: "Tú sabes que pertenezco a *El País*". Lo aceptó a regañadientes. En la oficina de empleo, la señorita que manejaba el ordenador me preguntó:

—¿Dónde va a trabajar?

—En *El País*.

—¡Qué bien! ¿En calidad de qué?

—Redactora.

—¿Qué títulos universitarios tiene?

—Ninguno.

—¿Certificados de estudio?

—Cero total.

Me miró, le dio a una tecla y se cayó el sistema. No me tenía prevista.

A los pocos días de volver al periódico (un acontecimiento que sorprendió a mucha gente, en especial a quienes habían querido enterrarme), me llamaron de Personal. "Que nos digas los títulos que tienes". Subí a la tercera planta (había dejado de temer a la zona noble; otra cosa es el respeto) y le dije a Cebrián: "Oye, que me piden los estudios, y como tú bien sabes no tengo ni la enseñanza primaria". Se encogió de hombros: "Pásatelo por el arco del triunfo".

Había vuelto a casa.

Pasión de Chile

—Mi reina, fue usted víctima de la habitual colisión entre la épica y la lírica del Cono Sur.

De haber vivido lo suficiente, Marcela Otero habría utilizado su certera ironía para poner el epílogo a la *pasión chilena* que me avasalló desde el instante en que pisé Santiago de Chile por primera vez, en octubre de 1986, o incluso antes, al sobrevolar la precisa y violenta estructura de la cordillera, un muro a espaldas del mundo, hielo y zafiro, indiferencia y belleza. Marcela no llegó a pronunciar su sentencia, porque ella misma formó parte del amargo desenlace. En diciembre de 1990, a los cuatro años de haberla conocido, con la urna que contenía sus cenizas enterré al pie de los Andes una parte de mí sobre la que no he querido volver a indagar.

Hoy, mientras doy vueltas por la casa intentando ordenar mi pasado para este libro, un informativo de televisión me fulmina con la noticia de la detención en Londres del senador vitalicio Augusto Pinochet. Me caen encima los recuerdos. Y con ellos, el dolor de aquel periodo arrebatado.

Una de las peores cosas que pueden ocurrirle a un periodista, aparte de quedarse en paro, es tropezar con lo que cree *el tema de su vida*. Yo estuve a punto de asomarme, en un par de ocasiones, a ese abismo del que no se regresa, ese derroche de energía que desgasta al testigo, embota su mirada y le hace moverse en círculo, hozar en los lugares comunes, perder la perspectiva. Ahora sé que, en el Líbano, el horror de la guerra me salvó de su brutal fascinación. La sangre ajena pagó el rescate gracias al cual no me convertí en una adicta al peligro, en una presuntuosa marginal que acaba repitiendo tópicos a otros desterrados, en una inacabable reunión apuntalada en el licor de los bares de hotel. No he reflexionado, en cambio, acerca de lo que me libró de Chile, mi otra obsesión.

Llevo años contándome la misma mentira. Que huí de allí el día de diciembre de 1990 en que perdí de una tacada a la mejor amiga que he tenido en América y al hombre a quien entonces quería. No, mujer. Recuerda. Recuerda de verdad, aunque te duela más que el dolor que crees evocar. Recuerda que dejaste Chile un año antes, la víspera de las elecciones que darían a Patricio Aylwin el puesto de primer presidente democrático después de la dictadura, en diciembre de 1989. Después de tanto amor, tantas vivencias, aquella vez te limitaste a detenerte un par de días en Santiago, camino de Panamá y recién llegada de São Paulo, para entrevistar al padre José Aldunate, dentro del reportaje que os empujaba, a ti y a Juantxo Rodríguez, a buscar jesuitas por varios países latinoamericanos. Una visita *de paso*, durante la cual permaneciste deliberadamente ajena a la excitación política que estallaba en el ambiente; indiferente a la euforia ante los cambios que se aproximaban.

Antes de partir hacia Panamá (y el destino, pero éste es otro capítulo), sólo te encontraste una vez con Marcela, temerosa de no poder soportar la evidencia de su deterioro físico. Ella tampoco quiso que la vieras más rato: se preparó para que la disfrutaras en su mejor momento del día, se vistió para ti, orgullosa de conservar su precioso cabello, pese a la quimioterapia, y se retiró, también por ti, antes de derrumbarse. Ya entonces supe que no la volvería a ver.

En cuanto al hombre que durante el último año había ocupado mi corazón, el hombre a quien, según mi costumbre, embellecí con los dones de mi fantasía para poder amarlo con lo mejor de mi libertad, ya había desaparecido, y el reflotamiento que se produjo más adelante sólo fue eso, burbujas en una superficie impasible que le volvió a engullir poco después y para siempre. ¿Qué habría dictaminado Marcela, de haber asistido al final? Posiblemente:

—¡Mágica! Ya la avisé de la decepción que producen nuestros héroes cuando, transcurrido *el efecto Pinochet*, que tan fatal encanto ejerce sobre las mujeres protectoras como usted, se comportan como lo que son: los machos proveedores y obedientes de nuestra hipócrita colmena.

No debo modificar el legado de los muertos. Marcela nunca me advirtió de nada en absoluto; bien al contrario. Desde el principio, desde mi primer viaje, situó delante de mí los ingredientes que hacían de aquel Chile un estímulo irremediable para el corazón. Sentada al sol, que su parte peruana adoraba, en la sala de su piso de la calle José Pedro Alessandri, desconfió de mis intenciones cuando me presenté con la recomendación de otra periodista española con quien había entablado contacto. Quizá pensó: "Esta huevona viene a interesarse por nosotros, nada menos que trece años más tarde".

Llegué por primera vez, como he dicho, en 1986, semanas después de producirse el fallido atentado contra Pinochet, que había desencadenado una brutal respuesta represiva por parte del régimen. El país se encontraba en estado de sitio y Santiago era una ciudad sometida al toque de queda, abrumada por el miedo, en la que florecían, paradójicamente, fenómenos esporádicos de cierta libertad que presagiaban los intentos de la dictadura por mostrar otra cara: los universitarios celebraban, a recinto cerrado, un simulacro de elecciones; ciertos teatros minoritarios ofrecían obras con soterrados mensajes de denuncia; cierta prensa bordeaba audazmente los límites de la censura. Pero sólo a los periodistas extranjeros que carecíamos de antecedentes en el país se nos permitía entrar en Chile, aunque bien sabíamos que nuestra labor se hallaba seriamente controlada por los espías del Ministerio correspondiente. Era un tiempo de teléfonos intervenidos, de conserjes de hotel a sueldo del gobierno, de taxistas-policía y de periodistas que ejercían de lacayos del régimen. Un tiempo sin Internet: los envíos por télex pasaban inexorablemente por censura.

Durante aquella visita, siempre tuve a un par de tipos merodeando por el bar del hotel, haciéndose pasar por colegas. Eran de manual: un gordo impresentable de greñas sebosas, vestido de negro, y un flaco escurridizo de quien no consigo recordar cómo vestía, precisamente por lo difuso del personaje. Creo que les tenía bastante desconcertados: me veían salir todos los días muy temprano, con tacones altos y una chaqueta de visón (comprada a plazos en El Corte Inglés: la rechacé hace años, pero reconozco que me rindió muy buenos servicios en ciertas operaciones de camuflaje), y regresar antes del toque de queda igualmente ataviada como una pudiente. Para su desconcierto, no transmitía ni una sola crónica.

Una vez, cerca del hotel Carrera, me detuvieron dos *pacos* (agentes de policía uniformados):

—¡¿A dónde va sola a estas horas?! —chillaron.

—Menos mal que aparecen ustedes —gruñí, con altivez colonialista de española acostumbrada a mandar—. Hagan el favor de acompañarme hasta el Carrera, que no quiero tropezarme con indeseables.

Les funcionó el Pavlov. Por suerte, dado que mi bolsa contenía un par de zapatillas deportivas y un montón de cintas y notas con declaraciones de personas a quienes los *pacos* sin duda catalogarían como indeseables: sindicalistas, profesores, médicos, estudiantes, viudas, huérfanos y algún que otro insurgente puro y duro. En cuanto a la chaqueta, era reversible, por lo que, para funcionar mientras reportaba entre la gente normal, le daba la vuelta y se quedaba en chupa de cuero bien calentita por dentro.

A mí no me iban a echar, pero sabía que, una vez fuera, una vez que escribiera lo que pensaba escribir, me prohibirían regresar quién sabe por cuánto tiempo. Y así fue. No pude volver hasta semanas antes del referéndum que el propio Pinochet convocó en octubre de 1988, que fue cuando el régimen abrió la mano. De modo que, en 1986, esta sensación terminal minó las defensas propias de mi oficio y me entregó a Chile como nunca me he dado a nadie. Porque nada refuerza tanto un amor como sabernos condenados a que nos lo arrebaten. Eso se llama fatalidad, que es el encanto principal de los perdedores y la marca de champaña que bebemos los románticos.

Marcela aprovechó inteligentemente mi exaltación para ponerme a prueba, enviándome a las manifestaciones que mayores probabilidades tenían de ser reprimidas, incluso acompañándome a ellas, arriesgándose a recibir golpes con la indiferencia que le proporcionaba su enfermedad, y obligándome con su ejemplo a emularla. Me veía caer de bruces, con mi acostumbrada torpeza de tobillos y mis rótulas averiadas, barrida por el potente chorro de agua turbia que lanzaban los *guanacos*, y se limitaba a sonreír y comentar que mi reconocida sensualidad de española me obligaba a abrazar el suelo. Sus ojos cada vez brillaban con mayor cariño, así fue como me fue queriendo, asegurándose de que yo no era una turista-periodista a la caza de emociones fuertes. No sé si llegó a saber, porque nunca se lo dije, que en realidad era una desarraigada que se estaba ofreciendo en adopción a un país que no era suyo pero cuya historia resultaba tan similar a la española reciente que pretendía que la permuta se produjera sin esfuerzo, casi por ósmosis. Tal vez lo adivinó. Era muy perceptiva. Supongo que intuyó que mi aspiración estaba condenada al fracaso; que me produciría alejamiento y dolor. Y que este pensamiento la enterneció.

Mientras Manuel Délano, periodista chileno de *El País* en Santiago, me proponía la agenda diaria que podía interesarme para mis reportajes (y eso abarcaba contactos con la oposición, entrevistas clandestinas, y también incursiones al otro mundo, al sector que se había servido de Pinochet para recuperar el poder, y a la nueva clase que brotó bajo su protección), Marcela, cercana a mi sensibilidad de escritora, se propuso ayudarme para que descubriera por mí misma la deformidad moral en que vivía Chile desde el golpe de Estado de 1973, las corcovas de malignidad escondidas bajo la piel gris de los días. Fue, para ella, una especie de pauta que se impuso: aprovecharme para beneficio de la verdad, y enriquecerme como persona a base de verdades.

Hizo que acudiera a la cárcel, a visitar presos; objetivo que, creo, le importaba menos que el hecho de que sintiera en mi cuerpo la humillación de los registros y el desprecio de los uniformados hacia la población civil desamparada. Me acompañó a la ópera para que acumulara datos sobre la más que notable esquizofrenia nacional: aquella vez se representaba *Il trovatore* y, a la salida, los mismos espectadores que habían asistido, conmovidos, a los desmanes del duque contra sus vasallos, se escabullían con la cabeza gacha, evitando un conato de manifestación reprimido con lo que suele llamarse policial contundencia. Desveló para mí, Marcela, algunos de sus misterios. Por ejemplo, el de aquellas muchachas fugaces que la ayudaban en la casa y que, a los pocos días, eran sustituidas por otras con el mismo patético aspecto. No eran chicas de servicio, sino víctimas de uno de los muchos aspectos que presentaba el terror (aparecían cualquier amanecer en cualquier cuneta, vivas pero escarnecidas, violadas, golpeadas), que se refugiaban en su casa mientras se les buscaba un lugar seguro.

Éste y otros enigmas (que son su historia y pertenecen a sus dos hijos; espero que, algún día, Rodrigo, el menor, el que ha heredado su aspecto, su cuajo y su humor, la escribirá) me los fue contando conforme transcurría el tiempo, el tiempo que ya no le quedaba, y que no dejó de vivir intensamente. De repente, cuando regresábamos de una de sus revisiones clínicas periódicas, daba un volantazo y enfilaba el coche en dirección contraria. "Voy a llevarte al cementerio, para que veas las tumbas de los sin nombre". "Voy a enseñarte dónde tuve que esconderme, el día del golpe". "Voy a presentarte a alguien". Siempre cediéndome su conocimiento, sus relaciones, siempre grabando su memoria en la mía. Transmitiendo la herencia del testigo.

Marcela. Su mirada, felizmente sorprendida, cuando me veía regresar oliendo a gases lacrimógenos y, en vez de hablarle del acto político al que había asistido le contaba mi impresión sobre los mendigos invidentes de Santiago. Esa legión de ciegos, le decía, apostados a las puertas de las siniestras galerías comerciales del centro de la ciudad. No hablan, no gritan, no piden, le decía, sólo agitan las monedas en una lata y ese sonido me parece aterrador, como el inútil lamento a un dios necio y cruel.

—¡Mágica! —pronto me llamó así—. Tu forma de mirar cambia mi paisaje.

Más tarde, decía:

—Cada vez que anuncias tu llegada empiezan a suceder cosas nuevas. Mi amiga, mi talismán.

Tengo que dejar de escribir, se me mezclan los encuentros, las fechas. Me aparto del ordenador y busco en el rincón de mi estudio en donde guardo una caja de cartón que tiene en la tapa un rótulo: "El factor humano". Es una caja que me ha acompañado en el transcurso de varios cambios de domicilio, y que nunca me he atrevido a abrir. Hoy lo hago. Extraigo libretas, pasaportes, agendas. No hay cartas de amor, sin embargo. Las quemé en su momento. Tampoco hay mensajes de Marcela; ella y yo manteníamos conversaciones telefónicas interminables. La llamaba desde cualquier lugar del mundo, para contarle lo que ella no podía ver: la Intifada palestina, el asalto a La Tablada en Buenos Aires. Inesperadamente me doy cuenta de que, a pesar de que mi amiga era periodista (aunque no para Chile: era corresponsal de la agencia cubana Prensa Latina), nunca conocí su estilo. Es el tipo de cosas del que sólo te percatas cuando ya es demasiado tarde. Tampoco importa demasiado. Marcela era la voz, la risa, la plenitud de vivir a plazo corto.

Ha llegado la Marcia, desde Roma. Ha venido a Madrid para declarar ante el juez Garzón. Exuberante, hermosa, alegre, valiente. Como siempre. La hemos recibido, una amiga abogada y yo, en el aeropuerto de Barajas, con una botella de cava, y hemos brindado, entre abrazos y exclamaciones de incredulidad por lo que está pasando en Londres. Un par de personas que también esperaban se sumaron a la celebración.

Marcia vale por tres, y sé lo que digo, porque la desdoblé en trilogía cuando utilicé su historia para el reportaje que salió en *El País* precisamente antes del referéndum que Pinochet convocó para perpetuarse de una manera u otra, es decir, para continuar en el poder con el apoyo popular, de salir el *sí*, o ceder el paso a la democracia, controlándola primero como jefe del ejército y luego como senador vitalicio, en caso de *no*. Tremendo NO, por cierto, el que apareció en la portada del suplemento en color del periódico, justo el domingo antes de que se celebrara la consulta, con mi extenso reportaje en páginas interiores y estupendas fotografías de Javier Bauluz. En aquellos momentos de euforia se creía que la transición que seguiría a la respuesta popular negativa arrancaría más justicia para las víctimas de la que realmente vino después. Los clarividentes, como Marcela, sabían que había algo podrido en el hecho de aceptar la consulta, de acatar lo dispuesto en la Constitución de 1982 que el propio dictador había promulgado para blindarse hasta la tumba; era ponerle un marchamo de calidad a una Carta Magna emanada del sangriento golpe de Estado. Pero resultaba difícil sustraerse al ambiente de optimismo que lo inundaba todo. Llevé a Santiago algunos ejemplares de *El País Semanal*, y los amigos entre quienes los repartí los exhibieron el día del referéndum, como prueba de que no estaban solos, haciéndome llorar de orgullo. Lo que ocurre muy de tarde en tarde.

Otra cosa son las cosquillas en la vanidad, relativamente frecuentes. El orgullo profundo de periodista no se experimenta así como así. Cuando un escrito ha mejorado la vida de alguien, o impedido la desgracia de otro. Hay una elección personal de la que también estoy satisfecha: la de haber respetado siempre escrupulosamente el anonimato de quienes, al confiarme sus historias, se pusieron en serio peligro. Me importa conseguir la verdad, me importan sus fuentes, me importa comprobarlas, me importa escribir el resultado. Y considero que, junto con este propósito, que es un deber moral profesional, mi deber moral como persona consiste en proteger a esos confidentes.

No estoy hablando del empleado de una multinacional que te cuenta hasta qué punto se han ensuciado las manos sus jefes. Hablo de gente que podría ser asesinada, encarcelada, torturada o desaparecida en países como la Suráfrica del *apartheid* o el Chile de Pinochet, y en todos aquellos lugares en donde han existido, y siguen existiendo, gobiernos corruptos, autoritarios o débiles, y militares acostumbrados a sobrepasarse en sus atribuciones; y paramilitares que hacen el trabajo más sucio. También he ocultado identidades en Cuba, en donde, por más que nos duela, por más que no haya sido genocida, por más que condujera una revolución legítima en sus orígenes, Fidel Castro devino en dictador que castiga la disidencia y amordaza la libre expresión. En algunas ocasiones, las historias que se me cuentan son tan peculiares que no basta con ocultar nombres y apellidos. Hay que usar trucos para alejar sospechas. A Marcia Scantlebury decidí convertirla en tres mujeres.

Marcia *cayó* en 1975, y durante seis meses fue torturada en Villa Grimaldi y Cuatro Álamos. Era amiga de Marcela, y fui a entrevistarla a la Redacción de *Análisis*. Allí conocí también a María Eugenia Camus, la buena de Cheña. Admiré el pudor con que Marcia me dijo que no solía hablar de su experiencia con la tortura, que su forma de vengarse consistía en no refocilarse en el pasado; en que, pese a todo, la alegría no se la pudieron quebrar; ni las ganas de vivir, ni de enamorarse, ni la ilusión.

En mi reportaje, la primera Marcia (*Elena)* se encargó de contar que a la celda donde daban tormento los funcionarios de la policía secreta, la temible DINA, la llamaban *la discoteca*, porque ponían música a todo volumen para ahogar los gritos de las víctimas: "Siempre me torturaban los hombres, pero me desnudaba una mujer. Había algo muy degradante en esa especie de delicadeza. La mujer se quedaba y animaba a los hombres, los jaleaba. Yo iba siempre, como todas, con los ojos vendados. Un día, después de la sesión de *parrilla* (aplicación de corriente en cama metálica, con correas de cuero: las víctimas, previamente mojadas), la mujer me cogió del brazo y me condujo al pasillo. 'Usted, que es madre (Marcia tenía dos hijos, de seis y tres años), me podrá ayudar', me dijo. Me sacó la venda y entonces vi que estaba embarazada como de ocho meses, y que tejía un jersey para su *guagua*. Quería mi opinión sobre cómo combinar los colores".

La segunda Marcia (*Mercedes)* aportó la parte de la historia que tiene que ver con su padre, un hombre de derechas, de buena posición, simpatizante con el régimen. La adoraba, y la crió con todos los beneficios que hubiera puesto a disposición de un varón; puede que, incluso, creyera que había conseguido convertirla en hombre con sus esfuerzos. Un día, a la adolescente le crecieron los pechos. Y el padre la envió a un internado. Años después fue a verla a la cárcel a donde la mandaron después de la tortura, y en ese encuentro ella se subió el blusón de presa y mostró lo que su padre había odiado tanto, el símbolo de la odiada feminidad: sus pechos, ahora abrasados por sus verdugos. "Mira lo que hace esa gente que a ti te parece tan bien".

La tercera Marcia (*Teresa*) era la que no conseguía ponerse en paz con el recuerdo del hombre que fue su pareja en los años de Allende, el hombre especial y luchador que le dijo que había un lugar para ella en un Chile mejor que aquella patria de los privilegiados a la que pertenecía por familia. Él fue detenido, y desapareció, la tarde del golpe de Estado. Todavía, cuando la entrevisté, tantos años después de haberle perdido, recién llegada del exilio, conservaba la rabia por lo que tomó por un abandono, por el incumplimiento de una promesa. Lo había dejado todo por él, incluido al marido conveniente que tenía cuando le conoció. "Me quedé sola, desubicada". Y sabiendo que tarde o temprano irían a por ella. Como así ocurrió, dos años más tarde.

Pero las tres Marcias merecían una oportunidad, y fue la tercera quien se la brindó a todas. Con el tiempo volvió al puerto acogedor del amor de su marido, aquel a quien dejó por el hombre de izquierdas, y aunque seguía llevando la foto de éste en la cartera con su imagen vuelta hacia dentro (signo del enfado por su abandono), recuperó una especie de felicidad. "Pero fíjate que yo pensaba que le había borrado de mi mente", dice, refiriéndose al muerto, "pero no era cierto, no lo era. Yo le había pedido siempre una señal, hazme una señal, que yo sepa que pensaste en mí en aquel momento". "¿Y la hizo?", le pregunto. "¡Sí! Porque mientras todo el mundo me decía que sus restos estaban en tal sitio o en tal otro, durante todos estos años yo no dejaba de ir al Patio 29, en el cementerio nacional de Santiago, en donde se encontraban los *sin nombre*. Siempre iba por allí, sin saber por qué. Y hace unos pocos años me llamó la Cheña, que la había avisado la Paya (que fue secretaria de Salvador Allende), para que me enterara de que lo habían encontrado, antes de que viera la noticia por televisión y tuviera un sobresalto. ¡Estaba en el Patio 29! Entonces comprendí que ésa había sido su señal, meterme a rondar por ese sitio exacto sin yo saber siquiera por qué lo hacía".

De una entrevista sobre la tortura que Marcia, ya sin tenerse que ocultar, en 1991, concedió a Cheña Camus para la revista *Análisis*, entresaco el siguiente párrafo, que en mi opinión define su entereza: "Quería desesperadamente morir con dignidad. En una ocasión, después de un interrogatorio, el guardia me apretó muy fuerte el *scotch* y la venda. Yo le reté y le dije que me iba a dejar sin pestañas. Una compañera que escuchó se llegó a reír, y después me dijo: '¿Para qué quieres tener pestañas largas, si igual nos van a matar y no vas a poder usarlas?'. Pero era seguirme sintiendo yo, una forma de defenderme. Cuando me quitaron la venda, después de cuarenta días, casi no veía. Pero ahí estaban mis pestañas".

No hay forma de ordenar esta avalancha de vivencias. Pero aquí están. Una cena de despedida: con Marcia, Marcela, Cheña, Ximena. Yo, llorando, les prometo vender mis cosas y regresar, y quedarme para siempre. Ellas cantándome *Palabras para Julia*, el poema de José Agustín Goytisolo, musicado por Paco Ibáñez, y yo llorando aún más. *Pensando en ti, pensando en ti como ahora pienso.*

El resultado escrito de mi primera visita a Chile en 1986 fue también el primer reportaje largo que publiqué en mi segunda etapa como periodista de *El País*. Alcanzó casi cuarenta folios y se publicó en dos partes. Eso ocurrió antes de que cristalizara la noción "a la gente no le gusta leer", que en los noventa se ha convertido en el equivalente de "lo que el público quiere...", la sentencia que abrió el camino a finales de la década anterior. O lo cerró, para ser más exacta. Me doy cuenta de que hoy semejante despliegue resulta incomprensible, pues parece que el afán de emular a la televisión y de sustituir el pensamiento por el ocio han triunfado en la prensa escrita. Los periódicos se expanden por la publicidad, no por su contenido. Los nuevos suplementos están dirigidos a los potenciales compradores de los bienes que aparecen en los anuncios. Con el espacio restante se hace lo que se puede. No hay dominical que acepte con frecuencia más de 6-8 folios por tema importante; ni jefe que pueda permitir al periodista tomarse dos o tres semanas para elaborarlo. Máximo rendimiento, mínima inversión: trabajamos, ahora más que nunca, con criterios de productividad. Se dan las condiciones ideales para ello: enorme competencia entre medios y una pléyade de periodistas desocupados y en estado de desesperación más o menos latente. En la España franquista se domesticaba a los profesionales amenazándoles con la cárcel. En la España neoliberal basta con que sepan que no hay puestos para todos.

Pero una cosa es cierta, y es que el deber de un periodista consiste en batirse en cada momento con cualquiera de las circunstancias adversas que puedan surgir en el desarrollo diario de su oficio. Nadie nos dijo nunca que el nuestro fuera un camino de rosas, aunque en los años de la transición y de instauración de la democracia empezara a formarse una leyenda en torno a un puñado de nombres que aparecieron como héroes y heroínas de la libertad de expresión, enmarcados en nuevo estilo de periodismo que quería cambiar la realidad y despegarse de la sordidez anterior. Eran, en su mayoría, periodistas que venían de lejos, profesionales con muchas horas de pluriempleo sobre sus espaldas, pero gracias a un periódico, *El País*, que nació en sintonía con la nueva España pareció que brotaran, como la libertad, del mismo aire que el común de los mortales respiraba en las calles.

En aquel tiempo, a los periodistas populares que daban conferencias, los jóvenes que querían probar suerte en el oficio les preguntaban qué había que hacer para ser como ellos. A finales de los ochenta, empezaron a plantear interrogantes que parecían interesarles más: ¿Cómo se consigue entrar fijo en un periódico? ¿Cómo te las arreglas para viajar a países lejanos? ¿Por qué hay tantos licenciados sin empleo mientras Fulano cobra esto y lo otro por salir en televisión? ¿Es posible conservar el puesto y escribir como uno quiere? Una frenética necesidad de seguridad hace que muchos confundan el oficio con un empleo y que pidan recetas en lugar de enseñanzas. Necesidad que resulta comprensible, pero que puede convertir al periodista, sin que se dé cuenta, en un lacayo.

Nadie se hace rico folio a folio, escribiendo honestamente para los periódicos, salvo que también hagas libros que sean *best sellers* (muchos: con uno no basta) y ganes un par de premios literarios bien remunerados. Actuando deshonestamente, puedes alcanzar el bienestar: apuntándote a veinte tertulias audiovisuales al mes para lamerle el culo en público a una serie de gentuza, y aceptando ingresos por escribir bien de un, pongamos, banquero.

Creo, sin embargo, que el profesional debe estar bien pagado. En eso, como en otras muchas cosas, fue pionero *El País*, que por primera vez contrató profesionales sin racanearles ni obligarles, por lo tanto, a dispersarse en veinte sitios. Es también un periódico en el que cuando te hacen jefe no mejoras gran cosa económicamente.

Lo repetiré: éste no es un oficio para blandengues ni *regalones*, y tienes que amarlo intensa y fielmente para permanecer en él. Si lo que quieres es enriquecerte, estudia para notario, cariño. Si ocurre que naciste con el veneno del periodismo en la sangre, hazlo de la única manera que debe hacerse, en cualquier circunstancia: bien. No importa que lo que te guste sea escribir y publicar (¿y a quién no?) y que te obliguen a pasar años sentado ante una mesa, editando lo que escriben otros: de ese modo aprenderás, te sentirás integrado en el engranaje, lo cual también forma parte del placer, y alcanzarás un conocimiento más profundo de tus propias facultades, así como de tus puntos débiles.

Esto, en el mejor de los casos. En el peor, puede que llegues a jefe siendo joven y un/una perfecto/perfecta imbécil. Conozco a varios/varias. Mucho me temo que se está perdiendo el arte del aprendizaje; o que se ha convertido en una especie de limbo en el que envejece, malhumorada y mal pagada, resentida y *desactivada*, gran parte de las nuevas generaciones de periodistas. Y perder el sentido crítico por dinero es bien triste, pero renunciar a él por exceso de explotación me parece, sencillamente, miserable.

Me he referido al placer de ser periodista. Es uno y grande, que tiene que ver con la aventura de participar en esa especie de barco que se bota todos los días y se olvida al siguiente, con la excitación de competir y con la sensación de estar en primera línea, a menudo tan víctima de la confusión como el resto del mundo, pero con las orejas tiesas del sabueso, sabiendo que en algún rincón de tu mente hay una pieza que hará encajar algo de lo que tienes delante. En lo que me concierne, no soy especialista en cazar noticias. Cuando algo sucede cerca de mí lo capturo, pero no soy buena en eso. Lo soy, en cambio, en explicar los porqués de las noticias, y de sus responsables.

Por eso, mi género favorito ha sido, es y será el reportaje, que si es excelente se nutre de los otros géneros, pues tendrás que hacer muchas entrevistas a personas muy diversas para obtener información, y para escribirlo deberás adoptar un esquema literario, un ritmo, una dosificación de la información que tense el relato y agarre al lector por el cuello desde la primera hasta la última frase. El reportaje no tiene que ser forzosamente extenso: lo importante es captar la esencia de lo que sucedió. Y eso puedes hacerlo aunque tengas que escribirlo rápidamente para el cierre y ajustarlo a un espacio muy limitado (que suele ser lo más común si trabajas como redactor de calle) *porque el objetivo al que me refiero se consigue sobre el terreno*. Observando. Convirtiéndote en un bulto integrado en el escenario. Adulando. Oh, sí, fingiendo. No mintiendo: debes identificarte, antes que nada. Nombre y medio. Pronunciando bien, pero sin pavonearse. Sin sacar la grabadora y metérsela en la garganta al otro. Sin preguntarle al padre de la víctima, por ejemplo, cómo se siente con su hijo abierto en canal. Observa. Y finge. Lo cual no consiste en disfrazarse de Caperucita. Simplemente, cariño, por alta que sea la consideración en que te tengas: pon cara de idiota. No importa con quién estés. Con el presidente del Gobierno o con el neonazi que ha apaleado a un emigrante. Con el portavoz y con el asesino. Con la viuda y con el general. Pon cara de idiota. La mayoría de los males que aquejan al periodismo actual nos han sobrevenido por poner cara de listos. Todos. Hasta los más cretinos.

Ser mujer, por ejemplo. Puede constituir una desventaja para llegar a la cúpula del poder periodístico (ellos llevan años haciéndose la pelota en las reuniones diarias, midiéndose los puntos flacos: están entrenados para subir en el escalafón), pero sobre el terreno, en un mundo que todavía es machista, y muy especialmente allá donde más machistas son, nadie les parece más idiota e insignificante que una mujer. En cinco minutos han prescindido de ti: y hablan, o actúan, mostrando su verdadera naturaleza.

Una mujer puede decirle a un capitán chileno de la dictadura que desea entrevistar a la esposa de uno de los miembros de la Junta; bien vestida, con cierto arrobamiento en la expresión y sin mentir: "Pertenezco al suplemento dominical a todo color que incluye moda y decoración y ecos sociales de *El País*". No es necesario confesar que el tuyo es un periódico de centro-izquierda que detesta a los fascistas. Así actuaba yo. Así fue como llegué a estar a dos metros de Augusto Pinochet, en una fiesta de empresarios, en el hotel Sheraton: con una copa de champaña en la mano y, bajo la ropa, el vello erizado, de lo cercano que le vi, con sus astutos ojillos de crustáceo.

Así entré en Chatila, el martirizado campo de refugiados palestinos de Beirut, cuando se encontraba bajo control de las milicias shiíes de Amal, recién finalizada la *Guerra de los Campos*. Poniendo cara de idiota y provocándome un llanto histérico. A mi lado, Juan Carlos Gumucio gesticulaba y le decía al soldado de guardia que estaba hasta las narices de una esposa tan pesada, todas las mujeres son iguales, claro que sí, las españolas también, haga el favor de dejarla cruzar la entrada para que busque a sus parientes y me deje en paz de una vez. Al cabo de veinticuatro horas salí, acompañada por una palestina que llevaba mis notas escondidas donde sabía que los soldados no la tocarían nunca, por si alguien del control adivinaba mi condición de periodista.

No es necesario, sin embargo, llegar tan lejos para hacerlo bien. Con cara de tonta, pero tenacidad implacable, busqué material para una nota sobre el asesinato de un joven emigrante polaco. No ocurrió en un país exótico y lejano, sino en Fuenlabrada, una de las ciudades dormitorio más deprimentes del sur de Madrid. Interrogando a unos y otros, haciendo preguntas oportunas combinadas con silencios aún más útiles (callarse con expresión indecisa es una de las mejores armas periodísticas: callarse y esperar a que el otro hable), acabé averiguando lo que quería: qué significaba para un grupo de amigotes, algunos de ellos padres de familia, apalear a un extranjero con bates de béisbol. Lo dejaron muerto en el asfalto, de madrugada, y se fueron a dormir a casa. A la mañana siguiente desayunaron como cada domingo y salieron a hacer el vermú con la parienta. Nada. No significaba nada. Pero en aquel reportaje, que escribí para la sección de Local que llevaba Sol Fuertes, y creo recordar que fue resuelto en tres o cuatro folios, había más: el trasfondo social, el odio de los guaperas del barrio por los polacos que eran mucho más atractivos que ellos, simpáticos e instruidos, y además rubios, y que les robaban a las mejores muchachas. Estoy satisfecha de aquel trabajo.

Otro ejemplo de reportaje satisfactorio, realizado cerca de casa. En la época en que estuve en *Cambio 16* me enviaron a cubrir el suicidio a lo bonzo de un estudiante en una Universidad de Valencia considerada modélica. El suceso se había saldado colocándole al muerto la etiqueta de desequilibrado. Mucho antes de acabar de reunir material llegué a la conclusión de que allí todos estaban enloqueciendo, porque habían aceptado como único lema el de "triunfa o jódete". La Universidad se vanagloriaba de conceder escasas notas altas, un porcentaje ridículo en comparación con el número de alumnos. Los jóvenes se dejaban la piel en los estudios. Ni novias, ni copas, ni fiestas, ni cines. Empollar. Y ver en los demás al enemigo. Porque si conseguías triunfar, tenías empleo garantizado. A los estudiantes no se les había advertido de que su compañero ardía en el patio mientras ellos recitaban su examen. El director llamó a los bomberos y siguió recibiendo el examen de un alumno magnífico, por lo visto, una lumbrera: "Con lo bien que ha estudiado todo el año, no le iba a cortar", me dijo. Hablé con mucha gente pero, sobre todo, observé. Y llegué a la siguiente conclusión: no sé cómo no se prenden fuego todos. De alguna manera, aquel reportaje, que se editó muy mal porque nadie se molestó en leerlo antes para valorarlo, anticipaba la sociedad despiadada a la que estábamos abocados.

En mi primer paseo por el centro de Santiago de Chile sentí confusamente que ya había estado allí. Fue algo casi físico, como cuando crees que alguien te toca la espalda, te das la vuelta y compruebas que es imposible, porque a tu alrededor sólo hay vacío. Salí del Carrera, atravesé la plaza (con el palacio de La Moneda a mi derecha), me desvié hacia la izquierda y caminé. Aquellos edificios grises, macizos, de compacta geometría y ventanas como peces muertos, que parecían una prolongación del asfalto, desprovistos de luz, de vivacidad. Bancos y oficinas, más bancos y oficinas, con sus impresionantes portales de bronce, sus macizas puertas de hierro forjado, sus historiadas aldabas. Y los huecos que conducían a las numerosas galerías comerciales, que eran como zocos ensimismados, con una melancolía de clase media empobrecida reflejada en los escaparates, en el brillo del oro de pulserillas para primeras comuniones y anillos de pedida, y en la agobiante concentración de bisutería adornada con lapislázuli, la opaca piedra nacional.

Había estado allí antes sin haber ido nunca. Al poco de llegar, un amigo me proporcionó la dirección de un cambista establecido en uno de aquellos edificios. Empujé la gran puerta de hierro forjado, me encontré en un vestíbulo enorme, me dirigí al fondo, en donde dos espaciosos ascensores de los años treinta, con sendos empleados dentro que parecían haber nacido bastante antes que los aparatos, conducían a la gente a las plantas pares e impares. Cuando salí del ascensor me encontré en un pasillo enorme, desierto, sin ventanas. Había puertas con números. Llamé al timbre, se entreabió la puerta y asomó la cabeza un hombrecito vestido con el uniforme nacional, el *blazer* azul marino cruzado (de la clase alta a la media baja: chaquetas del mismo color en todas las variedades posibles de calidad), que tanto parece tranquilizarles. El nombre de mi amigo actuó a modo de contraseña, y el hombre me hizo pasar a una pequeña habitación que tenía el aspecto clandestino de la sala de espera de un abortista en los tiempos de Franco. Sólo en una pared había un cartel a todo color que mostraba una playa del Caribe. En teoría, cambiar divisas allí estaba prohibido, y casi todos los que se dedicaban a este menester funcionaban bajo otra cobertura: éste lo hacía camuflado de agencia de viajes. Debajo del cartel había una ranura, como la de un buzón grande, con una cubeta debajo. Antes de desaparecer por otra puerta, el hombrecito agarró mis dólares. Unos minutos después escuché cierto murmullo al otro lado de la raja: un susurro de billetes, intuí. En efecto, un manojo de pesos cayó en la cubeta. Los cogí, y en cuanto lo hice sonó el clic del seguro de la puerta que daba al exterior.

Tras aquella pantomima irreal no me sentí con ánimo para esperar al ascensor, y bajé a pie. Había ventanas, en los tramos de peldaños. Tenían cristales esmerilados y tan sucios que era imposible ver nada, pero una de ellas carecía de vidrio. Aliviada, me asomé a respirar un poco de aire fresco. Y entonces recordé.

A lo largo de mi vida he tenido tres sueños redundantes. Uno, que es precioso y me excita mucho, consiste en una historia policíaca que reanudo noche tras noche, despertándome cada vez en el momento en que voy a solucionar el enigma, y que termina con un enfrentamiento con el culpable y mi huida en último extremo. No sé por qué tengo este sueño, pero suele sobrevenirme en periodos de aburrimiento: supongo que para compensar. El otro sueño es una pesadilla espantosa y bastante común: estoy en una cama con los ojos cerrados y todos hablan a mi alrededor creyendo que he muerto, y entonces me despierto pero veo que los otros siguen creyendo que estoy muerta porque no puedo mover ni un músculo y entonces me despierto y los otros... y así hasta que me despierto de verdad. Este mal sueño sólo se produce en temporadas de grandes mudanzas, como aviso antes de tomar una decisión errónea. Hace sufrir, pero es una especie de señal.

El sueño que volvió a mí aquel día, asomada a la ventana en la escalera del cambista, no significaba nada para mí, a pesar de que se había repetido bastante en los últimos años. Yo iba por Nueva York llevando de la mano a alguien, pero Nueva York no era la ciudad que conocemos, sino un agobiante conjunto expresionista de edificios pesados, grises, de ventanas sombrías; no era una ciudad, sino la metáfora de su lado oscuro. Corría entre aquellas moles amenazadoras con alguien a mi lado (alguien que me importaba mucho: yo misma, posiblemente), para mostrarle algo. Subíamos y subíamos, en el sueño era interminablemente largo, por la escalera de un rascacielos, hasta que llegábamos a la azotea: allí, un monstruo sucio y chirriante, deforme, una especie de rueda de molino dotada de inteligencia y maldad, giraba haciendo funcionar los mecanismos de la ciudad.

Esta versión personalizada por el sueño de la *Metrópoli* de Fritz Lang es lo que reconocí cuando me acodé en la ventana del edificio del centro de Santiago y levanté la cabeza. El mecanismo de los ascensores chirriando y crujiendo; dando vueltas, implacable, escondido de todos, en lo alto de la azotea. Retrocedí, y en el alféizar donde había apoyado los brazos vi una mancha de sangre seca con plumas de paloma. Abandoné el edificio, despavorida. No había dónde esconderse en Santiago de Chile, ni forma de esquivar aquella sensación de estar en los infiernos. Pero nunca más se repitió mi pesadilla.

Otro día me encontraba en lo alto del cerro de San Cristóbal, que domina la ciudad, compartiendo unos momentos de tranquilidad con mi amigo y colega de Radio Nacional de España, Fran Sevilla. Fran se levantó por algo, ir a por refrescos o al servicio. Sé que el silencio era total, y que desde allí se divisaba la ciudad, en aparente calma, sin mostrar el sufrimiento y la perversidad que en ella anidaban. Alguien gritó entonces, a mis espaldas, con entonación de presentador circense: "¡Señoooora! ¿Cómo estáaaa?". Asustada, me giré. Era un Mickey Mouse tamaño persona, es decir, era alguien disfrazado de Mickey Mouse, pero fue eso, la máscara encima de la máscara (¿quién era quién en Chile? Ni los propios chilenos, tan dados a la endogamia, podían saberlo con exactitud), lo que hizo que Fran, a su regreso, me encontrara temblando.

Tiene razón Marcia. Los muertos que no descansan nos envían mensajes. Pienso que lo que uno siente, incluso irracionalmente, sirve también para un reportaje. Le da textura, fibrosidad, carácter. No es necesario reflejar experiencias tan volátiles: pero el eco de tu piel impresionada rozará inevitablemente el texto resultante, enriqueciéndolo.

"Lo último que hizo, con las fuerzas que le quedaban, fue arrastrarse de la cama al escritorio para mostrarme un artículo tuyo". Víctor Pey, el hombre que acompañó a Marcela en el final, y un luchador lleno de inteligencia, me lo contó en el bar del hotel Carrera, muchos años más tarde, cuando pasé por Santiago en junio de 1992, durante mi viaje en tren por América Latina. Todavía me sentía culpable por no haber querido verla agonizar. Sobre todo, por estar viva.

Aquel diciembre de 1989 fui conducida directamente desde el avión al funeral de mi amiga. Había comprado uno de esos billetes baratos de vuelo a plazo fijo, que no se pueden cambiar. Sé que lo hice deliberadamente. No me lo confesé, no podía decirme que era una moneda lanzada al aire a cara o cruz. Si Marcela resistía hasta mi llegada, me enfrentaría con el saqueo de su cuerpo, su rabia por morir (antes que Pinochet: una última indignidad), soportaría la ofensa de verla convertirse en materia inanimada. Ésa era la cruz. La cara fue lo que ocurrió. Aguantó lo que pudo, y quiero creer que su amor por mí también luchó en su interior, dividido entre el deseo de despedirse y la necesidad de esconderme su derrota. Murió antes de que yo cruzara el océano. Esta vez, la mágica no pudo obrar ningún prodigio.

Acabo de mantener una larga conversación telefónica con Marcia, que ha vuelto a Roma. "Me siento muy mal", le he dicho. "Al ponerme a escribir acerca de mis experiencias en tu país he comprendido que rompí con Chile mucho antes de la muerte de Marcela, tras la explosión de euforia del referéndum. No quería presenciar el desmoronamiento de lo que yo había conocido, de aquella ternura y unidad entre quienes pensaban igual, de aquella forma tan digna de cargar con la tragedia. Todo eso desapareció, o pareció hacerlo, enterrado bajo el triunfalismo que anunciaba los nuevos tiempos de amnesia. Tampoco quería ver a Marcela, que con su cáncer terminal cada día encarnaba con mayor exactitud el Chile arrasado por la normalización, la falsa reconciliación, la hipocresía. Me siento muy mal por no haber llegado a tiempo a su lecho de muerte".

Una carcajada. "¿Qué me cuentas? ¿No te acuerdas de que ya hablamos de ello? ¿No te dije que había sido una agonía terrible, con un montón de gente a su alrededor manejándola, aprovechándose de que ya no podía hacer nada, vistiéndola, exhibiéndola? ¡Marcela no habría querido que presenciaras aquello! Te lo repito, amiga. Si tú hubieras estado en Santiago por aquellos días te habrías venido conmigo a ver una película en sesión *matinée*, era lo único que podías hacer para alejarte".

Había enterrado por completo esta conversación que ahora Marcia me recuerda. Fue durante una visita suya a Madrid, hace años. Asistimos juntas a un recital de Lucho Gatica, nos achispamos y se lo conté todo. ¿Por qué continué cargando con la culpa? Será porque quienes escribimos sólo llegamos a la reconciliación con nosotros mismos cuando nos lo proponemos en negro sobre blanco. Como ahora mismo.

Volví a Chile, por última vez, hace un año, para participar en un seminario sobre periodismo. Vagué como un fantasma por una ciudad desde la que ya no se divisa la cordillera, emparedada por la contaminación; por cuya costanera circulan a toda velocidad los coches más imponentes, soltando humo por los tubos de escape; en cuyas calles se atochan las *micros*, entre transeúntes que caminan cabizbajos como siempre, con prisas como siempre; con numerosos rascacielos crecidos de cualquier manera a orillas del Mapocho, el río por el que en 1973 bajaron los cadáveres; con camareros insolentes que creen en verdad que hay un Santiago que se parece a Manhattan, *Sanhattan*, lo llaman los nuevos pijos de la ciudad sin historia. Harta de nada, de la nada, acudí al edificio de Bellas Artes, en donde Lucho Poirot exponía las fotos de su propio pasado, que es el de su país. Allende y la Tencha en el balcón de La Moneda, él con la banda presidencial cruzada sobre el pecho. El mismo balcón, destruido, violado, horas después del bombardeo. Retratos de Neruda; retratos del exilio. Entraron en la sala los niños de un colegio, uniformados, obedientes, dirigidos por un maestro: "¡Anda, éste es... éste es! ¿Allende?", exclama un niño. "Sí", contesta otro, "el que mataron". "No, se mató", contradice el primero. "Sssssst", susurra el maestro. "Ssssst. Eso nunca lo sabremos, pú". Al salir, en un televisor situado en el descansillo, pasaban un vídeo de mi amigo Lucho: su voz rebotaba, solitaria, contra la bóveda de Bellas Artes, desgranando infamias y amarguras, contando la verdad.

La detención de Pinochet hizo estallar la bóveda. Las voces, todas las voces, todas las derrotas y las pérdidas rompieron el estuche y salieron a las calles. A las anchas alamedas del mundo, incluso de Chile.

Premenopausia en el campo de batalla

Durante los años que siguieron, que vistos desde el presente se configuran como los últimos del periodismo clásico, antes de la implantación total de lo que algunos llaman el *infotainment* (por fusión de las palabras *información* y *entretenimiento*, en inglés; ilustra la unión real que se ha ido produciendo entre las cadenas informativas y los gigantes de la industria del ocio), tuve muchas oportunidades de hacer lo que me gustaba. No se me usaba, como habría preferido, para cubrir el día a día de los conflictos, ni como corresponsal de zona; yo llego siempre tarde al reparto de territorios. No obstante, había resquicios por los que podía colarme, si mantenía mis antenas en posición de alerta. Las vacaciones de verano y de Navidad suelen ofrecer buenas oportunidades a las desarraigadas sin compromisos familiares como yo: así volví a la India, para cubrir los violentos choques entre las comunidades hindú y musulmana, y fui enviada con urgencia a Haití, coincidiendo con el desembarco norteamericano. También puede ocurrir que un jefe haya metido la pata nombrando a un/una mal/mala corresponsal, alguien que se las pira en cuanto cae una bomba, víctima de una repentina enfermedad o de una entrevista ineludible con el sultán de Omán en su palacio. Yo montaba guardia permanente sobre los descuidos ajenos, y de este modo pude seguir el éxodo de los refugiados palestinos de Beirut hacia las tierras del sur, o encontrarme en el lugar en donde el embajador de España voló por los aires. Y estaba la pieza mayor, *El País* del domingo, con su suplemento en color, que permitía que la gente como yo escribiera largo y bien; y con su cuadernillo central, en blanco y negro, apto para recoger los reportajes más urgentes.

Cebrián me había recuperado para que escribiera un artículo quincenal en el *colorín*, una columna semanal en la última página del diario y "reportajes como el de los gitanos". "Lo que yo quiero es viajar", le dije. "Descuida, viajarás". Y lo hice. No siempre a donde quería, y no tanto como quería (reconozco que era insaciable), pero cuando hoy examino la abultada carpeta que contiene lo que escribí desde finales de 1986 hasta 1992, no deja de fascinarme la habilidad con que me las arreglé para moverme en cuantos lugares fueron posibles mientras entraba decididamente en la premenopausia y su consecuencia inmediata, la menopausia plena, incidente biológico que viví a salto de mata, usando parches de hormonas y lo que fuera necesario mientras mis colegas masculinos, con los que compartía campos de batalla más o menos metafóricos, se limitaban, con mi misma edad, a disfrutar de su *madurez*.

En la primavera de 1988, cuando planeaba un nuevo viaje al Líbano, advertí que, en mi despiste, mi regla llevaba un par de meses ausente. Como soy, en el fondo, una pesimista, pensé lo peor: estoy embarazada. A los cuarenta y cuatro años recién cumplidos, te da la misma pereza abortar que seguir adelante. De modo que llamé a mis amigas y les comuniqué: "Creo que estoy preñada de un xhosa de Soweto. Estoy por tenerlo, llamarlo Jordi y declararlo hijo de un inmigrante africano del Maresme". Fui a la clínica Dator, a que me hicieran una ecografía, y aún se ríen. Era premenopausia, y debería haberme dado cuenta porque por aquella época, yo, que tenía motivos para estar tranquila, sufría frecuentes depresiones y ataques de insomnio. Pero en mi juventud había sido víctima del feminismo negativista, aquel que dice que todo lo que nos pasa, incluido lo que ocurre en nuestro cuerpo, está condicionado por los prejuicios de la sociedad patriarcal y machista.

Nunca me quejaré de haber sido cobaya de los laboratorios farmacéuticos; tenía mucho que agradecerle a la píldora, y, ahora, de nuevo, recibí con regocijo los parchecillos salvadores. Con ellos en el culo partí hacia Beirut.

Y no tengo nada más que decir sobre la menopausia, salvo que me marcó mucho menos de lo que a los hombres suele influirles el servicio militar. Como todo, hay que saber cogerla por los cuernos.

El reportaje que hice en Suráfrica (y del que, al regresar, creí haber traído un embarazo) se publicó también en dos larguísimas y creo que interesantes entregas; sobre todo, la primera. Porque la segunda trataba de lo que conocíamos mejor, la injusta situación de la población negra, mayoritaria, bajo el dominio de una minoría blanca que se había consolidado gracias a un régimen legal que era una afrenta para el género humano: el *apartheid*. La primera parte hablaba de los blancos, y de cómo habían llegado a convencerse de su superioridad racial mediante sutiles mecanismos mesiánico-paternalistas, para encubrir lo que no era más que una explotación económica pura y dura, y el mantenimiento bajo mínimos de la abundante mano de obra de color, pilar fundamental sobre el que se asentaba la riqueza de la clase dominante.

Me lancé a aquel reportaje cubriendo simultáneamente dos frentes. Utilicé, por una parte, las facilidades que me proporcionaba el hecho de ser blanca, en una sociedad en la que sólo eso ya te proporciona patente de corso (de ahí la amargura y el rencor de los blancos racistas y pobres: no soportaban una miseria que, según ellos, sólo los negros merecían). Por otro lado, me serví de los obstáculos que, por ser blanca, me impedían ser aceptada sin desconfianza por la minoría sojuzgada. Ambas circunstancias me ayudaron a conseguir lo que más me interesaba captar en medio de aquel maniqueísmo de manual: los matices. Entré en el país con visado turístico, ya que no estaba permitido el ingreso de periodistas extranjeros contrarios al *apartheid*. Hice los *tours* de rigor y me albergué en los mejores hoteles; conocí a gente, tomé copas, inicié ligues (sólo inicié: antes muerta que en la cama con un declarado racista), fui a *bantustanes* donde gobiernos negros falsamente independientes y corruptos ponían a disposición del visitante blanco la carne de sus mujeres, prohibida en territorio de *apartheid*, y otros placeres a que se entregaban secretamente los defensores oficiales de la Bibia y el fusil. Conocí a hombres, hombres blancos, que llevaban en la sangre el amor por las niñeras negras que les habían servido de madres mientras la suya jugaba al bridge e iban a fiestas, en esa sociedad de mujeres ricas y ociosas propiciada por el sistema de esclavitud; llevaban en la sangre el amor por la única mujer que les quiso en su niñez, y que les fue arrebatada en cuanto crecieron, en cuanto tuvieron que aprender a convertirse en los futuros amos. Intuí la esquizofrenia de los blancos, el racismo violento y sin embargo más dotado de emociones reales de los afrikáner, en comparación con el gélido distanciamiento de la población británica, con su cadena de sirvientes interpuestos: inglés-hindú-mulato-negro, por orden de contacto. Lo que, en términos prácticos, significaba: señor-mayordomo-criado-*boy*. *Boy*, como en el sur profundo de Estados Unidos. Es decir, nadie. Los afrikáner, como los segregacionistas sureños, tocaban a los negros. Les odiaban. Les temían. Y algunos les querían. Como se quiere a los perros cuando son buenos, fieles, útiles.

En medio, escindidos por el conflicto que se desarrollaba entre oprimidos y opresores, estaban los componentes del grupo étnico más patético de África, el de los africanos blancos progresistas, a quienes traté y conocí y profesé cariño porque hacían mucho, todo lo que podían y más, para que las cosas cambiaran hacia la total justicia, tratando de evitar que

Suráfrica amaneciera de un día para otro sumida en un baño de sangre. Moderados, sí: benditos sean los moderados en tierra de convulsos extremos. Periodistas, abogados, intelectuales que defendían la existencia de una sólida burguesía negra capaz de neutralizar la barbarie y hacerse con los destinos de su propio país. Aquellos blancos fascinados por la negritud, enamorados de la negritud, que ocupaban un lugar en las iglesias durante los oficios por las víctimas del *apartheid* y trataban de mover sus torpes cuerpos, reprimidos por la herencia cristiana de siglos, al ritmo de los cánticos plenos de sensualidad con que la comunidad de color (y nunca mejor dicho: vestidos del arco iris completo, ellas sobre todo, con sus impresionantes sombreros y enaguas crujientes bajo las faldas fruncidas) arropaba el ritual de despedirse, siempre despedirse, de sus mejores miembros. Los blancos africanos, que no se sienten a gusto ni son tratados como iguales en ningún lugar del mundo, me ayudaron a conocer la verdad, me encaminaron a los sitios en donde la encontraría, me dieron las claves para entender, y también me ayudaron a pasar desapercibida, me enseñaron a despistar a los taxistas, me proporcionaron contactos para desentrañar Soweto por dentro y no con la visión del turista, y así fue como acabé pasando unos días en la mísera vivienda de tres mujeres de la etnia xhosa: una abuela que era más joven que yo, una bisabuela algo más mayor que yo, y una nieta de seis años. A uno de los eslabones, la madre de la niña, nunca la conocí: en la desestructuración familiar que la pobreza del *apartheid* imponía, las muchachas tenían hijos muy pronto, y los dejaban al cuidado de sus madres, para irse a la patria de los blancos a vender su leche como fuerza de trabajo, su leche para alimentar a las crías de los amos. Y así hasta que las echaran, para regresar entonces a su hogar, si es que aún estaba en pie, con objeto de ocupar su puesto en la agotadora cadena, convertidas ahora en abuelas, dedicadas al cuidado del nuevo bebé que sus hijas adolescentes, aquellas a quienes apenas habían visto, aquellas cuyo amor habían perdido, tenían que abandonar en sus brazos para ir a la ciudad a mecer niños blancos, niños amos. Las niñeras negras que hacían de madre para que a la madre biológica no se le rompieran las uñas, dormían en pequeños cubículos, casi siempre en el jardín, y comían en escudilla de madera: me lo mostró una española, esposa de un concesionario español, que por primera vez tenía bajo su mediocridad a más personas de servicio de las que había disfrutado y de las que dispondría nunca. "A ellos les gusta comer en esto", dijo. "Son muy raros, no están acostumbrados a la carne". Qué fácil resulta, en cambio, habituarse a la iniquidad cuando se la llama tradición.

Dormí dos noches en el lecho de la más pequeña, en la barraca en donde fui admitida para que pudiera contar el verdadero Soweto. Mejor dicho, velé. Porque era la primera vez que la niña tenía a un ser de piel blanca tan cerca de ella, y tan asequible. La niña veló también, excitada por la novedad, examinando mi piel de cerca, tocando mi pelo lacio y fino, deslizando sus dedos por el vello de mis brazos, queriendo comprender por qué la simple evidencia de mi color significaba para mí buenos colegios y buena comida, y madres a las que se puede ver y abrazar todos los días. Compartí con las tres mujeres su masa de mandioca con grumos de carne.

En los parques de Ciudad del Cabo cuidaban los parterres prisioneros negros encadenados por los tobillos, mano de obra gratuita procedente del penal en donde los blancos creían que un día u otro moriría Nelson Mandela.

Winnie Mandela entró en la iglesia de Soweto donde Desmond Tutú oficiaba el funeral de un periodista negro muerto de cirrosis y de desesperanza. Vestía túnica amarilla y la protegía una guardia pretoriana formada por forzudos efebos también cubiertos por túnicas amarillas. Todos en la casa del Señor sabían que eran una banda de matones a sueldo de la viuda *in pectore*, pero esas cosas no se decían entonces. Nadie quiere reconocer nunca que lo único realmente revolucionario es la verdad, por mucho que duela.

Un blanco pobre sumamente atractivo me guió, durante la noche, en Johanesburgo, por los antros en donde se odiaba más a los negros. Él mismo repetía: "No te preocupes. Tengo un revólver en la guantera y más balas de repuesto que negros hay en Suráfrica". Me mostró el revólver. Luego me acompañó a mi hotel. Quería acostarse conmigo. Sonreí: "¡Ah! Creí que te habías dado cuenta. Soy lesbiana". Corrí al ascensor, mientras el conserje le impedía seguirme.

El camarero que cada mañana sube el desayuno a mi habitación es guapo, fiero, vive en Soweto y suele quedarse unos minutos, para contarme historias de los suyos: si nos descubrieran, le meterían en prisión. Una mañana, después de dejar la bandeja, se levanta el delantal, se abre la bragueta y me folla: visto y no visto. No me entero, pero no protesto, porque sufro la mala conciencia de los blancos. El camarero negro lo sabe.

En aquellos años inmediatamente anteriores al triunfo de la información como espectáculo había bastante espacio en los periódicos para explicar los matices, que son las piedras preciosas de un reportaje. En su introducción a un interesante libro sobre el tratamiento de las noticias en televisión[18], Jackson Browne se plantea cuestiones que deberían ser motivo de

---

18. Prólogo a *The More You Watch, The Less you Know* de Danny Schechter, Seven Stories Press, Nueva York.

reflexión para todos los periodistas, cualquiera que sea el campo en el que desarrollemos nuestra labor: "¿La verdad sigue siéndolo cuando nadie la conoce? ¿Han ocurrido otros acontecimientos, en otros países, o incluso en el nuestro, cuyas realidades son desconocidas para nosotros porque, por alguna razón, no han penetrado en nuestra cultura? ¿Es que esas realidades son menos importantes que aquellas que preferimos? ¿Existe una realidad en sí misma, aparte de la que buscamos para obtener beneficios y *ratings*, o sólo la realidad que investigamos y a la que damos forma para vuestro consumo, y que tiene que competir con los espacios de entretenimiento para captar vuestra atención?".

La búsqueda de la realidad, de la verdad, o de las realidades y las verdades (y ello implica apresar sus numerosos matices), es el terreno vasto y apasionante donde debe desarrollarse el periodismo escrito en esta era de visualización fragmentaria, y mal periodismo será aquel que sólo ilustre con deslumbrantes fogonazos, a la manera de los informativos de televisión (sobre todo, de los informativos-rueda que ofrecen las cadenas de cobertura mundial: en donde el proceso mostrar-dejar caer se aprecia en toda su perversidad, y en donde resulta paradójico el contraste entre lo avanzado de su técnica y el conservadurismo del enfoque de sus contenidos).

Siempre me ha sorprendido, al entablar el contacto iniciático con un tema, lo poco que sé de lo que pasa cuando llego creyendo saber todo lo que se ha dicho al respecto. Siempre me ha fascinado lo que hay detrás de lo que hay detrás de lo que hay detrás de lo que creo que estoy viendo, de lo que me dicen que estoy viendo. No sirvo para cumplir con encargos del tipo: "Vete a Jerusalén, tienes tres días para escribir una historia de diez folios". Se puede contar *qué* ocurre, a *quién* le ocurre, *dónde* ocurre e incluso *cómo* ocurre en tres días, y hasta en tres horas, y puede que en tres párrafos. Para contar *por qué* ocurre, que es la razón de ser del gran reportaje, es necesario algo más de tiempo, algo más de espacio.

Quiero insistir en que no hay que culpar sólo a empresarios y mandos de la tendencia actual del periodismo a convertirse en espectáculo; tienen que luchar por sobrevivir en un confuso mundo en el que la competencia se ha vuelto salvaje. Quiero insistir en que es responsabilidad del periodista mantener la dignidad de su producto. Resulta del todo desalentador que gente que ha sido capaz de desafiar la más fuerte censura, no lo sea de hacer lo propio con el sacrosanto mercado.

Y lo más descorazonador de todo, porque ataca la integridad de nuestro oficio, es la facilidad con que podemos cruzar la invisible pero inalterable línea que separa al investigador de la verdad del coleccionista de basuras (aunque buscar la verdad sea, la mayoría de las veces, función que debe realizarse metiendo las manos en la mierda). Es fácil convertirse en parte de la jauría, y al hablar así no me refiero a los periodistas declaradamente sensacionalistas, ni a los llamados *del corazón*, que han alcanzado sus cotas más bajas (por comparación, quienes cultivaban el género en mi juventud parecen caballeros de la Tabla Redonda) por la cantidad de dinero que está en juego, la falta de escrúpulos y el exceso de complicidades que se dan entre personajes e informadores, y la aplicación de alta tecnología a un objetivo tan ínfimo.

La tentación de formar parte de la jauría pende siempre sobre la cabeza del periodista ambicioso. No es necesario llegar a los extremos de un Kirk Douglas en la dura fábula de Billy Wilder, *El gran carnaval*, que deja agonizar y morir al desgraciado que se ha caído a un pozo para así poder escribir una serie de reportajes de impacto y recuperar el prestigio perdido. Basta con seguir la corriente. Seguir la corriente: he aquí uno de los mayores peligros. No plantearse, cada vez, por qué debes contar tal historia o tal otra, y qué valoración debes darle. Pues de cómo se publican las noticias depende que, al día siguiente, los lectores crean que la jornada anterior transcurrió de una manera o de otra.

Me tocó escribir sobre una huelga general en Asturias. No pasó nada. Manifestaciones pacíficas, mineros y obreros metalúrgicos portando pancartas y gritando consignas. Nada más. Sin embargo, alguien telefoneó a los periodistas para citarnos de madrugada en la carretera: algo importante iba a ocurrir. Y allí fuimos, a las cuatro de la mañana, como imbéciles, y todo lo que vimos fue que cuatro chavales con capucha quemaron cuatro neumáticos en mitad de una carretera por la que, a aquella hora, no circulaba nadie. Mi texto resultó soso. Pero, ah, la foto: en ella una especie de guerrillero con pañuelo de *fedayin* (cualquier chiquilicuatro con un *cóctel mólotov* se cree un héroe de la resistencia en cuanto se envuelve en la *kufya* o se calza un pasamontañas), aparece envuelto en el humo y las llamas que despide el miserable neumático. ¿Merecía aquella foto ir en primera página? Está claro que no, pero correspondía al autor de la imagen (que, de nuevo, mentía más que mil palabras) valorar, sobre el terreno, su irrelevancia.

En otras ocasiones, una sola fotografía puede contarte lo que no han conseguido transmitirte docenas de enviados especiales con sus cámaras de televisión al hombro. Pienso en Panamá, y en la imagen del *marine* que se hizo lustrar las botas por un panameño, captada por el excelente Santiago Lyon, mucho más informativa que todas las conexiones en directo y los emisiones en diferido que suministraron las televisiones norteamericanas que desembarcaron en aviones especiales, acompañando (y no sólo físicamente) al ejército de Estados Unidos.

Nunca vi en la pantalla lo que ocurrió en las calles panameñas durante aquellos días. En Panamá se ensayó lo que ya sería aceptado sin protestar en la operación Tormenta del Desierto: el escamoteo de la verdad. No vi, en aquellas secuencias, nada que probara lo que los locutores decían: que los partidarios de Noriega formaban un peligroso frente que obligaba a las tropas norteamericanas a combatirles sin cuartel. En la calle, lo que se veía era que los hombres maniatados y obligados a tenderse boca abajo en las aceras mientras los valientes soldados les apuntaban con sus fusiles, eran médicos, profesores, padres de familia, empleados: unidos en la desgracia de estar en la edad que el mando ocupante consideraba propia de los seguidores norieguistas. En la realidad, vi que todos los equipos de televisión habían instalado sus antenas y sus estudios provisionales (un par de sillones, una mesa, un florero: como si el mundo no se estuviera derrumbando alrededor) en el recinto militar que Estados Unidos mantiene en la zona del Canal, en Querry Heights. Vi que, sonrientes, entrevistaban una y otra vez a un soldado bajito y enclenque que se parecía a Woody Allen, a quien acabaron transformando en héroe de no se sabe qué contiendas, a fuerza de mostrarle en los canales. Vi a los periodistas, para mi vergüenza y mi dolor, vestidos con las mismas prendas de camuflaje que usaban los militares, es decir, sus jefes. Y no vi, no escuché a ningún profesional norteamericano que dijera que la operación había resultado un fracaso porque envió a la muerte a miles de panameños, desbarató el país, entregó la capital al pillaje de sus propios habitantes y ni siquiera consiguió capturar al general Noriega: tuvo que entregarse él mismo, al término de una semana de diciembre de 1989 en la que celebramos la Navidad en el infierno. Por supuesto, ningún canal televisivo, ningún medio estadounidense contó detalladamente cómo había muerto Juantxu, víctima de un acto del *fuego amigo* que se produjo cuando dos destacamentos del ejército invasor se dispararon mutuamente a la puerta del hotel Marriott, tomándose por el enemigo (al fin y al cabo, Estados Unidos había equipado y vestido a los soldados de Noriega: no resultaba fácil distinguirlos).

Nunca he creído del todo en las bondades del periodismo norteamericano, excesivamente sobrevalorado gracias a la investigación en torno al caso Watergate y la dimisión del presidente Nixon. Ningún importante medio de comunicación movió un dedo en Estados Unidos, durante los años cincuenta para oponerse a la caza de brujas y denunciar a su promotor, el senador MacCarthy, que cayó mucho después, víctima de su propia corrupción, alcoholismo y megalomanía, cuando para sus víctimas era demasiado tarde (sólo un periodista llamado Murrow, de la entonces incipiente televisión, se atrevió a mostrarlo como era: al final). Es un precedente revelador. Ningún medio, tampoco, ha tenido la dignidad de mantenerse al margen del descontrol informativo que ha supuesto el caso Lewinsky, descontrol en el que han tenido gran responsabilidad los vanidosos y soberbios *gurus* del periodismo político con sede en Washington.

En el verano de 1994, cuando las tropas norteamericanas desembarcaron en Puerto Príncipe para facilitar el regreso del presidente electo y exiliado Bertrand Aristide, tuve oportunidad de presenciar otra muestra de *rigor mortis* informativo por parte de las grandes cadenas de TV. Contra lo que temíamos, esta vez no se trató de una invasión violenta, sino de una ocupación amistosa (la víspera se habían firmado los acuerdos entre el ex presidente Carter y el gobierno para una pacífica entrega del poder) y, al menos esa mañana de la llegada de las tropas, los ávidos reporteros no tenían una mala imagen vistosa que echarse al objetivo. Joaquim Ibarz, por *La Vanguardia*, Anna Cortadas, por *Catalunya Ràdio*, y yo por *El País*, nos movíamos juntos. Los dos primeros habíamos estado en la invasión de Panamá, habíamos contemplado la fanfarria televisiva desplegada por los medios gringos, y sentíamos cierta curiosidad por saber cómo iban a cubrir ahora el sobrio aterrizaje de los imponentes aviones del ejército más importante del mundo en un aeropuerto abierto y cordial. Tomábamos esporádicas notas en nuestros cuadernos, más bien aburridos, y observábamos a los colegas televisivos ir de un lado a otro frenéticamente, intentando mostrar lo inexistente: que los soldados eran héroes y que ellos, una vez más, eran intrépidos reporteros destacados al lugar de la acción para enviar la guerra y sus horrores, en directo, a todos los tresillos del mundo.

Volveré más adelante a Haití, porque fue allí donde supe que no volvería a hacer reportajes que tuvieran que desarrollarse en condiciones físicas difíciles. Lo que ahora quiero consignar es la forma astuta y tácita en que un soldado llevó al huerto a las audiencias mundiales, con la complicidad de todos los reporteros televisivos presentes. Sucedió así: los aviones aterrizaron, las tropas se desplegaron y tomaron posiciones, franqueando puertas y verjas libremente, sin encontrar resistencia alguna. Ante la desolación general, se movían como Pedro por su casa. Hasta que el soldado a quien me refiero, el listillo, se echó cuerpo a tierra y empezó a avanzar, arrastrándose sobre la barriga, como si estuviera en la batalla de Guadalcanal, durante la guerra del Pacífico. Cuando estuvo a la altura de la alambrada que separaba el edificio central de la vía pública (nada más fotogénico que una alambrada, en una película de guerra), el *marine* sacó unos alicates del macuto, y cortó (concienzudamente, sudando bajo el casco) el alambre. Al otro lado, en la puta acera, los cámaras se agruparon, propinándose codazos y empujándose, peleándose por la imagen, ajenos (o no) al hecho evidente de que, unos metros más allá, había una estupenda puerta por la que se podía pasar sin necesidad de destrozar la valla, con sólo accionar el pestillo.

Dos mujeres a la vez (y estar un poco loca)

Furio Colombo, en su citado manual de periodismo internacional[19], destaca el violento contraste que se produce entre la *normalización* con que se difunden las noticias sobre guerras y conflictos en diarios y televisiones, y la absoluta anormalidad dentro de la cual tiene que manejarse el corresponsal o enviado especial, para quien "nada, absolutamente nada es aquí normal, nada se presta a ser visto como hecho de la vida ni como desastre. La categoría es otra, pero ¿cuál?". Y añade: "Tienen como enemigo el horror y como amigos la gente, los niños, los desheredados, los prisioneros, los muertos de miedo y de hambre. Más allá no se va".

Cierto. Puedes escribir sobre los últimos acuerdos, las gestiones de paz, las conversaciones entre mediadores, lo que te ha contado un jefe militar, lo que se transmite oficialmente por la radio. No es la verdad. La verdad es lo que ves y sientes y hueles y tocas y lloras y sufres, la verdad tiene nombre, tiene rostro, tiene heridas, tiene rencor, tiene pena, tiene esperanza, tiene derrota. La verdad son las víctimas. Y eso es lo que debes contar y lo que te lacera, y lo que va cambiándote, lo que va sacándote de tu cómodo refugio hecho de noticias domadas y recuadradas; lo que te aparta de un orden tejido con

---

19. *Últimas noticias sobre el periodismo* de Furio Colombo (Anagrama).

arbitrariedades, de entre las cuales no es la menor que el apocalipsis que estás viviendo merezca hoy cuatro y mañana tres y pasado mañana quién sabe si media o ninguna página, porque ya ha estallado otro conflicto en otro punto y nosotros estamos para eso, para exhibir la basura antes de arrojarla definitivamente al cubo en donde quedará sepultada, una más, si no se presenta una *percha* (una excusa: un hecho puntual) que nos permita sacarla y airearla y exhibirla como un espantapájaros al sol durante el tiempo y páginas que le correspondan, en esa mezcla de salvavidas y notario del fracaso humano que es un periódico: salvavidas, precisamente, porque al jerarquizar el fracaso de lo civilizado y organizarlo mediante titulares, espacios y secciones, con sus párrafos ensangrentados pero también con los anuncios por palabras y el cupón de los ciegos, te dice que la vida sigue y que tú también, mientras el cuerpo aguante. Es este orden el que permite al lector sobrevivir al caos ajeno, pero ¿qué ocurre contigo cuando entras en el caos, aunque sólo sea para contarlo?

Preguntadme cómo se reporta, qué me parecieron aquel país o aquella gente o aquella ciudad, y cómo empezó todo y cómo puede terminar (aunque, en periodismo, nada termina: se sobrepone) y es posible que me las arregle para proporcionaros una respuesta relativamente satisfactoria, al fin y al cabo estoy entrenada para contar historias de forma coherente y hasta amena. Pero si lo que queréis es saber qué hizo de mí cada una de esas experiencias, os diré que yo misma aún estoy intentando descubrirlo. Para eso tengo que escribir un libro, este libro y alguno más, o todos los libros porque, como afirma Emilio Lledó[20]: "Todo lo que hacemos y, por supuesto, todo lo que vive nuestro cuerpo, se sostiene, entiende y justifica sobre el fondo irrenunciable de lo que hemos sido. Ser es, esencialmente, ser memoria". Yo *he sido* en esos luga-

---

20. *El silencio de la escritura*, colección Austral.

res. Mi cuerpo de hoy, éste que ahora me condiciona, *ha sido* en Beirut y en Addis Abeba, *ha sido* en compañía de quienes malvivían en los arenales de los *pueblos jóvenes* limeños y de los integristas que me amenazaron en las proximidades de la mezquita Abdullah, de Amán. Lo que fui está en lo que soy, y aquí me tenéis, intentando explicarlo y explicármelo. Diciéndome a mí misma, mientras escribo, cómo se fue modelando el todo, mientras se amalgamaba la sustancia.

No era fácil vivir con un pie en mi país y otro en cualquier parte, porque el corazón no estaba aquí, sino que andaba suelto, desparramado entre la gente tan real que conocía fuera (final de los ochenta en España: el triunfalismo socialista, las parafernalias previas a 1992, el estallido del periodismo económico), y por eso opté por la componenda. Me desdoblé. Entre mi reportaje de Chile de 1986 y la invasión de Panamá de 1989, fui dos mujeres. Una, la que viajaba a lugares y realidades lejanas (infinitamente más distanciada la realidad que el lugar, por remoto que fuera) y que, al regresar, hablaba poco de lo que había vivido, negándome a compartir (hubiera sido como convertir lo más doloroso en exotismo) las experiencias con la gente con quien, a diario, convivía.

Encerré a la Maruja viajera, enferma de soledad y desarraigo, con sus recuerdos sin contaminar, la encerré como se hacía con las locas, en las novelas románticas del siglo pasado. Sólo que no la metí en un torreón, sino que la escondí entre los pliegues de la otra, de la que daba la cara, la mujer externa que en España bregaba con la cotidianidad, afianzándose como periodista-comodín. Aquella que veía a los amigos, encontraba y perdía amantes, leía los periódicos y votaba con regularidad, manteniendo la ficción de ser una ciudadana no menos equilibrada que los demás, no más excéntrica de lo que se le permitía; y que no sentía nada. De repente, impaciente y salvaje, la otra, la loca, comparecía en mitad de la calma, en

231

busca de una oportunidad, tratando de reanudar la historia (regresar al escenario auténtico, no importa cuál: volver a ser quien había sido), dejar el papel de sepultada viva para renacer, como renacen esas plantas del desierto que se despliegan aprovechando una sola gota de lluvia.

Lejos, mis convulsiones personales adquirían sentido. Lejos, podía experimentar momentos de íntima plenitud. Me veo en la terraza de un café en Larnaca, Chipre, bajo un emparrado. Una copa, un libro, un cuaderno, un bolígrafo. La tarde silenciosa, todavía plena de luz, a esa hora en que el sol pierde su fuerza pero aún no se retira; la mullida compañía de las palabras; el amistoso fluido del vino penetrando en mi cuerpo. De pronto, cae una sombra sobre las páginas del libro. Alzo los ojos para mirar inquisitivamente al sonriente desconocido que se postula para hacerme compañía. Un hombre de mediana edad, que cree poder aliviar la soledad de una coetánea: a falta de un plan mejor, supongo. Le doy las gracias, estoy bien, él insiste, no voy a contarle mi historia, le digo por último que espero a mi marido y me deja en paz. ¿Cómo podría entender que estoy feliz, feliz porque acabo de enterarme de que mañana podré tomar el *ferry* hacia un Beirut en guerra que es una de las patrias del alma que he tenido la suerte de hallar en el camino?

Con cada reportaje como enviada especial alimentaba la ilusión cavafiana del viaje permanente del que importan menos las metas que el propio trayecto. Al pretender asir una realidad inacabada (que escapaba a mis esfuerzos y siempre seguía desarrollándose a mis espaldas, permitiéndome, como mucho, reflejar una pequeña parte de su cosmografía), me mantenía despierta. Ésta era, pienso ahora, una de las razones del inmenso placer de aquellos días: ir a buscar sabiendo que iba a perderme en lo infinito, lo diverso, lo múltiple y cambiante. En los otros.

Aquello se parecía mucho a enamorarse: el proceso de aproximación, el cortejo, la incertidumbre, la breve plenitud del acoplamiento, el dolor de la pérdida. Disfrutaba tanto de los días previos. Durante la espera, creía oír a Puccini: *"Quando men' vo soletta per la via, la gente sosta e mira...*"[21]. Mientras recogía material, al leer libros para documentarme, al asaltar a los colegas que podían instruirme: flotaba. En los aeropuertos, antes de tomar el avión o durante una escala, me sentía encapsulada en un bienestar propio, intransferible, tocada por la gracia de un privilegio que ni reyes ni obispos poseen, algo que no tiene que ver con la riqueza ni con la belleza ni con la cuna ni con el rango: la suerte de pertenecer a este oficio que consiente al aventurero lanzarse al vacío y le permite salvarse en último extremo, por el hecho de contarlo. Trabajar era mi forma de vivir. Y todo lo demás, absolutamente todo lo demás, era subsidiario.

Lucho Poirot iba sentado en la parte posterior del Mercedes y yo delante, junto al conductor. Giré la cabeza, nos miramos sin pronunciar palabra, entre la risa y el pánico. Dios, nos íbamos a estrellar en una carretera argentina: al volante, a muchísimos kilómetros por hora, pisando todas las líneas continuas, desafiando todos los cambios de rasante, saltándose todas las reglas, iba un anciano de setenta y seis años que, además, charlaba por los codos, evocando tiempos pretéritos, y se reía como un loco, manoteando. Qué muerte más tonta, pensé. Empotrados en un poste, mezclados nuestros restos con los de Juan Manuel Fangio, recibiendo honores póstumos por haber acompañado en su final al viejo e ilustre campeón de automovilismo. Era un día del verano austral de 1989. Fangio nos había recibido por la mañana en la casa de su familia, en Balcarce, cerca de Mar del Plata, y juntos habíamos ido a la inauguración del Museo del Automóvil que su

---

21. *La Bohème*, aria de Musetta, segundo acto.

233

ciudad natal le dedicaba, y luego a un asado al aire libre. Queríamos entrevistarle pero él declinó, no le apetecía comprometerse hablando de política (se acercaban las elecciones que pondrían a Carlos Menem en la Casa Rosada) ni de economía (eran los peores tiempos de la devaluación, cuando los argentinos soportaban la pesadilla del fluctuante cambio del dólar, que caía en cascada desde el amanecer hasta la noche). De modo que, simplemente, aceptamos que por la tarde nos devolviera a Buenos Aires en su coche (en su brillante retiro, era el concesionario de la casa Mercedes para Argentina), ilusionados ante el lujo de que condujera el ídolo de la Fórmula 1 de nuestra juventud. La madre que lo parió, ahora entendía por qué nadie más había querido unirse a nosotros. Se sabían el chiste.

Unos cuantos días antes, yo había girado también la cabeza para mirar a Lucho y los dos habíamos intercambiado un gesto de complicidad, mucho menos risueño aunque igualmente alarmado. Nos encontrábamos, cuerpo a tierra, frente al cuartel de La Tablada, tomado desde hacía horas por un grupo de jóvenes izquierdistas. A nuestro lado, parapetados detrás de los coches, policías y militares disparaban hacia el cuartel, en medio de una desconcertada bronca, de gritos y de insultos. Desde dentro llegaba algún que otro tiro suelto. Yo estaba allí por estricta obediencia al corresponsal de mi periódico, Pepe Comas. Mi amigo Lucho, gran fotógrafo, por amistad hacia mí.

Habíamos llegado a Buenos Aires esa misma tarde, con el encargo de realizar un reportaje sobre los cinco años transcurridos desde el fin de la dictadura. El conflicto, que empezó antes de que tomáramos el avión, había llegado a una especie de encharcamiento, según informaba la radio del taxi que nos condujo hasta el hotel. Llamé a Pepe a su casa, sin esperanzas de encontrarle (supuse que estaba en La Tablada), pero se puso al teléfono: "Vaya, qué bien. Vete para allá y luego me cuentas lo que está pasando". "Pepe, es la primera vez que piso Buenos Aires, ¿cómo coño llego a La Tablada?". "Coge un taxi", respondió, lacónico. Era una forma de entrar en materia, pensé, para alguien que no conoce Argentina. Lucho no tenía posibilidad de colocar una sola foto. Le dije que se quedara, que era totalmente innecesario que viniera, y que podía ser peligroso. Había viajado a Buenos Aires desde Chile, acompañado por Carla Christi, su mujer, que aprovecharía para visitar a su hija, casada en Argentina. Cuando bajé al vestíbulo, Lucho estaba esperándome: "No voy a dejarte sola en una cosa así".

Anochecía cuando, cagados de miedo, intercambiamos nuestra mirada cómplice. Acabábamos de percatarnos de que los militares habían colocado una respetable pieza de artillería, justo detrás de nosotros. Y de que, junto al artilugio, se encontraba nada menos que una de esas pequeñas gasolineras latinoamericanas que gotean combustible y pueden convertirse en un infierno en cualquier momento. Bastaría un solo disparo, en la oscuridad. Lo peor es que no nos enterábamos de nada. Los militares, tampoco, a juzgar por el aumento de reniegos e improperios. Optamos por largarnos.

Encontramos a Pepe Comas (que siempre se portó muy bien conmigo) en calzoncillos, tumbado en la cama (su postura favorita), escuchando un par de radios, viendo la televisión, grabando cintas de todos los aparatos y recibiendo, al mismo tiempo, un informe sobre la situación de labios de Blondie, encantadora periodista de la revista *Time*, que también acababa de llegar del lugar de los hechos. Cuando me vio, Blondie se echó a reír y se puso en jarras: "¿No te parece, Pepe, que alguna vez tendrías que ir tú a ver lo que ocurre?". "Yo tengo que quedarme aquí, a controlar la situación". Tenía razón: era más fácil saber qué ocurría desde su puesto de control. Comas tenía muchas buenas amigas, y la costumbre de utilizarlas como *stringers* voluntarias. En compensación, él, que no es bebedor, nos ofrecía sus mejores botellas de whisky.

Lo de La Tablada, que se saldó con una oscura y terrible represalia militar, con asesinatos y penas de prisión que aún hoy preocupan a las comisiones de Derechos Humanos, fue la violenta puerta por la que entré por primera vez en Argentina, un país que he visitado en numerosas ocasiones y en donde tengo a gente muy querida. Empezaba el año 1989, aquel en que, como advertí al principio, mi destino de periodista-comodín se cruzó en varias ocasiones con la Historia.

El Chile que me evocan Lucho y Carla es distinto al que me dio Marcela, aunque no opuesto: tiene continuidad en el tiempo y está lleno de mutaciones, tal vez porque a ellos les conocí en una situación precaria, en Barcelona, durante su exilio; cuando él tenía que realizar reportajes alimenticios (coincidimos en *Ser padres:* Joaquim Ibarz también es amigo suyo), y ella trataba de que su mitad de patria catalana (la otra mitad es chilena) reconociera su talento de actriz machacada por la diáspora. Su casa santiaguina de Hipólito Irigoyen, en los aledaños de Providencia, ya no existe, ha sido barrida por la especulación, y sobre la tierra que ocupó se alza un bloque de pisos. La pienso tal como fue: blanca y luminosa, con buena música y buenos libros en los estantes, gatos (la matriarca *Fettucina,* dominándolo todo) y la no menos cálida hospitalidad. Viví allí durante muchas de mis visitas, sobre todo en los últimos tiempos. Recuerdo que en 1987 cuando el *no* en el referéndum, volví a esa casa por la mañana, después de pasar la noche en la población La Victoria celebrando el éxito del *no* de una manera contenida que prefiguraba lo que ocurriría después en el país: nos manifestamos marchando de un extremo a otro de la población, por las calles sin asfaltar, gritando de alegría y llorando de emoción; pero no podíamos ir más allá, cercados por vehículos militares que nos observaban con suspicacia. Parecía todo un éxito la simple evidencia de que no nos dispararan, y yo dormí, como había hecho en Soweto, en una de aquellas barracas de uralita que se apiñaban en las peores zonas de La Victoria: vi cómo amanecía (sin dictadura: la más deslumbrante forma de amanecer) por un agujero del techo, y escuché el llanto de un bebé al otro lado de una pared de cartones y lata. Cuando regresé a Hipólito Irigoyen, Carla salió a recibirme y nos abrazamos. Era el tipo de experiencias íntimas que no podía contar en España, el tipo de vivencias que siempre tendré que agradecerle al periodismo.

Desde entonces, no hemos dejado de vernos, ni de querernos, ellos dos, su hijo Andrés, sus gatos y yo. Su casa, cualquier casa, en cualquier lugar, es la mía. Y la mía es suya, donde quiera que me encuentre.

Desde aquel Chile en el que vivía pasiones diversas me proyecté hacia el resto de América Latina; estaba en racha. República Dominicana, Cuba, Argentina, Paraguay. Joaquín Estefanía, como director, y Soledad Gallego-Díaz, como directora adjunta (de ella partió la idea de que escribiera este libro), hacían lo que podían para calmar mi ansia de viajes. A Cuba fui a finales de 1988, con Quim Llenas, mi ex hombre posible, como fotógrafo, con motivo del inminente 30 aniversario del triunfo de la revolución. Lo primero que hicimos al llegar a La Habana fue burlar la vigilancia de los funcionarios que debían controlarnos, y perdernos por la ciudad, a hablar con la gente. Tremenda bronca, cuando nos recuperaron. Durante unos días, Quim y yo apenas cruzamos una palabra. Mirábamos, escuchábamos. Los dos habíamos sido, como tantos, simpatizantes lejanos de la revolución. Una mañana, desayunando, rompí a llorar: "Esto es espantoso". Quim estaba de acuerdo conmigo. Aquella gente, mantenida por el régimen en estado de infancia permanente, sin referentes, sin espejos; no era sólo la falta de alimentos. Era, sobre todo, la falta de futuro. Y el absurdo, campando por todas partes. Aquellos comités de defensa de la revolución, los CDR de barrio, cuyos miembros delataban a sus vecinos; aquellos niños pioneros que repetían consignas, como loros, en el parque Lenin. Aquel proceso de rectificación que rectificaba lo rectificable y, por si acaso, lo que también hay que rectificar aunque al hacerlo hayamos descuidado rectificarlo. Como dice un amigo mío, Fidel tenía razón al hacer la revolución, pero se equivocó al aplicarla. Por mi parte, desde aquel viaje albergo la seria sospecha de que, en ciertos aspectos, Castro está como una cabra.

El reportaje de Cuba fue mi primer contacto con Jesús Ceberio en su calidad de subdirector recién nombrado. Yo le conocía de haberle leído cuando era un excelente corresponsal en Centroamérica, y de verle luego en *El País*, como redactor jefe de noche. Aquella mañana acudí a la Redacción con mi proyecto de próximos reportajes en América y muy mala conciencia. No me gustaba mi texto sobre Cuba, recién entregado me había autocensurado, no había tenido los ovarios de escribir de la isla con la claridad con que lo había hecho de otros lugares: lamentables escrúpulos de izquierdista. Cuando Ceberio me dijo: "Vale con tu próximo viaje, pero no te vas a ir hasta que…", yo misma completé la frase: "…hasta que no haya reescrito el reportaje de Cuba". Lo hice.

Las cosas son como son, y lo único que hay que hacer es contarlas. Aunque duelan.

Noviembre de 1989. Bernardo Pérez y yo estábamos en el aeropuerto de Francfort, de regreso del que sería mi último reportaje en Beirut, cuando nos sorprendió la noticia de que el muro de Berlín estaba cayendo. Bernardo, siempre a punto para salir lanzado, dijo que deberíamos telefonear a la Redacción para ofrecernos a ir, ya que nos pillaba cerca. Yo regresaba intoxicada del Líbano, y nada quedaba más lejos de mi deseo ni reclamaba menos mi interés que la inminente reunificación de las dos Alemanias y la hecatombe del imperio socialista que resultarían de aquel estrépito inicial. Cada periodista tiene en su cabeza una zona ideal que le gustaría que le tocara, en un hipotético reparto del mundo, y en la mía no figuraban ni Estados Unidos, ni Europa, ni los países del Este. Cada periodista, también, tiene que adecuarse a lo que se le pide. Pero llamamos, y nos dijeron que regresáramos a Madrid.

Sin embargo, nada más llegar, todavía con el calor beirutí en la piel, tuve que llenar una maleta con prendas de abrigo y volar a Berlín, para reunirme con el equipo que me había precedido y con el entonces corresponsal, Josep Maria Martí Font, que era quien manejaba las claves del asunto[22].

Meses antes, en agosto, había estado en Polonia para escribir sobre el panorama que se abría tras la caída del régimen comunista y el triunfo del sindicato Solidaridad y de su líder, el por tantos motivos porcino Lech Walesa. Aquel viaje me mostró perspectivas insospechadas (comprobar los estragos causados por otro tipo de dictaduras, tan reverenciadas en otro tiempo por quienes habíamos vivido bajo el yugo de Franco; comprender que, de haber crecido con la bota comunista encima, posiblemente me habría vuelto partidaria del Papa), pero lo de Berlín fue otra cosa.

Quizá porque mi corazón estaba en el Tercer Mundo, no caí en la hemorragia emocional con que se vivieron aquellas jornadas. Para empezar, nunca había visto a tantos alemanes juntos, y con los precedentes, eso era para impresionar a cualquiera, sobre todo cuando se ponían a cantar himnos que sonaban como marchas militares aunque hablaran de los pajarillos del campo. En segundo lugar, desde aquella primera noche de los cánticos a ambos lados del muro, los martilleos en la piedra y los abrazos entre parientes que habían tenido que vivir separados, la operación entera echó un tufo propa-

---

22. Martí Font ha ampliado su experiencia en el libro *El día que acabó el siglo XX*, ediciones Anagrama.

gandístico que predisponía al escepticismo. El grupo de periodistas de *El País* nos dispersamos aquella primera noche, cada cual a la caza de uno de los muchos aspectos que ofrecía la operación. Caminé bordeando el muro, por el lado de Berlín occidental. Más himnos, más abrazos, más lágrimas. De la otra parte llegaban, atravesando el *check-point* Charlie, avalanchas de berlineses orientales que venían a pasar unas horas en el paraíso. Elegí a un matrimonio con dos hijos adolescentes y les propuse invitarles a cenar a cambio de que me contaran su historia. Nos sentamos en una cervecería, comieron y bebieron, se quejaron de la falta de libertad del otro lado, de los bienes escasos, de las barreras al consumo con que tropezaban, inmersos en el contrasentido de ver por televisión los canales occidentales que exhibían todo nuestro arsenal de bienes superfluos.

Y entonces el hombre dijo: "Lo primero que he hecho, al pasar, ha sido comprarme el *Bild Zeitung*. ¡Esto sí que es libertad de expresión!". Y agitó ante mis narices un ejemplar del diario, uno de los más lamentables, sensacionalistas y amarillos de Europa. No era como para lanzar cohetes.

Al día siguiente continuó el montaje. Cada alemán oriental que pasaba al Este era obsequiado con una propina de cien marcos, que se distribuía en los bancos. Los recién liberados cruzaban los ya casi inexistentes controles, cansados de haber guardado colas socialistas y dispuestos a ponerse nuevamente en fila, ahora para disfrutar de los beneficios del capitalismo. Nada más pisar territorio libre, se colocaban ante un camión de publicidad de cigarrillos West, en donde se distribuía un cartón a cada uno, gratis; un poco más allá, después de la espera reglamentaria, recibían de otro camión un kilo de café y otro de cacao; y más adelante, mientras aguardaban ante el banco (el señuelo de los cien marcos les hacía cargar con enfermos, bebés, paralíticos y todo tipo de pariente factible de ser remunerado), animosas y entregadas doncellas de una especie de Ejército de Salvación distribuían entre los hijos pródigos de Alemania una humeante y algo aguada sopa de lentejas.

Con el dinero en el bolsillo, los beneficiarios se lanzaron a comprar alegremente. Primero acabaron con las existencias de piñas tropicales (manjar que, antes, sólo habían podido ver en la televisión), y después se hicieron con los restos de serie de todas las tiendas de la ciudad. Como la juerga continuó durante varios días, los tenderos se apresuraron a poner de nuevo a la venta el género tarado o simplemente horroroso que no habían podido colocar en temporadas precedentes, y pronto las aceras se llenaron de *burros* metálicos cargados de jerséis fluorescentes con cuello cisne y de pantalones de lanilla barata que los pobres berlineses del Este adquirían, entusiasmados.

Tengo fijada para siempre en mi memoria una imagen de aquellos días. Era al final de la tarde, yo salía del Centro Internacional de Prensa, situado en Berlín este, después de bregar con unos infames teletipos. Hacía mucho frío, estaba oscuro como si fuera de noche y había una densa bruma. De pronto, entre la boira, surgió la silueta de una niña de unos once años, preciosa, rubia, vestida de escolar, cargada con un violonchelo enfundado: camino del conservatorio. Pasó por mi lado y desapareció, sorbida por la niebla. Como el mundo en el que había vivido hasta entonces.

Regresé en varias ocasiones a la Alemania de la reunificación. Pasada la euforia, surgían temas más preocupantes de los que informar. El racismo, mantenido en régimen de hibernación durante la larga opresión comunista, se manifestaba ahora sin complejos. Los alemanes orientales lo tenían por algo bueno, y perseguían a los cubanos, a los angoleños becados por la Alemania comunista; la tumba de Bertolt Brecht amaneció un día con una cruz gamada y un insulto rotundo escrito encima: *cerdo judío*. Simultáneamente, llegaban en oleadas los empobrecidos habitantes de otros países del Este: rumanos, sobre todo. Era el principio de la gran diáspora que la acomodada Europa habría de afrontar con impotencia y recelo, cuando no con decidido rechazo, a lo largo de la siguiente década, una herida que sigue manando en este fin de siglo de los desplazados, de las guerras que asolan a la población civil y de la insoportable miseria.

Una estación de ferrocarril: gente en el suelo, como en el aeropuerto de Delhi. Desheredados, exiliados, emigrantes con los bultos y los hijos a cuestas. Un hombre tañe una guitarra y canta una canción cuyas palabras no comprendo, pero tan triste que me arranca lágrimas. Pero no estoy en Delhi, sino en el antiguo Berlín este.

En otro viaje, subo con Bernardo Pérez al último piso de una dirección en donde queremos entrevistar al líder de un movimiento neonazi de formación reciente. Al cruzar la puerta nos detenemos, sobrecogidos. Es la escenografía de banderas rojas, cruces gamadas y retratos de Hitler que hemos tenido la suerte de ver sólo en películas. Mesas cubiertas de papeles y libros de propaganda, jóvenes de cabeza rapada. El líder se adelanta y nos dice que sólo hará declaraciones si le damos mil dólares. Bernardo me mira, entre perplejo y divertido, y yo respondo: "Mi periódico no le paga ni a Carolina de Mónaco". Salimos a la calle, estupefactos: a Berlín, antiguo este.

El destino, en un poso de café

Siempre hubo una noria, en Beirut. En los trances más amargos de la guerra, la gran Ferri chirriante estaba allí, alzando su airosa silueta en el cielo; paralizada por falta de electricidad, la mayor parte del tiempo; acumulando herrumbre, comida por el salitre, pero dispuesta a cumplir con su función. Cuando había luz, y eso ocurría muy pocas veces, la vieja matrona se ponía de nuevo en marcha al anochecer, iluminando con bombillas desparejas las rocas de Raouche, acogiendo, como lo había hecho en la paz, a ruidosas familias y coquetas adolescentes que lucían sobre el pecho, como inesperadas sonrisas, collares de jazmines ensartados en hilos de seda. Subí a ella en mi primer viaje, con Gumucio, y desde entonces no dejé de correr a sus pies, en cada visita, para comprobar que seguía dominando Beirut con su figura grácil, bien plantada junto a aquel Mediterráneo que, a pesar de los barcos de guerra que a menudo lo profanaban, seguía siendo la única puerta más allá de la cual podía haber una vida distinta.

Cuando la Ferri funcionaba y me encaramaba a una de sus cestas, sola o con Sami (ignorando en qué momento se podía cortar la luz, y algo aún peor), olvidaba el odio y el dolor de abajo, me olvidaba incluso de mí misma y de mis asuntos por resolver. Sobre todo, de la pregunta con la que algún día tendría que enfrentarme, aquella que cuestionaba si, a fuerza de tratar de ser tan distinta de la mujer que habría podido ser, a fuerza de trazar mi propio determinismo para escapar de la dictadura de la genética, la crianza y la costumbre, no me estaría encaminando irreversiblemente hacia un muro ciego, hacia la soledad, y poco más. Allá arriba, en la noria, olvidaba eso, y también que los enviados especiales con los que coincidía, por el simple hecho de ser hombres, podían telefonear cada noche a su país para hablar con la esposa y los hijos que les esperaban, mientras que nadie equivalente me aguardaba a mí; de sobra sabía que no hay hombre que aguante de su pareja semejante plan de vida. Sin embargo, esa certidumbre, la de tener a alguien esperándoles, raíces, ¿hacía que la vida fuera mejor para ellos? ¿No se emborrachaban y se desesperaban, y algunas veces mostraban insensatos impulsos suicidas, igual que yo? ¿Era su familia un seguro contra la locura, o sólo un agravante más, habida cuenta de que la mayoría de los hombres con los que trataba acababan casi invariablemente con sus hogares deshechos, reiniciando una y otra vez la misma fantasía de compartir la precariedad con alguien estable y perdurable?

Durante los años en que me he mantenido alejada de Beirut, la imagen de la noria se ha ido agrandando hasta convertirse en una suerte de parábola de mi oficio. Estar allá arriba era recuperar la perspectiva; del mismo modo que la posibilidad de poder escribir lo mejoraba todo.

Cuando volví a reencontrarme con Beirut, en la primavera de 1998, antes de empezar a escribir este libro, Tomás me acompañó al pequeño parque de atracciones de Raouche y saludé a mi noria, contenta de ver que de nuevo estaba en pie, tras su accidentado choque con el viento. Quedaban un par de rituales más que cumplir. El primero, encontrar a Ahmed. El segundo, averiguar qué le había pasado a Sami. Uno y otro iban a estar ligados, como se verá más adelante.

Como muchos libaneses, Ahmed había pasado parte de su juventud trabajando en el extranjero; en Venezuela. A su regreso a Beirut se colocó como *barman* en el Charlie Brown, el bar del hotel Le Cavalier. Yo cultivo, de antiguo, una intermitente amistad con los *barmen* de hotel (un psicoanalista diría que se trata de mi Edipo no resuelto: mi padre me abandonó antes de que yo alcanzara la edad de preparar martinis). He pasado más de un cumpleaños sentada a la barra de un bar (el de 1989 lo celebré en Asunción: hacía poco que había caído Stroessner; el de 1990, en un bar de Nicaragua: hacía poco que había caído Ortega), y entre esos hombres y yo se da una relación difícilmente transferible. Ahmed sabía qué copas me gustaban, qué clientes podían incomodarme, qué chismes me servían para mis escritos, qué cliente era funcionario de tal ministerio o tal otro. Resultaba una gran compañía masculina (lo reconozco: me gustan los hombres que desempeñan un papel secundario), discreta y amable, para acabar la noche creando un espacio distendido entre la ocupación y el sueño. Y hablaba, entre otras lenguas, también como muchos libaneses, un castellano bastante aceptable.

Ahora Ahmed había desaparecido, y nadie supo decirme cómo le podía localizar. Sabía que vivía en Sabra, porque fue allí donde, entre bromas y veras, me leyó el futuro en el poso de una taza de café. Y a Sabra me dirigí con Pilar y Maatouk, el chófer que me había suministrado Tomás: nada que ver con Sami. Maatouk era muy joven cuando empezó a ejercer como conductor de guerra con periodistas de France-Press, y ahora tenía esa edad en que el desencanto y el estraperlo le convertían en un beirutí más pretencioso que interesante. Sentía más amor por su flamante Mercedes que por su ciudad, y por eso cometió con nosotras un error que no le perdoné. Al decirle que quería visitar Chatila, respondió: *"Oh, ça n'existe plus! C'est finie, Chatila!* Ahora hay un mercado en el lugar donde se produjo la masacre".

Es una tendencia beirutí común, en estos últimos años, la de rechazar la existencia de palestinos en su ciudad. El pensamiento popular les atribuye la culpa de que su país se pusiera en guerra: tienen parte de razón; sólo parte, pues ellos mismos, los libaneses, entibiaban en su seno la serpiente del enfrentamiento. Los palestinos, a su vez, fueron y siguen siendo el espejo mismo en donde se refleja la culpa original del mundo árabe: su pasividad ante el Estado de Israel, creado sobre la destrucción de Palestina, su inoperancia frente a la diáspora a que fueron sometidos sus hijos. Las naciones árabes se limitaron a subvencionar la volátil propuesta de retorno de la que un día nació la OLP; a dar dinero para que a los guerrilleros les aguantaran otros y para que siguieran incomodando a un Israel cada vez más crecido[23].

Conocí Chatila en el verano de 1986, recién concluida la *guerra de los campos* ganada por los shiíes de Amal, comandados por Nabih Berri. Entré a donde estaban los vencidos, como ya he contado en otro momento de este libro, gracias a la estratagema inventada por Juan Carlos Gumucio de hacerme pasar por pariente española de palestinos del interior del campo. Aquella mañana crucé el control y Juan Carlos me acompañó hasta la enfermería: corriendo por entre los escombros que había dejado la guerra, porque él tenía que regresar de inmediato, tal como le prometió al soldado que se había hartado de verme llorar, y que le había permitido entrar conmigo durante unos minutos, a cambio de retener su pasaporte. El periodista boliviano me dejó en manos de Chris Giannous, y desapareció.

Las veinticuatro horas que pasé en el interior del campo fueron para mí una lección sobre Palestina y palestinos, y en

---

23. Para mayor conocimiento del tema y de la masacre perpetrada en Sabra y Chatila en 1982 por tropas cristianas libanesas, con el consentimiento del ejército israelí, recomiendo de nuevo la lectura de *Pity the Nation* de Robert Fisk.

ellas hubo de todo, desde el recuento de los muertos en ésta y todas las guerras anteriores, hasta el aprecio del tenaz espíritu de supervivencia que caracteriza a un pueblo endurecido por la desgracia y, pese a todo, incapaz de abandonar la quimera de recuperar algún día la patria que le fue arrebatada. Chris Giannous era un joven y atractivo médico griego-canadiense que se comía las uñas hasta el codo, que apenas dormía, que no perdía el buen humor y que había aprendido cirugía en hospitales de campaña de África, sobre todo de Argelia. Decía que para ser útil en el Tercer Mundo hay que saber salir adelante con los medios del Tercer Mundo. "Los médicos occidentales se desconciertan cuando tienen que operar apenas con los útiles imprescindibles", sostenía. Dormí en la enfermería, y mientras hubo luz natural recorrí Chatila de un punto a otro, guiada por otro médico, un palestino, que había perdido en la *guerra de los campos* a su mujer y sus cuatro hijos, y que encendía un cigarrillo con el 'pucho del anterior. Por la noche, me llevaron de una casa a otra (es un eufemismo: eran, apenas, cuevas en las que habían colocado algunas alfombras, algunos enseres), me sirvieron incontables cafés aderezados con buenas historias, y una mujer, la esposa de un barbero que tenía su tienducha entre los escombros de la calle principal que conduce al estadio nacional (otra ruina, fruto de uno de los bombardeos israelíes de 1982, pero ésta ha sido reconstruida con rapidez; Chatila, no), me inició en las delicias del narguile, aromática pipa de agua que he vuelto a probar, a mi regreso, ahora en la terraza, junto al Mediterráneo, de un café conocido, precisamente, como el Chatila.

Allí empezó mi historia con los palestinos. Viví pendiente, desde entonces, de cuanto les ocurría, y aproveché cualquier resquicio para ir a contarlo. En 1988 fui a Sidón, en el sur del Líbano, a los campos de Ain el Halué y Miyé-Miyé, a donde fueron a parar los refugiados expulsados de Beirut por los sirios, que utilizaron para ello a su traidor palestino en nómina, el sanguinario Abu Musa. Esa vez Sami, mi hombre para todo, se había agenciado, para que nos hiciera de guía, a un vivaz y bien parecido adolescente (Sami me guiñó un ojo: "Ha sido amiguito de Arafat", repitió varias veces, chasqueando la lengua, como solía hacer cuando quería que apreciara su doble intención) que nos introdujo en el primero de los campos. Gracias a sus oficios hablé con quien quise y asistí a la más curiosa de las ruedas de prensa: una que organizaron, con todo el mando militar del campamento, más un par de jefazos superiores, Abu Iyad, responsable de los palestinos en Líbano, y el comandante Abu Ryad, que acababa de ser derrotado en el campo beirutí de Burj el Barajneh, tras ofrecer a sus enemigos una feroz resistencia. El aspecto curioso de la rueda de prensa es que el único periodista presente era yo.

La persona más interesante que conocí en Ain el Halué fue, pese a la proliferación de militares, un civil; es más, una mujer. Im Tarek era la refugiada palestina por definición. Su primer éxodo lo realizó cuarenta años atrás, en el vientre de su madre, cuando se creó el Estado de Israel y los habitantes reales de lo que se vendió al mundo como *un territorio despoblado* tuvieron que dispersarse por donde pudieron. Im Tarek, que era delgada y nerviosa y tenía el cabello del color de la sal y la pimienta mezcladas, creció de campo en campo y de ciudad en ciudad, enviudó por la guerra, perdió hijos por la guerra, pero le quedaron cuatro por los que luchaba y vivía. Espero que aún los conserve.

No he conocido a ningún periodista serio que siga siendo sionista después de haber sido testigo en Israel de la realidad de los territorios palestinos ocupados. Ni siquiera los que son judíos, pero es posible que estos últimos alberguen mayor benevolencia hacia el pueblo que, habiendo sufrido tanto dolor y escarnio en el pasado, no ha dudado en someter y colonizar y casi esclavizar a los palestinos. Si en Israel no existieran movimientos como *Peace Now* y otros pacifistas, si no hubiera intelectuales, abogados y otra gente que vieron claro que el único camino posible es la convivencia, habría que convenir en que el Estado judío no se formó precisamente con lo mejor de cada casa. Aunque la atareada mujer que me atendió en mi primera visita a Jerusalén, la letrada Lea Tsemel (que fumaba sin parar, como los refugiados, e iba de un tribunal a otro, de una oficina a otra, sujetando con un brazo una abultada carpeta de informes sobre jóvenes palestinos encarcelados, y con una toga, agujereada por las brasas, colgando del otro), fue clara al respecto: "Mire, a los israelíes que se niegan a cumplir el servicio militar o que están contra la represión, lo más que les puede caer es un par de meses de cárcel y la desconsideración social. Nada que ver con la dureza con que se castiga a los palestinos".

En aquel momento álgido de la Intifada, no había que ir muy lejos para encontrar a las víctimas: los campos de refugiados, que se parecían demasiado a los de concentración (con torres de control en cada esquina y focos de reconocimiento que permanecían encendidos durante la noche), estaban muy cerca. Y bastaba con acudir a la ciudad antigua, en la Jerusalén dividida (de nuevo, una ciudad partida en dos: el este para los musulmanes; el oeste para los judíos), el viernes, día de la oración, para ver cómo los soldados israelíes salían a faenar (cada ciudadano en edad de pelear, un soldado; tienen el uniforme y el fusil en el armario, como un vestido más; los avíos de reprimir, junto con las prendas que se ponen para orar en la sinagoga o para celebrar sus ritos sagrados).

Los chicos palestinos usaban hondas para lanzar piedras a los militares, y éstos utilizaban todo su potencial para castigarles. Hacía poco que una cadena de televisión norteamericana (caso raro) había mostrado un reportaje en el que aparecían soldados israelíes quebrando piernas y brazos de niños. Ir de un campo de refugiados a otro suponía encontrarse con numerosos ejemplos de torturas, con espaldas quemadas y miembros rotos. Pero lo peor se encontraba en el hospital Maqassad de Jerusalén este, en el monte de los Olivos. Lo recorrí en compañía de Khaled Khoury, eminente cirujano palestino que está casado con la catalana Magda Corbella, con quienes hice amistad. En cada nueva visita mía me recibían como sólo los árabes saben hacerlo y me ponían al corriente de los nuevos acontecimientos. Cuando la operación Tormenta del Desierto, nos mantuvimos en contacto telefónico. Así fue como supe que no se repartieron máscaras antigás entre la población palestina. Cerraron las ventanas y las sellaron con papel aislante: eso es lo que tuvieron que hacer.

Con los años, visita a visita, vi crecer a los niños de la Intifada, les vi convertirse en muchachos, en hombres cada vez más implacables, cada vez menos crédulos. El movimiento integrista nacido en Gaza aumentaba sus adeptos: ocurre siempre cuando las causas justas se ven defraudadas; ganan los más crueles. No he querido volver a Jerusalén en los años recientes, no quiero ver la desilusión de los Khoury. Por carta, por teléfono, la realidad duele menos.

Sabra es ahora un mísero barrio beirutí que linda con lo que queda de Chatila; sus habitantes tienen a gala ser libaneses, y cuando les preguntas por la enfermería te dicen: "Ah, eso es *en el campo*", con desdén, señalando con la barbilla lo que hay detrás de las ruinas de enfrente, el asentamiento palestino. De pregunta en pregunta, Pilar y yo nos fuimos alejando una soleada mañana de Maatouk y de su Mercedes (le dejamos en pleno idilio: acariciándole los cromados con un paño; creo que le susurraba primores), y nos adentramos en las estrechas callejuelas que descubrí en 1987. "*¿Doctor? ¿Doctor?*", iba inquiriendo yo, con la esperanza de localizar al menos al médico palestino que fue mi primer guía (descartada toda posibilidad de encontrar a Ahmed en un pajar), y así pasamos de Sabra a Chatila, pues los libaneses pobres, pese a su arrogancia, tenían que reconocer que es aquí, *en el campo*, donde todavía quedan palestinos organizados en la pobreza como sólo ellos saben hacerlo, el lugar donde hay un servicio médico que atiende gratuitamente, incluso a sus poco complacientes vecinos. De manera que dejamos atrás a los beirutíes embrutecidos por la miseria, pisamos cascotes y sorteamos ruinas, y de repente lo que vi casi me dejó muda: una farmacia. Una auténtica farmacia. Junto a ella está el centro de salud, costeado con ayuda noruega, la única que llega ahora que todo el auxilio occidental se vuelca hacia los palestinos de Gaza y Cisjordania, los elegidos por la OLP para reconstruir la patria, dejando que la mayoritaria población en el exilio permanezca en el limbo.

Un ingeniero atiende en el centro de salud a unos bienintencionados noruegos que acuden para ver cómo se utilizan sus donativos, y nosotras nos unimos al grupo. Recorremos los puntos en donde desarrollan su enorme esfuerzo colectivo de mantener la moral, a espaldas del mundo. La escuela para mujeres, con cursos de informática, estilismo y peluquería; las clases para los niños que aprenden poco en la superpoblada escuela pública Jericho, y aquí reciben formación complementaria. El centro de ayuda popular en donde se enseña a la población a prevenir enfermedades derivadas de la mala situación higiénica (aunque un grupo de voluntarios están arreglando las conducciones de agua). En la escuelita, los niños vuelven una y otra vez al tema recurrente: la patria que recuperarán un día u otro. Banderas, estampas de la mezquita de Jerusalén. Sueños.

Salimos a la calle donde está el mercado, en donde fueron enterrados, en una fosa común, los restos de mujeres, niños y ancianos mutilados y asesinados salvajemente por el ejército cristiano libanés, mientras los israelíes de Ariel Sharon miraban para otro lado. Fue en 1982. Los periodistas que se encontraron con el horror, varios días después, estallaron en llanto. Pero los palestinos tienen mala suerte: por aquellos días murió también Grace de Mónaco, y les tocó compartir con ella las primeras páginas de los periódicos.

No es un mal destino, para unos huesos, acabar bajo un mercado: hay animación y bullicio y alegría y olores y colores en los puestos, mujeres sonrientes, hombres maliciosos; antes fue un vertedero.

Como si nuestra visita a Sabra y Chatila hubiera obrado una especie de conjuro, al llegar al hotel un hombre afable mostró toda su dentadura al reconocerme: era Nassim, uno de los recepcionistas, que regresaba de disfrutar de unos días de asueto. Después de los abrazos y salutaciones de rigor, prometió buscarme a Ahmed. Pensé que, poco a poco, empezaban a atarse los cabos sueltos que había dejado en Beirut. Yo quería reencontrarme con mi amigo *barman* para contarle cómo y cuándo se había cumplido lo que predijo para mí una tarde de noviembre de 1989, en su casa de Sabra, con su primogénito sentado en las rodillas y, en la mano, un platillo con un poso de café en el que leyó mi futuro.

"Vas a ir a sitio donde habrá mucha fama, acontecimiento muy importante y tú saldrás en periódicos, y habrá peligro, mucho peligro, pero tú saldrás bien, cerca de ti la muerte, morirá alguien muy próximo, pero tú te salvarás, no te preocupes", dijo, con el ceño fruncido. Eso puede ser aquí mismo, reflexioné entonces, sin concederle importancia: Beirut no era un lugar seguro, a pesar de que ya se hablaba de paz.

Bernardo Pérez, que estuvo presente, me lo recordó meses después, cuando regresé de Panamá, donde el destino previsto en el poso de café se había cumplido, y en donde la mujer escindida que era yo empezó a reunir sus fragmentos.

No te olvides de contarme cómo funciona el Canal

A finales de 1989 yo ya sabía lo suficiente de tretas, argucias y ardides como para sobrevivir al peor jefe que he tenido nunca, mencionado con anterioridad en este libro con el nombre de Doble A[24]. Desde el principio supe que iba a detestarle.

Entró en *El País*, concretamente en el suplemento dominical, cuando Ismael López Muñoz acababa de fallecer (no vino a sustituirle, pero hubo algo muy simbólico en el hecho de que semejante muestra del subperiodismo entrara coincidiendo con la muerte de un maestro como Ismael), cuando todavía le llorábamos. "Vamos, vamos, vamos", palmoteó, con aquella absurda energía que no conducía a ninguna parte: se creía un juvenil pastorcillo obligado a bregar con profesionales que consideraba antediluvianos. "Ya está bien de llorar. A trabajar, a trabajar, a trabajar". Yo le lancé una de mis miradas asesinas: "A ver si, cuando te mueras tú, te lloramos lo mismo", farfullé. La enemistad estaba sellada, pero él, que era muy listo y sabía que la casa me quería y que tenía que aprovecharme, intentó trazarse un plan para encargarme muchas tareas, al tiempo que me neutralizaba. Pronto comprendí que mi postura tenía que ser la inversa: trabajar mucho para no verme neutralizada.

---

24. Ver capítulo dedicado a Diana de Gales: *Diana y los cazadores*.

En cierto modo, llegamos a un acuerdo nunca expresado. Si yo le hacía reportajes facilones, él me permitía disfrutar de un, digamos, cupo de reportajes duros. Yo hacía lo imposible, además, para que los reportajes facilones se convirtieran en duros. Era agotador, pero como vengo diciendo a lo largo de este libro, el periodismo no es un camino de rosas. Y a mí me había tocado el pájaro espino.

El 17 de noviembre de 1989, la extrema derecha salvadoreña, con la complicidad del ejército (en realidad, una cosa y otra eran lo mismo) dio salvaje muerte a seis sacerdotes jesuitas de la Universidad de América Central, entre ellos el vasco Ignacio Ellacuría, que era amigo de muchos de nosotros; también mataron a dos mujeres, el ama de llaves y su hija. Sabía que si le proponía a Doble A (más interesado en diseño, y en coleccionar obras de arte, que en el periodismo) que me mandara a hacer un reportaje sobre la interminable guerra salvadoreña, la respuesta sería negativa. Así que se lo vendí por la parte blanda: qué bonito sería, le dije, que publicáramos un amplio reportaje sobre la labor misionera y solidaria de los jesuitas en (y aquí jugué fuerte) América Latina. Noté que se calentaba (sin duda al pensar que se me quitaría de encima por una larga temporada), y le di una lista de países (me había pasado la noche maquinando): quería empezar por las misiones del sur de Paraguay, pasar de aquí a Brasil, seguir a Chile (en donde el padre Aldunate estaba sumamente comprometido con el movimiento antipinochetista Sebastián Acebedo), saltar a Panamá y, finalmente, acabar mi misión ante las tumbas de los jesuitas asesinados, en El Salvador. Picó, pero tenía una objeción. Le escuché con paciencia, porque si algo he aprendido es que la gente, cuanto menos criterio tiene, más objeciones se saca de la manga para que su interlocutor les tome por la ciencia infusa. Además, dada nuestra mutua falta de entendimiento, necesitaba doblegarme al menos ante una o dos de sus insensateces. Fue una, pero gloriosa:

—¿Por qué Panamá? —preguntó.

—Porque el provincial de la orden en Centroamérica está ahora allí y, además, hay mucha tensión entre los panameños y las tropas de Estados Unidos que controlan la zona del Canal.

—Bah, ahí nunca pasa nada. Pero si te apetece, de acuerdo, a cambio de que me hagas, aparte, un reportaje sobre cómo funciona el Canal.

Había visto semejante artículo cientos de veces en cientos de sitios. A nadie, salvo a Doble A, se le habría ocurrido encargarlo.

—¿Quieres decir "sube compuerta, pasa barco, cierra compuerta"? —inquirí, sin mover un músculo de la cara.

—Sí, claro, y hablas con la gente, en fin, ya sabes.

Sabía, desde luego. Sabía que, de una forma u otra, me las arreglaría para escribir lo que quisiera. El reportaje saldría caro (eso no me importaba: Doble A derrochaba el dinero de la empresa en menesteres mucho menos interesantes), y vendría conmigo un fotógrafo propio. Como estaríamos fuera alrededor de un mes, incluyendo las vacaciones navideñas, que los fotógrafos en plantilla pasaban con sus familias, Chema Conesa, entonces jefe de fotografía del dominical, llamó a uno de nuestros colaboradores. Juantxu Rodríguez no había cumplido aún los treinta años, pero aparentaba menos, y era una persona muy querida en la profesión. Aniñado, valiente, siempre risueño, había hecho excelentes reportajes en la orilla izquierda de Bilbao (él era de Portugalete, de una familia de emigrantes) y en los barrios más duros de Nueva York. Además, hacía excelentes retratos de los personajes que pasaban cada año por la Universidad de Verano Menéndez Pelayo, en Santander, en donde habíamos coincidido más de una vez. No éramos amigos, pero nos caíamos bien.

Uno de los pensamientos que más me torturaron, cuando todo acabó en Panamá, fue el de que yo era el único testigo de cómo transcurrieron las últimas semanas de la vida de Juantxu. Esa certeza me incapacitó para contarlo, ni a sus padres, que le habían visto partir lleno de ilusión hacia su primer reportaje a lo grande. Ni siquiera me permití pensar en ello. Las experiencias compartidas, los detalles más nimios, que había vivido sin prestar atención, como hacemos cuando ignoramos que no habrá ocasión de repetirlos, con Juantxu muerto se convirtieron en hiel. Cuando volví, acompañando el féretro, sólo supe consolar a su hermano diciéndole que en sus últimos días había sido muy feliz; era cierto. Y lo mismo les repetí a sus padres, cuando fui a verles a Portugalete.

Pasado el tiempo, intento reconstruir lo que aquel viaje fue para él, o al menos lo que yo vi que era. Vuelven los fragmentos dispersos y, por primera vez, me permito reír.

Por ejemplo, recuerdo una noche en Porto Alegre, al sur de Brasil, a donde fuimos porque allí vivía uno de mis contactos, el jesuita que nos proporcionaría la información necesaria para visitar a sus colegas del Mato Grosso. Era un jesuita de manual: culto, mundano y un punto cínico. Pronto se mostró embelesado con Juantxu, que era un seductor nato. Le invitamos a cenar, y en el restaurante no dejó de dirigirse a él. Yo le hacía las preguntas y él contestaba a Juantxu. En América Latina, eso es frecuente: cuando una mujer va acompañada por un hombre, aunque sea el botones del hotel que carga con sus paquetes, ella desaparece a todos los efectos, aunque sea quien controla y quien, de alguna forma, manda. Ellos sólo tienen ojos para ellos. Pero en este caso no era machismo, sino arrobamiento.

—Ha estado a punto de meterme mano —se rió Juantxu, de regreso al hotel.

Nos dio todo tipo de recomendaciones, lo que nos permitió presentarnos en Cuiabá, capital del Estado de Mato Grosso, y ser recibidos con gran calidez por los jesuitas del

Centro João Bosco Penido. Eran éstos un puñado de locos adorables: curas viejitos, de gran fortaleza física y moral, veteranos defensores de la Teología de la Liberación, partidarios del candidato de izquierdas (el eterno Lula) en los comicios que se celebraron en el país mientras nosotros estuvimos allí. El centro era como un colegio grande y destartalado, que sólo se utilizaba para dormir. Los padres, que eran seis o siete, pasaban la mayor parte del tiempo en el jardín, exuberante como un trozo de selva. Tenían un viejo televisor en blanco y negro instalado entre el ramaje de un árbol, y bajo su frondosidad estaban la mesa de madera y los asientos de diferentes procedencias en donde se desarrollaba la vida cotidiana desde que, a media mañana, cada uno de ellos regresaba de sus obligaciones litúrgicas. Juantxu quedó prendado del padre Tomás, que era mucho más joven que los otros y que, en realidad ya no era sacerdote porque se había casado con una india minki. Tenían un hijo, que pasó la mayor parte del tiempo en brazos de Juantxu. El rostro y el cuerpo de Tomás eran muy vistosos: estaban cubiertos de tatuajes y agujas; era una especie de punki de Dios subamazónico. Juantxu arregló con el ex cura una cita para regresar y hacerle retratos con detalle, a él y a los minkis. Pensaba dedicarles una exposición, quién sabe si un libro.

Los otros padres se dedicaban a mí, que en aquel jardín y colmada de atenciones me sentía como Blancanieves con los siete enanitos. Extremadamente pobres, se alimentaban de mangos y sus derivados en imaginativas versiones. Sopa de mango, filete de mango y helado de mango.

—Pero no hay que abusar —decía el padre Moura, que a sus casi ochenta años todavía iba a caballo por el Mato Grosso, con los pertrechos para oficiar misa en una bolsa colgada de la cintura— porque espesa la sangre y endurece las arterias.

Dicho lo cual, hundía alegremente la cuchara en el tercer o cuarto helado de mango del día y me la ofrecía:

—*Esperimenta, filha, esperimenta.*

Después de pasar unos días en Cuiabá, en tan grata compañía, tomamos un autobús hacia el norte, por una carretera que no figura en las guías turísticas porque hasta a los más acérrimos partidarios del exotismo les parece impracticable. Era la estación de las lluvias, con sus frecuentes deslaves que convierten la tierra roja y blanda en chupadero. El autobús, si había conocido tiempos mejores, ahora estaba lejos de recordarlos. Lo primero que hizo fue romperse, por suerte cerca de una aldeílla con cantina; lo arreglaron en unas horas. Mucho tiempo y pocos kilómetros después, lanzó un estertor y se dejó caer a un lado, como un pájaro herido. Para decirlo sin metáforas: volcamos en una zanja. Bajo la copiosa lluvia, el conductor y todos los pasajeros aunamos nuestros esfuerzos para devolverle la verticalidad. Lo logramos, y seguimos viaje hasta un afluente del río Juruena. Allí se acababa el trayecto para nuestro trasto. Sólo Juantxu y yo queríamos pasar al otro lado del río, para lo cual había que esperar que llegara una especie de balsa. Nos sentamos en el chiringuito y un mono atado con una larga cadena, supuse que la mascota del bar, se acercó a hacernos compañía. Estuvimos prodigándole carantoñas hasta que subimos a la balsa y reemprendimos viaje. Días después, cuando realizamos el trayecto a la inversa, tomamos un refresco en el chiringuito y preguntamos por el mico. "¡Estaba buenísimo!", ponderó el dueño. Yo dejé de comer carne durante una larga temporada.

Al otro lado del afluente nos esperaba otro autobús de características similares al anterior; la misma lluvia, el mismo fango rojo y las mismas caídas. Por fin llegamos a Fontanila, en la orilla del Juruena, en donde tenían su cabaña el jesuita padre Balduino Loebens y su ayudante, la misionera laica Salete. La choza disponía de una sola habitación, en donde se dormía en hamacas y se cocinaba. Salete nos acompañó a un hotel cercano, para que nos instaláramos con comodidad. Era un lugar maravilloso y siniestro a la vez. Una construcción colonial de madera que, a fuerza de ser penetrada por todos los humores de la selva baja, parecía un delirio vegetal. La casona, que daba al río y a una especie de playa con un desvencijado embarcadero, estaba rodeada por un porche y entretejida de plantas, hojas, musgo y líquenes. Lo siniestro vino cuando entramos en nuestras habitaciones. Salimos de inmediato, el uno hacia el otro, y casi chocamos en el porche:

—¡Ven a ver mi habitación! —grité.

—¡Pues no te pierdas la mía! —replicó Juantxu.

Se trataba de los símbolos religiosos. En el dormitorio de Juantxu había un Sagrado Corazón de tamaño natural. En el mío, extendido sobre la cama, tenía un rosario de madera de aproximadamente metro y medio de largo. Él hizo lo que pudo por aclimatarse a la compañía, y yo escondí el rosario en uno de los cajones de la cómoda.

Era un lugar extraordinario. Durante los días que pasamos allí vivimos envueltos en un halo de mariposas amarillas, leves y parpadeantes, que habitaban en las orillas y nos seguían como animales domésticos, supongo que encantadas por la novedad. Nos habíamos equipado con botas altas, lo más inadecuado para la selva húmeda, que requiere pie descalzo o sandalia de goma. Por suerte, Salete nos llevó a un almacén en donde, a la luz de unas lámparas de carburo, se vendía de todo: calzado, velas, ropa, sal, grasa y peces del río, enormes peces algo ajados que el tendero guardaba en una nevera eléctrica que no funcionaba, porque no había luz, y para la que no había hielo, porque no existía forma de fabricarlo. En la habitación donde vivían, con las hamacas enrolladas en la pared, el padre Balduino nos aleccionó sobre los problemas de las tribus autóctonas; Salete, mientras cocinaba al fuego el pescado, envuelto en grandes hojas que habíamos arrancado por el camino al volver del almacén, dejaba caer agudas observaciones. Así nos fuimos enterando del proceso de *indigenización* que llevaban a cabo los jesuitas en las áreas remotas de

Brasil, en oposición a la *civilización* con que otros querían castigar a los indios.

Acompañados por el padre Balduino, Salete, una enfermera llamada Cioma, y por las incansables mariposas, recorrimos el Juruena en una canoa dotada de un minúsculo motor fuera borda, para visitar las aldeas desperdigadas de los indios ritbaktsa, en donde los misioneros habían implementado pequeñas enfermerías dotadas de los remedios naturales que se podían obtener del entorno.

—Nos van a comer los cocodrilos —bromeó Juantxu, para meterme miedo.

—Son yacarés, aquí se llaman yacarés —le rectifiqué, contemplando los espesos matorrales de la orilla con aprensión.

A veces se producían accidentes para los que no bastaban las plantas medicinales de la botica y los conocimientos de los misioneros, lesiones que sólo podían obtener tratamiento en un hospital, y así fue como Juantxu y yo montamos en el *jeep* del cura, el único vehículo para ir por tierra con que se contaba, para realizar un trayecto de 90 kilómetros que duró una eternidad, intentando salvar a un indio que agonizaba sin remedio. Se llamaba Rafael; cayó al río cuando pescaba en su canoa, la embarcación le golpeó y tenía una costilla clavada en el hígado. Con su ternura habitual, Juantxu lo tapó con su jersey rojo. A los dos nos parecía que la muerte era algo muy ajeno.

En Chile, días después, cambiamos de registro. Llegamos en vísperas de las primeras elecciones democráticas, y allí Juantxu coincidió con otros fotógrafos y se movió con ellos. Yo preferí unirme al grupo de Pepe Comas, el corresponsal de *El País*; Sylvina Walger, escritora argentina; Lucía Newman, una chilena-norteamericana que trabajaba para la CNN (hoy es la primera corresponsal de la cadena en La Habana), y su marido, Demetrio, que es panameño y entonces informaba para la cadena hispana de noticias ECO. Yo estaba fría con Chile, como he contado en otro capítulo, y pasaba muchas horas con Sylvina, que es amiga mía desde que la conocí durante su exilio madrileño. Una noche, ella y yo estábamos en su habitación del hotel Carrera, poniéndonos al día tras una larga temporada sin vernos, cuando Juantxu irrumpió, mojado de arriba abajo y con una expresión resplandeciente. "¡Nos han pegado! ¡A Fulano de Tal le han roto la cabeza!". Se veía que disfrutaba. Desde nuestra madurez, Sylvina y yo le contemplamos con afable benevolencia. Conocíamos, sobre todo yo, tiempos más dramáticos de Chile. "Espero que no se entusiasme, y no deje que se la partan a él", le comenté a Sylvina, cuando Juantxu se fue.

En Santiago me deshice de los abalorios que había comprado a los indios del padre Balduino, collares y pulseras y cinturones hechos con dientes de mono y espinas de pescados, e insté a Juantxu a que hiciera lo propio. "Me producen aprensión", le dije. "Y además, seguro que dan mala suerte. Si yo fuera un pobre indio del Mato Grosso me apresuraría a colocar los colgantes más fatales a los visitantes que vienen del mundo que les martiriza. Es una cuestión de sentido común". Me dijo que estaba loca y que, en lo que a él se refería, no pensaba sacarse la pulsera de dientes de mico ni para ducharse.

"Anda, anímate", me dijo Juantxu, en el avión que nos llevaba a Panamá desde Santiago de Chile. "Ahora empieza la aventura de verdad". Yo estaba mustia, después de mi visita a un país del que me estaba desarraigando, y tras haber visto a la decadencia de Marcela, en lo que sería nuestro último encuentro. Como he contado en otro libro[25], sólo yo pude pasar

---

25. *Amor América* de Maruja Torres, ediciones Taurus de Bolsillo.

el control de pasaportes a nuestra llegada a Ciudad de Panamá, de donde el Gobierno de Noriega había expulsado a los corresponsales extranjeros y no permitía la entrada a enviados especiales. Sólo la agencia Efe informaba desde allí. La noche misma de mi llegada cené con su delegado y amigo mío, Andreu Claret, que me hizo una radiografía de la situación, mientras el embajador Tomás Lozano llevaba a cabo frenéticas gestiones para que Juantxu pudiera ingresar en el país desde Costa Rica, a donde le habían deportado.

Había habido un confuso incidente en un control militar, en el que murió un oficial estadounidense. El ambiente estaba muy caldeado. Horas después de que, por fin, mi compañero de reportaje entrara en Panamá, se produjo la invasión. Desde el principio, Juantxu vio la cruenta acción militar norteamericana como una extraordinaria aventura, una oportunidad única para un buen fotógrafo como él. Y lo era. Pero era también una trampa mortal, y no sólo para los miles de panameños que cayeron en el bombardeo inicial y en las jornadas posteriores.

A través del ventanal (en realidad, era una pared de cristal) de nuestras habitaciones del hotel Marriott vimos, en la lejanía, caer las bombas en el barrio de El Chorrillo, iluminando la oscuridad con destellos como los que, más adelante, el mundo contempló por televisión cuando la operación Tormenta del Desierto. Juantxu subió a la azotea del hotel, que había sido tomado por los norieguistas, mientras yo intentaba llamar a mi periódico. No lo conseguí; las líneas del Marriott, frecuentado habitualmente por norteamericanos, habían sido cortadas, pero pude hablar con el embajador Lozano, quien me aseguró que desde la Embajada se podía comunicar con España. Decidí que teníamos que abandonar el hotel en cuanto amaneciera. Subí a la azotea y se lo dije a Juantxu. Me miró, desconcertado: "Éste es el mejor sitio para verlo todo y hacer fotografías". "Sí, si lo que pretendes es participar en el concurso de Fotopress. Si lo que quieres es mandar imágenes de la invasión al periódico, más nos vale que vayamos a la embajada". Me siguió, y nos metimos en el coche con chófer (que se llamaba Rodrigo, como el hijo de Marcela) que yo había apalabrado. Por el camino, había tanques norteamericanos alineados en el paseo Balboa, protegiendo a la Embajada estadounidense. "Para, para", ordenó Juantxu a Rodrigo. "Voy a sacarles una foto a éstos". Le dije que saliera con los brazos en alto, y sacudió la cabeza: "No te asustes, mujer, vaya miedo que tienes". Era la mía una prudente cobardía, como se demostró más tarde, pero Juantxu no había estado jamás en una guerra y no podía conocer la brutalidad que en ellas se desencadena. De haber sobrevivido, aquella semana en Panamá le habría convertido en un experto.

El conductor del tanque al que quería fotografiar no pareció impresionado con sus simpáticos gestos, más eficaces para retratar a vagabundos del Bovery que para convencer a muchachos de Illinois de encefalograma cóncavo recién destetados. El soldado se limitó a variar la dirección del punto de mira de su cañón, o como se llame, y apuntar al fotógrafo. Juantxu comprendió que no tenía nada que hacer. "Joder, qué mala leche", rezongó, al volver al taxi.

Llamé al periódico desde la Embajada, conté cómo iban las cosas, me pasaron con la sección de Internacional desde donde el redactor jefe, Luis Matías López, me dio instrucciones precisas. Hablé también con los amigos, les dije que estábamos bien, que no se preocuparan; que llamaran a mi hermana y a una serie de gente, para tranquilizarles. Juantxu hizo lo propio. Entonces se puso al teléfono el inefable Doble A:

—Oye, me parece muy bien que mandes crónicas de la guerra, pero no te olvides de lo que te encargué para mí. Tienes que contar cómo funciona el Canal.

Ahogué una imprecación (no: creo que no la ahogué).

—Se trata del Canal, precisamente. Está en el centro del conflicto. Cerrado. Vigilado. Defendido a sangre y fuego por el ejército norteamericano.

Hace un par de años, cuando tuve ocasión de entrevistar a John Le Carré con motivo de la publicación de su libro *El sastre de Panamá* (él sabía que había sobrevivido a la invasión: me dio la exclusiva de pasar un día en su casa de Cornualles por eso, por haber vivido lo que él, sin haber estado allí, refleja tan bien en su libro), le conté la anécdota, y ése fue, con la ayuda de un buen champán francés, uno de los momentos más hilarantes de nuestro encuentro.

Juantxu vivió entusiasmado y lleno de fe los días que le quedaban en Panamá. Luego una bala maligna, disparada por un *marine* estúpido (puede que fuera un oficial: nunca nos dieron explicaciones), en el transcurso de un derrame de *fuego amigo*[26], le derribó frente al hotel Marriott, poniendo fin a todos sus sueños. Rodrigo y yo sobrevivimos al tiroteo, escondidos debajo de su coche.

Sólo a mi regreso a España volví a mirarme de cuerpo entero en un espejo, y vi que, de cintura para abajo, el golpe que me di al arrojarme con todas mis fuerzas contra el suelo, para escapar a las balas, me había convertido en un puro moretón. Esa huella del pánico pasó con el tiempo. Otras, no.

Semanas más tarde, Doble A (supongo que resignado, por fin, a que no le hiciera el reportaje sobre el funcionamiento del Canal) me comunicó que tenía que escribir el texto de los jesuitas. Iría en portada. Teníamos unas magníficas fotografías. Una de ellas mostraba los pies y las manos, sarmentoso testigo de sus esfuerzos, de uno de los misioneros a quienes habíamos entrevistado. Juantxu me había dicho que pensaba en ella como portada, y me pareció que respetar su decisión era una forma de honrarle. Cuando llegó el momento de elegir las fotografías, Doble A, que llevaba su redacción como si

---

26. Ver *Amor América*, ediciones Taurus de Bolsillo.

fuera un colegio, reunió en el cuarto oscuro a las *maripuris* que le ayudaban en la sección de Estilo: "¡Qué horror!", se escandalizaron las niñas. "¡Cómo vamos a ofrecerle esto al lector, para que desayune el domingo por la mañana!". La fotografía fue rechazada.

Es otra de las cosas que nunca le perdonaría a Doble A, si pensara más a menudo en él. Cuando se fue del periódico, directo a la competencia, lo celebré. No sólo nos librábamos de él: había, además, bastantes posibilidades de que fastidiara a los de enfrente. Como suele decir un amigo mío: "No habría que contratar en seguida a la gente que se va de *El País*. Deberíamos esperar al menos una semana, a ver si lo celebran con cava". En este caso, brindé con Dom Perignon.

Volviendo a Panamá, hay algo más que no perdono. Ya he dicho antes que los corresponsales y enviados especiales habían sido expulsados por el general Noriega en los meses anteriores. No les dejaron entrar hasta cuatro o cinco días después de iniciada la invasión, y ese tiempo lo pasaron todos (entre otros, el corresponsal de *El País* en Centroamérica, Antonio Caño, y mi amigo de *La Vanguardia*, Joaquim Ibarz) escribiendo desde la frontera entre Costa Rica y Panamá, firmando desde allí. Todos, menos el lindo bebé Julio Fuentes, corresponsal de *El Mundo*, que no dudó en firmar como si estuviera en Ciudad de Panamá, en el mejor estilo fullero de Pedro J. Ramírez. La muerte de Juantxu hizo que, inesperadamente, saliera a la luz que éramos los únicos periodistas españoles, con los de Efe, que nos encontrábamos bajo el fuego.

Cuando, por fin, los compañeros llegaron al escenario de la guerra y pude salir de la Embajada, en donde estuve refugiada a raíz de la muerte de Juantxu, nos reunimos para cenar. A Fuentes le quedó claro que, en nuestra mesa, no había sitio para él. Tiempos inocentes, aquellos, y no tan lejanos, en que creíamos que este oficio, con un simple gesto, podía preservarse de los furtivos y tahúres que hoy son moneda corriente.

La voz interior

Como una mancha de grasa, la multitud avanzaba por el cauce de la avenida, entre la ciudad y el mar. En el puerto, de espaldas a los portaaviones *Eisenhower* y *America*, anclados a poca distancia, y de cara a la manifestación, los *marines* norteamericanos cerraban filas. La gente agitaba ramas de arbustos, dando una vez más la bienvenida a los ocupantes. Los soldados sonreían y saludaban. Cuando la policía decidió intervenir, se les helaron la sonrisa y el saludo. Los policías haitianos, procedentes del sanguinario cuerpo de los *tonton macoutes* formado durante la dictadura de Duvalier, habían seguido reprimiendo para el régimen no menos autoritario de Raoul Cédras, que ahora agonizaba. Y no querían perder la costumbre.

Ya dije al principio que los caminos del periodista-comodín son insondables. Por eso, casi cuatro años después de Panamá, en septiembre de 1994, me hallaba, de nuevo, presenciando lo último que habría querido ver después de aquella experiencia: otra intervención en regla del ejército de Estados Unidos para instaurar la democracia. Lo de Haití, sin embargo, resultó muy distinto del precedente que yo conocía.

Tampoco yo era la misma.

Los años que habían transcurrido entre una y otra invasión fueron para mí de lenta reelaboración de mi propia vida. Como si las dos mujeres en que me había desdoblado a lo largo de mi experiencia como enviada especial coincidieran, sin sobreponerse, en dos imágenes temblorosas, y todos mis esfuerzos, conscientes o no, se dirigieran a juntarlas desde una especie de moviola imposible; rebobinando y avanzando, retrocediendo y preguntándome si el abismo que había creado entre ellas, apenas unos centímetros en la pantalla, desaparecería en algún momento para que las dos siluetas encajaran limpiamente.

Como una extraviada, había vuelto a casa después de Panamá, y al decir casa quiero decir ciudades y amigos. Entraba en una etapa de asimilación de la tragedia que tampoco podría compartir, pero que iba a ser mi última aventura vivida en solitario. Cuando por fin salí del escondite moral en el que permanecí, sin otra compañía que el recuerdo del cuerpo de Juantxu encerrado en su bolsa de plástico, tan palpable en la oscuridad, y el ruido atronador de los disparos todavía latente en mi cerebro; cuando acabaron las pesadillas y empezaron los sueños, muy lentamente las dos siluetas empezaron a acercarse, con imperceptible deliberación y sin que yo supiera que iban irremediablemente la una hacia la otra porque así estaba dispuesto desde el principio, y el largo rodeo había sido necesario y, en cierto modo, conveniente. Tuve la inmensa suerte, puedo decirlo, de obtener la madurez transitando caminos por los que otros desenraizados de mi oficio han acabado por perderse.

Lo primero que hice, al levantar cabeza, cuando lo sufrido empezó a convertirse en pretérito, fue volver a visitar los lugares de mi juventud. Creí entonces que lo que encaminaba mis pasos era el amor por algo que había estado a punto de desaparecer, bajo las balas, y junto con la vida: mi memoria. Hoy sé que aquella peregrinación fue el primer peldaño que me conduciría a escribir el largo reportaje de mi propia existencia, a la averiguación que desde aquellos días estoy llevando a cabo, utilizando las herramientas de que dispongo, la reflexión previa a la escritura y las palabras, siempre las palabras. Mis viajes, que aún iban a ser copiosos hasta llegar a Haití, nunca más revestirían mayor importancia que el nuevo itinerario interior que había emprendido y en cuyo desarrollo aún me encuentro.

Una gastritis aguda y la invasión de Kuwait por Irak: convaleciente de la primera y tan perpleja como el resto del mundo ante la segunda, partí de vacaciones hacia Bali a primeros de agosto, para gastar en descanso y olvido el importe de un premio que acababan de concederme. De vuelta en Madrid, tras haber seguido tangencialmente el desarrollo del conflicto por la BBC y leyendo las informaciones del *Financial Times*, que llegaba al hotel con varios días de retraso, me percaté de que la crisis mundial recién abierta iba a aportar tres nuevos fenómenos al periodismo, y no sólo en España. Uno, la ascensión de los becarios a la categoría de enviados especiales. Dos, el nacimiento de una nueva clase informativa: los expertos. Tres, el triunfalismo obsceno con que los partidarios del Nuevo Orden Mundial (hoy llamado *pensamiento único*) se alineaban junto a la opción bélica. Abrías la boca para insinuar una posible solución diplomática, y te acallaban y arrinconaban con burlón desprecio. Los tres elementos novedosos estaban interrelacionados: el triunfalismo de los terceros se apuntalaba sobre la docilidad con que los becarios, recién ascendidos a héroes de guerra (*status* por el que suspiraban mientras estudiaban periodismo en un *master*), aceptaban la información oficial; y los expertos resultaban del todo necesarios para alimentar un despliegue informativo obligado a manejar partes de guerra más o menos camuflados e imágenes de la CNN. Todo intento de realizar periodismo auténtico se veía boicoteado por el mando militar o acababa perdido en el fárrago histérico de las noticias diarias. Nunca, antes, el periodismo mundial se vio ante un desafío tan imponente por parte del poder. Y se entregó: de antemano, fascinado, rendido. Hubo voces sueltas. Buenos periodistas, veteranos periodistas que intentaron llegar a la verdad. Robert Fisk, de *The Independent*. Nuestro Juan José Aznárez. Periodistas de agencia que sabían que los datos no cuadraban. Pero sus trabajos se perdían en el marasmo.

Por aquellos días, bastantes semanas antes del inicio de la operación Tormenta del Desierto propiamente dicha (los videojuegos de bombardeos que todos seguimos, a falta de otra cosa), el temible Doble A se me acercó, con una de sus ideas incendiarias:

—Tienes quince días para contar quiénes son los árabes.

—¿Los árabes o los musulmanes?

—Los árabes.

—Menos mal. Eso facilita las cosas.

Durante dos semanas, Bernardo Pérez y yo viajamos de Marruecos a Egipto, de aquí a Jordania, de aquí a los territorios palestinos ocupados por Israel. Con lo que obtuve escribí lo que pude: no salió mal, después de todo, pero aquel reportaje era un absurdo. Salió publicado un mes antes de que empezara la guerra, y cuando ésta llegó, en vista de que nadie me pedía nada más, me refugié en la sección de Local, para desde allí hacer lo que pudiera: visité mezquitas en Madrid, hablé con los musulmanes que vivían en la ciudad, hice lo que pude por mostrarles tal como son, y no tan demoníacos como se les quería hacer parecer. Si alguna conclusión saqué, tanto del viaje como de mis trabajos en Local, es que una brecha insalvable estaba empezando a abrirse entre nuestras dos culturas. Y que llegaría un tiempo en que no podríamos mirarles a los ojos, cortados los lazos que nos unen, por nuestra prepotencia y su humillación.

Demasiado a menudo, reportar es eso: certificar puntos sin retorno.

De aquella guerra perdida para la información surgió una forma tan poco disidente como la propia realidad que refleja: un periodismo que raramente cuestiona los tópicos, que pocas veces se interroga acerca de la fiabilidad de las fuentes (más allá del hecho de que existen, y profusamente: pero eso no basta para eximirlas de toda sospecha), y que acepta como un hecho del que no hay regreso la necesidad de halagar y estimular al lector, convertido hoy en cliente, para aumentar el consumo del producto. Son fenómenos nuevos, y el joven periodista de raza que hoy practica la profesión tiene que enfrentarse a ellos como las generaciones anteriores se encararon a la censura y sus consecuencias, y debe hacerlo con argumentos también nuevos, porque hoy sabemos que, aunque la verdad es nuestro último patrono, y no el mercado, ninguna iniciativa periodística ajena a éste puede prosperar: eso sería caer en la subvención, forma de esclavitud informativa de cuyos resultados ya sabemos lo suficiente.

La casualidad y la suerte han sido demasiado determinantes en mi vida para que no las reconozca cuando aparecen, aunque sea bajo formas adversas. Meses antes de que me mandaran a Haití, empecé a sufrir frecuentes caídas, con resultado de fisura o fractura de huesos, y a frecuentar la escayola y, ocasionalmente, la silla de ruedas. No era un problema de osteoporosis, afortunadamente. Pero sufría de un grave desplazamiento de ambas rótulas y un prestigioso especialista de Barcelona, el doctor Nardi, después de someterme a concienzudas pruebas, dictaminó que un día u otro me tendría que operar. Me extirparían primero la rótula izquierda, que era la que tenía peor; la artrosis se había comido completamente el cartílago, de ahí mis numerosas caídas. Pero no acababa aquí. Luego, me quitarían la otra. Todo ello a pelo, sin sustituirlas por prótesis: era demasiado joven (para las operaciones a que debía someterme) y estos artilugios tienen una duración relativamente corta. Dentro de diez o quince años, podrían insertármelas.

Al principio, se me hundió el mundo. Pero mi faceta estoica, que yace, siempre alerta, bajo la apariencia epicúrea; aquello que, en las situaciones de peligro, me obliga a desplegar una serenidad insospechada y a adaptarme a las circunstancias, valorándolas para extraer su potencial; esa parte de mi carácter acudió en mi ayuda, desplegando un entramado de urgencia por el que me moví, a ciegas y a solas, mientras el miedo a la parálisis o, cuando menos, al sedentarismo, trataba de meterme en un agujero negro. Ahora me hallaba en guerra con mi cuerpo, pero los huesos no se podían convertir ni en mi amo ni en mi enemigo. "Vas a tener que dejar esa vida que llevas", me advirtió el doctor Nardi. Y, aunque aparentemente no le hice caso, dejé que sus palabras me trabajaran por dentro. Necesitaba tiempo para enfrentarme con la verdad.

Aquel mes de septiembre de 1994 era el de mis vacaciones de verano. Había decidido dividirlo entre México y Guatemala, aprovechando una invitación del entonces embajador en este último país, Manuel Piñeiro, para que pronunciara una conferencia. En México vi a los amigos, y recuerdo que, precisamente durante una comida en casa del corresponsal de TVE, Valentín Díaz, y de su esposa Denise, a la que también asistió Joaquim Ibarz, hablaron de sus preparativos para viajar a Haití, con motivo de la anunciada como inminente (desde hacía meses) invasión estadounidense: Washington estaba harto de escuchar los llantos del exiliado presidente legítimo, Bertrand Aristide, e iban a ayudarle a recuperar el poder obtenido en unas elecciones libres y perdido por golpe militar.

Les escuchaba con el placer que siempre me producen las conversaciones entre buenos periodistas, pero no me sentía parte de la historia. Yo estaba en México para darle un empujón a mi primera novela, *Un calor tan cercano*, que había empezado semanas atrás y me tenía bastante obsesionada. Planeaba pasar el resto de mis vacaciones en casa de una amiga mía, Lulú, en Antigua, Guatemala, escribiendo tanto como pudiera. Estaba iniciando una nueva aventura, la de escribir como fruto de la reflexión, no de la acción; y no resultaba fácil.

De cualquier modo, me quedé con la copla de las dificultades que entrañaba llegar a Puerto Príncipe, de los muchos trámites que había que seguir. Por eso, cuando de la Redacción me llamaron a Antigua, a mediados de mes, para que me pusiera en marcha hacia la nueva invasión norteamericana, lo primero que hice fue telefonear al hotel El Rancho, de la capital haitiana, en donde sabía que se hospedaba Ibarz.

La suerte, que me auxilia en lo pequeño tanto como en lo grande, hizo que la única vez que, ese día, funcionó el único teléfono con línea internacional del hotel (estaba en el despacho del gerente: más tarde lo usaría yo también), fuera cuando hice mi llamada: y que mi amigo, que justamente se encontraba allí para mandar su crónica, lo descolgara. Me dio instrucciones precisas (lo que incluía un montón de papeleo y solicitudes que tenían que enviar mis jefes a la agencia dominicana que tramitaba el paso por la frontera, ya que el aeropuerto de Puerto Príncipe estaba cerrado, y al ministerio haitiano ante el que debía acreditarme), y me dio un consejo de valor incalculable:

—Cuando llegues a Santo Domingo, ponte en contacto con la corresponsal de Catalunya Ràdio, Anna Cortadas. Es muy amiga mía, y también está allí, esperando que la dejen pasar.

Lo que mis jefes de Madrid ignoraban era que resultaba mucho más sencillo llegar a Haití desde España que hacerlo desde un lugar más cercano geográficamente, como era Guatemala. Tuve que volar a Miami, y de allí a Santo Domingo. Una vez en la capital dominicana, Anna me ayudó a hacer los trámites, que aún tardaron un par de días en resolverse. Cortadas era la corresponsal de la emisora catalana en Centroamérica, con sede en Colombia. Más adelante, la destinaron a Londres.

Yo había estado antes en República Dominicana, precisamente por un asunto relacionado con Haití: para un reportaje sobre los haitianos que cortan la caña en los ingenios azucareros del país vecino, prácticamente en régimen de esclavitud. Ahora volvía a la frontera que ya conocía, y nuevamente la desgracia de Haití, el país más pobre de América, servía para que algunos dominicanos se enriquecieran: concretamente, los estafadores de las pocas agencias de viajes que se habían hecho, a saber cómo, con la exclusiva de transportar a los periodistas.

Por fin llegó el visado, y con él la promesa de que saldríamos de madrugada hacia la frontera de Jimaní, para cruzar al otro lado al amanecer. La primera parte se cumplió. Rodamos, dando tumbos, hasta el puesto fronterizo. No había nadie aguardándonos al otro lado para llevarnos a Puerto Príncipe. Cuando se presentó el autobús, el sol nos había calentado el cráneo y estábamos rodeadas de reporteros histéricos. Fuimos las primeras en ocupar nuestros asientos, pero pasarían horas y más horas antes de ponernos en marcha: hasta que el vehículo, y otro que había llegado como refuerzo, se encontraron abarrotados de periodistas. Un numeroso equipo de Reuters TV nos aplastó literalmente con sus cámaras y su prepotencia: era el acreditado método de mi vieja conocida, la Pérfida Albión Gráfica.

Fue un viaje interminable y agotador, en cuyo transcurso los dos autocares, con sus ocupantes, fuimos retenidos en un fuerte, a sólo 11 kilómetros de Puerto Príncipe, mientras el ex presidente Carter trataba de llegar a un acuerdo con el dictador Raoul Cédras para que abandonara el poder pacíficamente. De esto nos enteramos más tarde, así como de que durante un par de horas habíamos permanecido a merced de los militares, que contaban con usarnos como rehenes si las negociaciones fracasaban y los norteamericanos decidían invadir a la brava, como habían hecho en Panamá.

Era una gran historia, destinada a concluir, en clave apasionante, mi carrera de enviada especial a conflictos. Yo aún no lo sabía.

Anna y yo soportamos los inconvenientes de aquel viaje con paciencia y con la esperanza puesta en el momento en que llegaríamos a nuestro destino, y el infalible Joaquim Ibarz, como de costumbre, nos recibiría con el camino allanado. Por eso nos desmoronamos, sobre todo yo, cuando el autocar nos depositó en el hotel, y le vimos acercarse, demudado, para comunicarnos que las habitaciones que nos había reservado acababan de birlárnoslas los de Reuters, que se nos habían adelantado agitando en el aire un manojo de mil dólares: el recepcionista ni lo había dudado. Pero había algo aún peor:

—No hay forma de mandar crónicas. Los teléfonos no funcionan.

Pocos periodistas llevaban entonces en su maleta el satélite para comunicarse. Por otra parte, Carter y las autoridades habían llegado a un acuerdo, y la ocupación norteamericana se produciría a la mañana siguiente. Pero, ¿de qué nos servía, si no podíamos transmitirla?

Puerto Príncipe estaba atestado de periodistas. No quedaban plazas en los hoteles. Al final, conseguimos una habitación para las dos en el hotel Kinam. Durante el viaje habíamos hecho amistad con un periodista dominicano de Efe, un joven mulato francamente guapo y simpático, al que veíamos muy desvalido: y no tenía habitación. Anna y yo deliberamos y le ofrecimos hacerle sitio para que pusiera un catre a nuestro lado. El chico palideció. Comprendí que el tradicional machismo caribeño (he de ser justa: internacional) había creado un equívoco.

—Siéntate, hijo —le indiqué.

Obedeció, y nosotras nos sentamos frente a él.

—Mira, somos dos maduras y experimentadas periodistas europeas que lo único que queremos es trabajar, y no tenemos la menor intención de abusar de ti.

Resopló de alivio:

—¿Les apetece que les traiga unas cervezas?

Estaba claro que, entre los alicientes de aquel reportaje no iba a encontrarse, ni falta que hacía, el sexo. Como existe un dios de las telecomunicaciones, al día siguiente conseguimos un apaño con los empleados de la compañía telefónica de Puerto Príncipe: consistía en soltarles cientos de dólares, botellas de whisky y cartones de cigarrillos, a cambio de que nos dejaran ocupar sus instalaciones para escribir y transmitir. Pronto formamos grupo con un par de simpáticos latinoamericanos, Rubén, periodista argentino, y Martín, mexicano. Se nos pegó también, como una lapa, una nicaragüense que trabajaba en México, para la agencia de noticias del Gobierno, y que en su país había sido somocista, sandinista y todo lo que fuera necesario, así como amante de cuanto periodista extranjero podía reportarle algún beneficio. La llamábamos Mesalina, y era un personaje notable, que inventaba noticias, falseaba realidades y frivolizaba tragedias. Pero tenía vehículo propio y nos veíamos obligados a recurrir a ella cuando nos fallaban los taxistas, que estaban más solicitados que una virgen en un burdel.

En cierta ocasión, Joaquim y yo tuvimos que ir con ella: queríamos llegar al lugar en donde acababa de caer el primer muerto de la invasión, un estudiante asesinado de un disparo por la policía del régimen. A Mesalina, por el camino, no se le ocurrió otra cosa que ponerse a buscar una farmacia de turno para comprarse compresas.

—¡Ah! ¿Todavía las necesitas? —pregunté, con maldad.

Puerto Príncipe, aquellos días, era una ciudad tumultuosa y desordenada; las tiendas estaban cerradas, la gente llenaba las calles. Cuando nos detuvimos, al fin, frente a una farmacia, ocurrió lo que Joaquim y yo estábamos temiendo: una multitud de niños harapientos nos rodeó, suplicando limosna. Mesalina estaba completamente histérica:

—¿Qué hago?

—Lo único que puedes hacer —le dije, lacónica pero firmemente—. Subir las ventanillas y arrancar, procurando no llevarte a ningún chaval por delante.

—¡Nunca había visto una cosa así!

Pensé que su experiencia como periodista era bien limitada, dada su edad.

El día en que se formó el nuevo Gobierno, los periodistas sólo pudimos acceder al interior mediante un *pull*. Para nuestra desgracia, por parte hispana nos tocó estar representados por Mesalina. Quedamos en que, cada equis tiempo, ella saldría al exterior para informarnos de cómo iban las cosas. Tardó en hacerlo, y cuando lo hizo se nos quedó mirando con cinismo:

—¿Cómo les voy a contar nada a ustedes?

Fue el único día que le vi perder la calma a Rubén, que era una de las personas más amables y pacíficas que he conocido. Se dirigió a ella con gesto asesino, dispuesto a agarrarla del cuello:

—¿Vos sabés lo que es un *pull*? ¿Vos sabés que un *pull* no se puede romper?

Por suerte, por fin encontré un buen taxista, a precio de oro, y pudimos emanciparnos de Mesalina. El primero al que había contratado resultó ser un fascista que se calaba una boina militar en cuanto avistaba policías o soldados; su falta de inteligencia estaba a la altura de su fascismo. Colmó el vaso de mi resistencia cuando, el primer día que tuvimos que asistir a la habitual rueda de prensa matutina del mando militar estadounidense (nunca sacábamos nada claro de aquellas reuniones, pero no podíamos dejar de acudir), le dije que siguiera al taxi que habían tomado otros compañeros. Entretenida hablando con Joaquim, tardé en percatarme de que habíamos perdido al otro coche. Se lo hice notar:

—Es que iban muy lentos, y les he adelantado —respondió.

—Pues ya me dirá usted a dónde vamos ahora.

Por fin apareció en mi vida Osito de Miel, el taxista con quien trabajé en adelante. Osito de Miel sólo presentaba dos problemas: uno, que solía darse la vuelta y ponerse a hablar, descuidando por completo la circulación; dos, que sorteaba astutamente las áreas de peligro. Cuando me di cuenta, le dije que yo le pagaba, y no poco, para ir al peligro, no para esquivarlo. Utilizó el consabido truco de mostrarme las fotos de sus hijos, pero no transigí, y desde entonces me llevó por las áreas más peligrosas conduciendo encogido en su asiento, con los brazos levantados asidos al volante y las cejas apenas asomando por encima del salpicadero.

Trabajé y me divertí mucho, y además presencié algo que, después de Panamá, no imaginaba siquiera que pudiera llegar a suceder. Las tropas norteamericanas se pusieron al lado de los buenos. Los cuarterones que controlaban el poder económico no se lo podían creer: "¿Acaso no les hemos llamado para que cuiden de nuestros negocios?", preguntaban a los periodistas. Pero había ocurrido una especie de milagro. Los ocupantes habían sido recibidos con grandes muestras de júbilo por parte de la población sojuzgada: les veían como libertadores. Al principio, los *marines* se limitaron a estar y observar. Envalentonados, los esbirros del régimen saliente empezaron a irrumpir en las manifestaciones de partidarios de Aristide, moliéndolos a palos e incluso disparando. Y ocurrió que los soldados gringos, en cuya primera línea había no pocos muchachos de origen haitiano, y también muchos afroamericanos, empezaron a solidarizarse con las víctimas, y a protestar ante la impasibilidad que sus mandos querían que mantuvieran. Les vi llorar de impotencia: no podían soportar que los mismos encantadores haitianos que acababan de aclamarles, de acercarse a ellos para contarles sus penas y agradecerles su llegada, fueran tratados con la vileza y la violencia con que les machacaban, ante sus narices, los envalentonados esbirros policiales.

Un día, para escarnio de los dueños de Haití, el mando llegó a la conclusión de que si el ejército había desembarcado para salvar la democracia, era correcto que intentara que los demócratas siguieran vivos. Por una vez, y sin que sirviera de precedente.

Antes de que eso sucediera, durante una de las más violentamente reprimidas manifestaciones populares que recorrieron La Saline, supe que mi hora de la acción estaba llegando a su fin. Me encontraba, con Joaquim, en medio de la demostración de que he hablado al inicio de este capítulo. De repente, frente a mí apareció un hombre con el cráneo ensangrentado: un *tonton macoute* le golpeaba con un palo largo y grueso. Cuando me vio, el policía perdió momentáneamente interés en su presa y dirigió su garrote hacia mí. En cuestión de segundos metabolicé lo que el doctor Nardi había intentado hacerme comprender hacía meses: que ya no estaba para trotes.

—¡Joaquim, mis rodillas! ¡No puedo correr!

Mi maravilloso amigo, rápido de reflejos, me cubrió la cabeza con sus brazos, lo que desconcertó al policía, que dio media vuelta y siguió golpeando nativos. Nos pusimos a salvo.

Días después, dije adiós a Haití. Y a todo eso.

Escribir libros y columnas se ha convertido en algo importante para mí. He dejado de sentir mi enfermiza dependencia por las redacciones. Ya no las necesito como hogar provisional. Mi hogar soy yo misma, lo llevo dentro, y esta vez es definitivo.

Sigue gustándome reportar, y lo maravilloso de esta profesión y de mi paso por ella es que me ofrece muchas alternativas. Pero ya no puedo aceptar ninguna que exija de mí los esfuerzos físicos que antes no me costaba realizar. Cuando volví a Madrid, llegué a tiempo de participar en la campaña para las elecciones al Parlamento vasco de 1994. Fue allí donde la rodilla izquierda empezó a dolerme atrozmente. Aguanté, como pude, hasta cumplir mi promesa de trabajar en la boda de la infanta Elena de Borbón. En la primavera de 1995 me extirparon la rótula. Aquel mismo verano, después de la rehabilitación, empecé a escribir las *Hogueras de agosto*. He recuperado, además, mi amor por el cine, y vengo cubriendo la ceremonia de los Oscar para la sección de cultura que lleva mi buena, firme y competente amiga Ángeles García. Colaboro con el suplemento dominical de espectáculos, *El Espectador*, en donde otra García, Rocío, ha reunido a un grupo de gente con la que me siento muy a gusto. Tengo mi artículo dominical, mi columna semanal.

Los libros. Y la curiosidad, intacta.

Es, ha sido una buena vida.

El último día de mi visita a Beirut de 1998, Nassim el recepcionista me dijo que el amigo a quien yo quería ver estaba esperándome en el Charlie Brown. Entré, pero no vi a Ahmed entre la gente. Por fin se me acercó un hombre, entre sonriente y dubitativo, que me era vagamente familiar. De repente, recordé: se trataba de otro de los camareros, Muhammed. Había sido víctima del frecuente equívoco libanés: en su acelerado afán de complacerme, Nassim había localizado a *otro* ex empleado del Charlie. Mi viaje estaba finalizando: renuncié a ver a Ahmed, y estuve conversando con Muhammed sobre los viejos tiempos.

Al final, le pregunté por Sami.

—Pobre, pobre hombre —dijo, entre aspavientos árabes—. Cuando supo que tenía cáncer, ¿sabes?, dejó de cuidarse. Mucho beber, mucha botella. Mucho fumar. Y drogas también, ¿sabes?, todo el día fumando hachís.

¿El sobrio, moderado Sami?

—Mejor para ti no haberle visto —concluyó Muhammed.

Aquella noche rasgué el envoltorio de un paquete que había permanecido en el fondo de mi maleta desde que llegué a Beirut. Era un regalo para Sami: un billetero de piel. Vacié mi propia cartera y la arrojé al cesto de los papeles. Desde entonces, siempre llevo conmigo el billetero de Sami.

Antes de abandonar Beirut, subí a la noria por última vez.

Índice onomástico

Este libro
se terminó de imprimir
el día 19 de febrero de 1999,
en los talleres gráficos de Unigraf,
Móstoles (Madrid).

Otros títulos publicados por El País-Aguilar

El gran puzzle americano, Julio Aramberri; 510 páginas.
Estados Unidos domina la vida económica, política y cultural del final de siglo, pero hasta llegar a este punto, ha experimentado unas transformaciones sociales internas que se reflejan de manera clara y concisa en esta obra. ¿Cómo afecta al resto del mundo la hegemonía americana? Aquí se aportan las claves para esta cuestión.

Luchas y transiciones, Manuel Azcárate; 216 páginas.
Memorias del líder histórico del PCE que comienzan con su exilio a la antigua URSS tras la guerra civil, la marcha a Francia, su llegada a España una vez inaugurada la democracia y su expulsión del partido.

Crónicas caribes, Miguel Barroso e Ígor Reyes-Ortiz; 240 páginas.
Esta obra recoge el periplo que los autores siguieron en busca del verdadero espíritu del Caribe, contemplado con una visión crítica y exenta de tópicos. Analiza la historia, la cultura, la música, la gastronomía...

La tercera vía, Tony Blair; 144 páginas.
El adalid europeo de la renovación progresista explica en su ideario político las nuevas respuestas económicas y sociales necesarias para afrontar los cambios producidos en este final de siglo.

Como yo los he visto, Josefina Carabias; 230 páginas.
Esta periodista compartió su vida profesional con los más insignes personajes de cuarenta años de la vida española. Aquí se explica cómo eran algunos de ellos: Pío Baroja, Ramón del Valle-Inclán, Gregorio Marañón, Ramiro de Maeztu, Pastora Imperio, Juan Belmonte y Miguel de Unamuno.

ULTREIA, Luis Carandell; 174 páginas.
La narración del viaje nos lleva a descubrir los misterios que rodean el Camino de Santiago en su recorrido español. El arte y la arquitectura, las historias y leyendas...

EL PESO DE LA FAMA, Juan Cruz Ruiz; 410 páginas.
Veinte personajes de muy diferente procedencia profesional son requeridos para que cuenten su experiencia con respecto a la fama. ¿Cómo les afecta la popularidad? ¿Cuál es su relación con los medios de comunicación? ¿Qué actitud tienen frente a la celebridad?

SUBCOMANDANTE MARCOS: LA GENIAL IMPOSTURA, Bertrand de la Grange y Maite Rico; 472 páginas.
En esta obra, los corresponsales en México de los diarios Le Monde *y* El País *respectivamente desentrañan las dos caras del personaje que lideró en Chiapas la rebelión del Ejército Zapatista de Liberación Nacional.*

AQUÍ UNOS AMIGOS, José Ramón de la Morena; 264 páginas.
El líder de audiencia en la radio deportiva con su programa El Larguero, *reúne en un volumen sus recuerdos, su experiencia profesional y las anécdotas que han hecho de él ese gran periodista.*

EL CAMINO DE VUELTA, María Ángeles Escrivá; 416 páginas.
Historia de la reinserción de los presos de ETA desde dos puntos de vista: qué sucede dentro del Gobierno cuando la aplican y qué se gesta dentro de ETA cuando alguno de sus miembros se acoge a estas medidas.

MIL Y UNA VOCES, Jordi Esteva; 314 páginas.
Libro de entrevistas a intelectuales de ambas orillas del Mediterráneo que trata de los problemas derivados de la falta de diferenciación entre sociedad civil y religión en determinados países árabes.

CIEN AÑOS AZULGRANA, Pere Ferreres; 240 páginas.
El centenario del Fútbol Club Barcelona está en el origen del repaso a las principales gestas y nombres propios que hacen los personajes entrevistados en esta obra.

MEMORIAS DE SOBREMESA, Ángel S. Harguindey, Rafael Azcona y Manuel Vicent; 256 páginas.
Azcona y Vicent son requeridos a preguntas de Harguindey para ir desgranando la realidad política, social y cultural de la España de los últimos cuarenta años.

HIJO DEL SIGLO, Eduardo Haro Tecglen; 320 páginas.
Las memorias del polifacético escritor que abarcan desde sus primeros recuerdos de la República española, la guerra civil, y el franquismo, hasta el regreso a la democracia.

MUJERES SOBRE MUJERES, Shere Hite; 348 páginas.
La famosa autora del Informe Hite *analiza en esta obra el complejo entramado de las relaciones entre mujeres en todas sus facetas: familiares, laborales, amistosas y sexuales.*

YO TE DIRÉ, Manuel Leguineche; 488 páginas.
Esta obra recoge sobre el terreno, con impresiones vivas y fuentes nuevas, la experiencia de la guerra de Filipinas, contada por quien recorrió el escenario de la trágica batalla.

ATHLETIC 100. CONVERSACIONES EN LA CATEDRAL, Manuel Leguineche, Patxo Unzueta y Santiago Segurola; 232 páginas.
Conversación entre tres forofos del Athletic Club de Bilbao el año del centenario de su creación, donde se recoge su visión generacional de una mitología compartida de nombres y gestas.

YO PONDRÉ LA GUERRA, Manuel Leguineche; 312 páginas.
El conflicto de la guerra de Cuba entre Estados Unidos y España en 1898, por el que nuestro país perdía su última colonia, a través de quien fue el principal instigador: el magnate W. R. Hearst.

IÑAKI GABILONDO: CIUDADANO EN GRAN VÍA, Carmelo Martín; 384 páginas.
El locutor de radio más escuchado en España es también un gran desconocido. Este libro recoge parte de esa silenciada biografía así como su trayectoria profesional, paralela a la radio de los últimos treinta años.

RIGOBERTA: LA NIETA DE LOS MAYAS, Rigoberta Menchú; 352 páginas.
Las reflexiones de la premio Nobel de la Paz que hace una encendida defensa de los derechos conculcados de los pueblos indígenas de todo el mundo. La biografía de un mito viviente.

TIEMPO DE REFORMAS, Fernando Morán; 320 páginas.
Compilación de artículos de prensa publicados durante los diez últimos años y que ponen de relieve la vigencia del pensamiento que, desde los postulados de la izquierda, siempre ha mantenido su autor.

LAS HERIDAS ABIERTAS, Sami Naïr; 240 páginas.
Los conflictos que afectan al Sur y al Este del Mediterráneo son analizados en profundidad. Una lúcida compilación para hacer del Mediterráneo un lugar de encuentro en el siglo XXI.

CUBA SANTA, Román Orozco y Natalia Bolívar; 570 páginas.
El comunismo, la religión y el cruce de culturas en la historia de los últimos cinco siglos en Cuba son los tres grandes temas que se desarrollan en esta obra.

LO MAX PLUS, Máximo Pradera; 257 páginas.
El presentador —junto con Fernando Schwartz— de Lo + Plus responde a las preguntas más habituales que le hacen los televidentes sobre su programa... y aun a otras cuestiones que él considera indispensables en la "guía del buen pluse-ro". Humor y entretenimiento en cada línea.

VAGABUNDO EN ÁFRICA, Javier Reverte; 496 páginas.
Este incansable viajero nos describe su recorrido desde Ciudad del Cabo hacia Zimbabue, las costas del Índico tanzano, el lago Victoria, Ruanda y finalmente, se adentra en el río Congo.

MAYORES DE EDAD, Josep M. Riera; 224 páginas
Esta obra hace un repaso por los principales temas que preocupan a quienes están a punto de jubilarse o ya han entrado en ese periodo de la vida: el privilegio de la madurez, el paso del tiempo, la salud, el dinero y el amor.

EL SEGUNDO PODER, Margarita Rivière; 296 páginas.
Este volumen reúne una serie de entrevistas con los más destacados personajes del mundo de la comunicación, donde se pone de relieve el creciente poder de la prensa.

SERRAT Y SU ÉPOCA, Margarita Rivière; 304 páginas.
Testigo excepcional de la gran transformación que ha vivido nuestro país en los últimos treinta años, este último trovador del milenio nos habla de los grandes temas universales y de su propia biografía.

EL DIENTE DE LA BALLENA, Chema Rodríguez; 345 páginas.
Los relatos de tres apasionantes viajes por otros tantos continentes (América, África y Asia) que enfrentan al hombre contemporáneo con las más ancestrales culturas que subsisten sobre la Tierra.

LAS GRANDES ENTREVISTAS DE LA HISTORIA, edición a cargo de Christopher Silvester; 639 páginas.
Magnífico trabajo de recopilación de entrevistas, género periodístico por excelencia, con algunos de los personajes más relevantes del último siglo y medio de la Historia.

EL ÚLTIMO DÍA DE SALVADOR ALLENDE, Óscar Soto; 288 páginas.
El autor fue médico y asesor personal de Allende. Él se encontraba en el Palacio de La Moneda el día del golpe de Estado y por tanto es testigo excepcional de lo que aconteció allí.

LOS TOPOS, Jesús Torbado y Manuel Leguineche; 592 páginas.
Los testimonios de quienes vivieron enterrados en vida, huyendo de la represión franquista, tras la guerra civil española. Un documento conmovedor que ahora se reedita sin haber perdido un ápice de interés y actualidad.

LOS CUADERNOS DE VALDANO, Jorge Valdano; 192 páginas.
El as argentino cuenta su experiencia dentro del mundo del fútbol tanto en su faceta de jugador como en la de entrenador.

Y DIOS ENTRÓ EN LA HABANA, Manuel Vázquez Montalbán; 720 páginas.
El autor se encontraba en La Habana cuando se produjo la visita del papa Juan Pablo II, y a partir de las vivencias de aquellos días ha construido un retrato de las postrimerías del siglo XX.

CHINA SUPERSTAR, Vicente Verdú; 176 páginas.
Excepcional documento donde se describe la transformación económica, social y cultural más espectacular de la Historia: la irrupción del capitalismo neoliberal en la China actual.